民刑交叉案例选编

北京市律师协会 编

郝春莉 毛亚斌·主编

高建涛 关孟斌 许晓燕 王峰·副主编

Selected Cases of Criminal and Civilian Cross Cases

法律出版社
LAW PRESS·CHINA

北京

图书在版编目(CIP)数据

刑民交叉案例选编 / 北京市律师协会编 ；郝春莉，毛亚斌主编 ；高建涛等副主编. -- 北京 ：法律出版社，2024

ISBN 978-7-5197-8875-9

Ⅰ. ①刑… Ⅱ. ①北… ②郝… ③毛… ④高… Ⅲ. ①刑事诉讼－案例－中国②民事诉讼－案例－中国 Ⅳ. ①D925.205②D925.105

中国国家版本馆 CIP 数据核字（2024）第 048356 号

刑民交叉案例选编
XINGMIN JIAOCHA ANLI XUANBIAN

北京市律师协会 编
郝春莉 毛亚斌 主编
高建涛 关孟斌 许晓燕 王 峰 副主编

责任编辑 孙 慧 韩超群
装帧设计 李 瞻

出版发行 法律出版社
编辑统筹 司法实务出版分社
责任校对 王语童 李景美
责任印制 胡晓雅
经　　销 新华书店

开本 710 毫米×1000 毫米 1/16
印张 17.25 **字数** 263 千
版本 2024 年 6 月第 1 版
印次 2024 年 6 月第 1 次印刷
印刷 永清县金鑫印刷有限公司

地址：北京市丰台区莲花池西里 7 号(100073)
网址：www.lawpress.com.cn
投稿邮箱：info@lawpress.com.cn
举报盗版邮箱：jbwq@lawpress.com.cn
销售电话：010-83938349
客服电话：010-83938350
咨询电话：010-63939796

书号：ISBN 978-7-5197-8875-9
定价：68.00 元

编辑委员会

序　一

夯实基础，拓展经验，提升能力，是律师永远的话题。因循刑民交叉处理之道，提升刑民交叉处理之能，彰显刑民交叉处理之德，是刑民交叉案件处理者应有之良知。道者，无名天地之始，有名万物之母。生育天地，运行日月，看不见，摸不着，无处不在，无时不有，是宇宙运行最根本的规律。德者，道之舍，以无为之谓道，舍之之谓德，符合道之言行谓之德。

助力全面依法治国，必须建设一支德才兼备的高素质法治工作队伍。律师，是依法治国的重要力量，是法律职业共同体成员，是中国特色社会主义法治工作者，以师名业，理当模范信守、精准善用刑民交叉的相关法律规范。目前，关于刑民交叉的法律规范散见于部分法律、行政法规、司法解释等规范性文件中，侧重不同，表述不一，不系统、不完善，尚未形成完整体系，法律规范较为滞后。在司法实践中，面对日益增多的刑民交叉问题，如何正确区分民事违法与刑事犯罪、如何正确适用民事诉讼规范和刑事诉讼规范、如何选择"先刑后民"或"刑民并行"等，已经成为司法实践中的热点、难点问题。

基于刑民交叉业务扩展和质量需求，第十届北京市律师协会成立了刑民交叉法律事务专业委员会。第十一届北京市律师协会刑民交叉专业委员会继往开来，大多数委员在法律服务领域耕耘多年，关注或致力于刑民交叉领域实务研究，交流该领域重大疑难复杂业务经验，助力行业拓展刑民交叉业务空间。委员会依托行业资源，群策群力，先后完成了1.8万字的《律师办理刑民交叉法律业务操作指引》和150余万字的《北京市律师办理刑民交叉法律业务资料汇编》的编撰工作，向律师行业贡献了专业智慧和宝贵经验，希望能为行业提升刑民交叉业务质效增添些许获得感。

本书以问题为导向，面对刑民交叉案件出现的新情况、新问题，展示了律师在刑民交叉实践中积累、沉淀的经验和感悟。其重点是聚焦解决司法实践中的热点、难点问题。这些内容触及刑民交叉全流程、各环节的基本问题，都是刑民交叉实务中的常见问题。解决这些问题的做法和经验属于刑民交叉基本技能范畴，是刑民交叉律师应当掌握的基本功。期待本书能对从事刑民交叉案件处理的法律从业者在专业能力提升和业务范围拓展等方面有所裨益。

刑民交叉律师要兼具工匠精神和高参视野，要兼备理论厚度和实操技能。本书关注以上问题之解决，既侧重实务操作，又探讨理论基础，紧跟司法实践，论证精辟透彻。本书从实体、程序、财产处置三个方面对所选案例进行分类，对本书案例大体从基本案情、案件焦点、法院裁判（或处理结果）、法律分析、案件启示五个方面进行解读，在体系架构、裁判解读、案例评析等方面独具匠心，若干认识很有见地，值得一读。期待各位读者仁者见仁，智者见智。

同时，本书宣达了职业良知。本书的更可贵之处在于对大局意识、法的精神、三个效果相统一的价值追求。讲政治顾大局，讲业务促提升，讲良知求质效，讲责任重规范，努力促进公平正义。通过探索促进业内律师提高执业能力，努力营造良好的执业氛围，实现维护执业权利与维护执法权威并重、规范执业行为与规范执法行为兼顾，亦为共识。希望读者从本书中感受到刑民交叉之道，提升刑民交叉之技，弘扬刑民交叉之德。希望有更多作品、更多高论问世，以助推刑民交叉律师群体成为党和政府放心、人民群众满意的队伍，助力刑民交叉业务水准和职业操守共同进步。

简介如上，是为序。

高子程

2023 年 12 月于北京

序　二

第十一届北京市律师协会刑民交叉法律事务专业委员会组织从事刑民交叉业务的广大执业律师编辑出版《刑民交叉案例选编》一书，邀我作序。

刑民交叉案件的处理长期以来一直是司法实践的重点和难点问题。在解决纷繁复杂的社会纠纷时，需要在统一的法律体系或法律秩序下，调整并平衡法律关系或相交叉的多重法律关系。民法与刑法分别属于前置法与后置法，二者在法秩序体系下发挥着各自的价值和功能，共同维护着社会秩序，保护着个体权利。办理案件时，在实体方面，往往要同时考虑民法尺度和刑法评价，既要避免将实质的民事行为认定为犯罪，出现罪与非罪截然不同的裁判结论，也要避免本可用民事法或行政法评价，却出现违反刑法谦抑性的刑事法干预。在程序方面，往往需要厘清民事诉讼与刑事诉讼在程序处理顺序上的先后冲突，程序冲突不仅影响着司法公正与效率，往往也影响着当事人的实体权利，如先裁判确认的事实影响后裁判争议事实的认定和证据效力。一直以来财物处置亦是刑民交叉领域难解的课题，当涉案财物同时涉及刑事、民事诉讼尤其是执行程序时，财产利益的保护优先顺序或执行先后是问题的核心和关键。

见微知著，一叶知秋。刑民交叉案例日益受到理论界与实务界的重视，也是律师、法官和学者关注的法治建设焦点之一。依照成文法律作出的个案判决更具针对性和参考性，因而也更具实务价值。从具体案情和判决思维提炼出的案例解析，既可以观察宏观层面的法律体系建设状态，也可以启发微观具象的相关案件处理。

本书作者均为在刑民交叉领域奋斗多年的一线律师，对刑民交叉司法处理的命题具有深刻客观的见解。本书从刑民交叉领域最为核心的实体交叉、程序交叉和财物处理交叉课题入手，将涉及相关课题的案例分门别类予以汇总介绍。

本书精选了47件刑民交叉典型案例，深入解析案件涉及的关键法律问题。在实体方面，本书以生效判决为依据分析同类法律纠纷应属民事法或者刑事法规制；在程序方面，本书打破"先刑后民"这一固有的案件处理观念，提出非同一事实但属牵连关系的"刑民并行"或在确认权属和侵权案件中"先民后刑"的法理基础和法律依据。在财物处理方面，本书提炼出善意第三人的界定标准及财物处置的方式，以及未得到全部补偿的刑事被害人另行提起民事诉讼的操作依据。

本书以案为例，提出了实操建议。通过相关案例，可以看出司法实践中在处理刑民交叉案件时法律工作者办案水平的整体提升。本书汇编的案例，不但以"分析"的形式介绍了办案思路，更将办案心得以"启示"的形式呈现出来，供法律同行借鉴参考，这是对行业的重要贡献，值得赞赏。学习实务案例和研习成文法条不分伯仲，同样重要。相信本书的编辑出版为业界提供了一份良好的学习资料，对从事刑民交叉业务工作具有较大的助益。

郝春莉

2024年4月于北京

目 录

第一章 实体部分

第二章　程序部分

第三章 财产处置

第一章　实体部分

某金融公司与叶某等民间借贷纠纷案

——钓鱼式“套路贷”与民间借贷的罪与非罪问题

毛亚斌　胡薇佳*

【基本案情】

2017年1月,原告某金融公司(以下简称金融公司)与被告叶某、卢某签订《借款合同》,约定:被告向原告借款500万元,月利率为2%,借款期限3个月。协议签订后,原告于借款当日支付被告叶某400万元、卢某100万元。被告叶某、卢某未按时还款,原告金融公司将被告叶小某(叶某之女,叶某已去世)、卢某诉至法院。

被告叶小某认为,向金融公司借款不是叶某真实意思表示,且叶某未实际获得该借款。卢某利用叶某的房本多次抵押、制造虚假债务、不断抬高贷款额度,致使叶某背负巨额债务。在2016年5月,叶某的房本被抵押给钱某,钱某转款200万元到叶某账户,此款当天即被全部转到卢某账户。本案中,卢某通过和金融公司签订借款协议,以抵押叶某房产为条件从金融公司借款500万元,其中200万元用于转给钱某以解除钱某抵押权,剩余300万元被卢某分批次转到其他多人账户,叶某一分钱都没有拿到。叶小某认为,原告金融公司和卢某一起套路叶某,目的为诈骗叶某的房产。叶小某不同意原告金融公司的诉讼请求,请求法院将该案件移送公安机关进行刑事立案。

卢某辩称:和叶某共同向金融公司借款属实。钱是自己用了,自己曾经偿还

* 毛亚斌:全国优秀律师,北京普盈律师事务所主任,北京市律师协会刑民交叉法律专业委员会主任。胡薇佳:北京普盈律师事务所律师。

过利息，但现在经济困难，无法还款。自己会想办法筹资还款，不希望移送公安机关。

【案件焦点】

(1)卢某和叶某作为“共同借款人”，是否可以认定卢某和债权人共同实施了“套路贷”行为；

(2)本案是否应移送公安机关处理；

(3)本案中叶某的民事权利如何救济。

【法院裁判】

一审法院经审查认为，人民法院对于作为经济纠纷受理的案件，经审理认为不属经济纠纷案件而有经济犯罪嫌疑的，应当裁定驳回起诉，将有关材料移送公安机关或检察机关。根据最高人民法院《关于审理民间借贷案件适用法律若干问题的规定》第 5 条第 1 款的规定，人民法院立案后，发现民间借贷行为本身涉嫌非法集资等犯罪的，应当裁定驳回起诉，并将涉嫌非法集资等犯罪的线索、材料移送公安或者检察机关。叶某并无向金融公司借款的真实意思，双方通过卢某介绍后签订借款合同，并且通过银行转账交付，但是借款转到叶某的账户之后，很快就被转走，并有部分钱款马上又转回到原告账户内，卢某利用叶某的房产证多次抵押借款，并且叶某的银行卡、身份证、房本有一段时间被卢某掌控，使叶某的债务增加到500 万元。本案表面上看与正常民间借贷无异，但综合整个案件及其关联案件来看，很大可能涉嫌“套路贷”犯罪，具有非法占有他人财产的目的。

一审法院认为，本案不属经济纠纷案件而有经济犯罪嫌疑，应裁定驳回起诉，将本案相关材料移送公安机关。

【法律分析】

对于如何准确把握“套路贷”与民间借贷的区别，可从以下两个方面进行判断。

第一，“套路贷”是以非法占有为目的，假借民间借贷之名，诱使或迫使被害人签订“借贷”或变相“借贷”“抵押”“担保”等相关协议，通过虚增借贷金额、恶意制造违约、肆意认定违约、毁匿还款证据等方式，形成虚假债权债务，并借助诉讼、仲裁、公证或者采用暴力、威胁以及其他手段，非法占有被害人财物的相关违法犯罪活动的概括性称谓。

第二,“套路贷”与平等主体之间基于意思自治而形成的民事借贷关系存在本质区别,民间借贷的出借人是为了到期按照协议约定的内容收回本金并获取利息,不具有非法占有他人财物的目的,也不会在签订、履行借贷协议过程中实施虚增借贷金额、制造虚假给付痕迹、恶意制造违约、肆意认定违约、毁匿还款证据等行为。

本案中的借款不是叶某的真实意思表示,存在“套路贷”问题。首先,案件特征明显,2014～2017 年,叶某的房产被办理十多次抵押手续,抵押金额从 100 万元到 500 万元不等,抵押的共同点体现在三个方面:一是借款期限短,大部分为 1 个月;二是抵押都办理了授权公证及借款公证;三是超过借款期限后解押。其次,叶某并未实际占有和使用借款,所有借款均被卢某非法占有。最后,卢某蒙骗叶某,将叶某房本不断抵押借款、解押再抵押,使涉案资金往来账目变得更为频繁和复杂,给办案法官造成叶某频繁借款的错觉,误导法院按照民间借贷案件办理。因此,本案中所谓的借款不是普通的民间借贷关系,完全是卢某和他方共同谋划的,意图通过抵押贷款等形式非法占有叶某财产,涉嫌犯罪问题,属于比较复杂的一种“套路贷”形式。

【案件启示】

本案属于典型的钓鱼式“套路贷”,犯罪嫌疑人伙同他人利用共同借款人承担连带责任的特点,实行“套路贷”。在法院审理过程中,“共同借款人”承认“原告”起诉的全部事实和理由、诉讼请求,变相佐证借款人民间借款的事实,促成法院判决支持“原告”的诉讼请求,最后通过法院强制执行程序,执行价值远高于借款数额的房屋,造成受害人巨大损失。

本案中卢某既是持钓人之一,也是钓鱼中的“饵”,从法律关系主体上看,卢某是共同借款人、债务人,是案件的被告,是和叶某共同承担还款义务的人,同时卢某也承认其占有了实际借款并承诺还款。一般情况下在审理过程中法院不会对案件更深层次的事实及问题开展进一步调查,并且认为相关事实与本案无关,最后认定案件事实清楚,可能会作出卢某、叶某作为共同借款人承担共同还款责任的判断。

本案中卢某、金融公司利用事先设计的套路,规避了法律审查,达到了非法占有叶某财产的目的。第一,借款合同以叶某房本进行了抵押并办理了借款,而卢某自身已经是失信人；第二，卢某以支付利息的名义将部分借款返给金融公司，造成借款、还款的既定事实；第三，如果法院判决共同借款人还款，那么在法院强制执行程序中，由于卢某无任何可执行的财产，能实现债权的也只有叶某的抵押物房产，拍卖房产也是法院最方便执行的方式，最后法院拍卖叶某房产，偿还金融公司全部借款，以此达到“套路贷”的目的；第四，因卢某名下无任何财产可供执行而被终止执行，最终卢某占有了以叶某名义从金融公司所得借款，金融公司通过强制执行获得了拍卖叶某抵押房屋的款项，收回了出借款项及高额利息，最后遭受损失的只有叶某。

在民间借贷案件审理中，江苏省的法官对于多次出现在民间借贷纠纷案件中的当事人，会从“职业放贷人名录”“‘套路贷’虚假诉讼智能预警系统风险等级”中进行查询，这个经验是完全可以借鉴的。法院从裁判文书网上查询到了卢某涉及民间借贷纠纷案件的判决书、裁定书20多份，正常情况下一个人涉及如此之多的民间借贷纠纷案件，这是完全不符合常理的。而在卢某与他人的民间借贷纠纷判决文书中，也可发现卢某作为职业放贷人的部分信息，该案审理查明了卢某通过离婚的方式将全部财产分割给前妻，卢某已无任何偿债能力。本案中，卢某在无任何可执行财产的情况下，大量举债，其非法占有叶某财产的目的是十分明显的。本案案情极为复杂，如果法院以普通的民间借贷纠纷为基础进行判决，势必将出现案件事实不清、判决错误的问题。因此，本案移送公安机关刑事侦查，裁定驳回金融公司的起诉是非常正确的。

本案中，叶某是否应当承担还款义务呢？笔者认为，叶某偿还借款的相关民事责任并不能够当然免除，应当根据公安机关处理结果再依法认定。如果公安机关认定案件涉及刑事犯罪且全部款项均存在“套路贷”问题的，则叶某不需要承担还款义务；如果公安机关认定案件涉及刑事犯罪，但是仅有部分款项存在“套路贷”问题的，则叶某应当对其真实借款的部分款项承担还款义务，叶某的继承人在财产继承范围内偿还借款；如果本案不涉及刑事犯罪的，则叶某将与卢某共同承担还款义务，但是需要分清双方的责任，在叶某偿还债务高于自己应当承担的义务时，有权利向卢某进行追偿。本案中，由于叶某已经死亡，相关的权利义务将由他的继承人叶小某依法享有和承担。

在审判实践中，“套路贷”案件具有隐蔽性、多样性，存在审理时间长、刑民交叉衔接不畅等问题，律师担任代理人对此类案件应当予以高度重视，特别是涉及“房产多次转贷”、有疑点的可执行公证文书等“借贷”案件，律师一定要按照法律的规定,依法行使代理人的职责,履行代理人的义务。办案律师至少应当做到以下两点:一是不要助纣为虐,在可能存在"套路贷"的情况下,仍然我行我素,帮助犯罪嫌疑人获取非法利益;二是需要克服重重困难,在可能存在"套路贷"的情况下,对案件进行深入细致的研究,调取相关证据,一经发现存在有关犯罪事实,应当根据刑民交叉案件的法律规定和特点,及时申请启动刑事立案或申请法院向公安机关移送案件等工作,不惧犯罪嫌疑人的威胁及恐吓,坚持正义,维护当事人的合法权益。

陈某鸿及其控制下的“德某系”公司循环贸易诈骗案

——循环贸易中诈骗罪的认定及所涉刑民交叉问题分析

金赛波　卢万达*

【基本案情】

2012年11月至2014年5月，被告人陈某鸿明知“德某系”公司不具备还款及履行合同能力，仍组织、领导被告人江某、杨某、陈某军、刘某洲、袁某、王某宏、黄某发以及李某1、李某2、于某赢、王某某（均另案处理）等人采用伪造某某公司印章、青岛某某某公司中转联运章（以下简称中转联运章）、某某集团某某有限公司（以下简称某某公司）印章，模仿负责人签名，重复编排货物信息等方式伪造仓单、转货证明等货权凭证，再使用伪造的仓单、转货证明等货权凭证骗取在国际上具有信誉的仓储监管公司的监管仓单，或者贿赂被告人张某春、薛某出具内容虚假的仓单、质押清单、核库确认书等证明文件，采取伪造仓单、出具内容虚假的仓单进行质押、买卖或重复质押等欺骗手段，同时通过骗取银行授信、通过陈某鸿控制的公司与国内外企业签订销售合同、回购合同进行闭环的“循环贸易”等形式，骗取、窃取国内外银行、企业资金、货物，折合人民币154亿余元。

* 金赛波：北京金诚同达律师事务所律师。
卢万达：北京金诚同达律师事务所律师。

【案件焦点】

（1）循环贸易的认定及效力；

（2）循环贸易中诈骗罪的认定；

（3）先前刑事判决的既判力；

（4）刑事案件的受害人能否另行提起民事诉讼。

【法院裁判】

（一）刑事部分认定

2018 年 11 月 28 日，青岛中院作出刑事判决，认定被告人陈某鸿犯合同诈骗罪，信用证诈骗罪，骗取票据承兑、金融票证罪，贷款诈骗罪，单位行贿罪，判处有期徒刑 23 年，并处罚金人民币 2,200,000 元。

（二）民事部分认定

2020 年 12 月 20 日，山东省高级人民法院作出（2020）鲁民初 25 号、（2020）鲁民初 26 号、（2020）鲁民初 27 号民事判决，认定德某 1 公司属于“德某系”公司的组成部分，（2017）鲁 02 刑初 34 号刑事判决书（以下简称 2017 年刑事判决书）认定德某 1 公司诈骗成立，因此德某 1 公司应赔偿由此给某银行造成的损失；德某 2 公司、先某公司、陈某隆明知德某 1 公司实际经营状况不符合申请银行贷款和担保的条件，仍为德某 1 公司在某银行处的债务提供了担保，骗取了授信额度，使德某 1 公司顺利通过开证申请，因此，该三被告应承担连带责任。

【法律分析】

为便于分析案件，现将该案中的循环贸易模式绘图如下，见图 1。

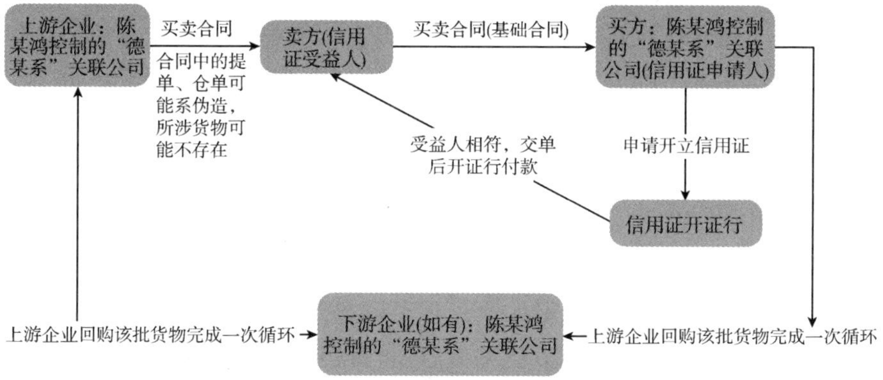

图 1　陈某鸿及其控制下的“德某系”公司循环贸易诈骗案示意

(一)循环贸易的认定及效力

1. 仅单据发生流转,标的物实际并未移动

案涉货物的流动方向为:陈某鸿控制的上游企业→境外非关联公司(基础合同下的卖方)→陈某鸿控制的关联公司(基础合同下的买方)→陈某鸿控制的境外下游企业→陈某鸿控制的上游企业,可见案涉货物经过多手转让最终又回到该上游企业。在如氧化铝、铝锭等货物交易时,多以仓单、提单作为权利凭证,因此,此类贸易中所谓的"货物流转"为仓单、提单等权利凭证在各当事人之间的流转,实际货物并未发生转移,只有在需要使用该批货物时企业才会通过该权利凭证向港口的仓储公司提货,即"走单走钱不走货"。

2. 以低卖高买的姿态呈现,吸引非关联公司

为吸引非关联公司加入,以便获得信用证、票据融资,陈某鸿通过其控制的关联公司将货物低价卖给非关联公司,货到后付款,并通过基础交易买方(其控制的另一关联公司)以高价回购,以延期付款信用证进行支付。

由于销售协议为货到付款,非关联公司会在签订销售协议后立刻与陈某鸿控制的基础交易买方签订基础合同,并通过银行信用为基础的信用证付款,降低非关联公司无法收回货款的风险。

因此,关联公司在有利可图,且有明确的下家回购以及使用信用证付款的前提下,其十分乐意加入陈某鸿的循环贸易。

3. 通谋虚伪意思表示应归于无效

陈某鸿及其控制的关联公司,以及参与的非关联公司之间为通谋虚伪意思表示,根据《民法典》第146条的规定,应当无效。

鉴于陈某鸿及其控制的关联公司,以及参与的非关联公司已多次开展循环贸易,各方早已明知该交易系"名为买卖,实为借贷"的融资行为,根据《民法典》第146条"行为人与相对人以虚假的意思表示实施的民事法律行为无效。以虚假的意思表示隐藏的民事法律行为的效力,依照有关法律规定处理"的规定,应为无效。

最高人民法院2017年第6期公报案例"日照港集团有限公司煤炭运销部与山西焦煤集团国际发展股份有限公司借款合同纠纷案"中也认定名为买卖实为融资借贷,为虚伪意思表示,应认定无效。对于该案,最高人民法院认为,三方之间形成了一个标的相同的封闭式循环买卖,并非真实的买卖关系,而是以买卖形式进行融资借贷,资金需求方作为实际借款人,本案的案由为企业间的借贷合同纠

纷。三方之间所签订的买卖合同均欠缺真实的买卖意思表示,属于当事人共同而为的虚伪意思表示,故均应认定为无效。

本案中,循环贸易下的买卖合同均为虚伪意思表示,应当无效,真实意思表示为融资。至于非关联公司在其中应承担何种责任,则需要综合其在交易中的地位以及意思表示进行判断。

(二)陈某鸿利用闭环的循环交易模式骗取银行融资是否构成诈骗

陈某鸿在整个诈骗环节中最主要的活动便是利用图示闭环的循环交易模式来骗取银行融资,具体表现如下:

1. 通过贿赂港口工作人员,私刻印章,伪造仓单

陈某鸿指示其下属私刻港口公司印章、中转联运章;使用私刻的印章模仿港口公司负责人签名,伪造仓单,和他人共同伪造港口公司氧化铝、铝锭、电解铜仓单、转货证明等货权凭证,并使用伪造的货权凭证欺骗仓储监管公司出具监管仓单,或者通过贿赂港口公司负责人出具内容虚假或超出库存的仓单、质押清单、核库确认书等证明文件。

2. 寻找非关联中间方购买陈某鸿控制公司的单据

上述虚假的监管仓单及证明文件伪造完成后,陈某鸿以"德某系"公司名义低价与国内外公司签订销售协议(以下简称销售协议)。

3. 通过该非关联中间方重复利用伪造的仓单信息建立基础交易,骗开信用证

上游公司与信用证卖方基于伪造的货物签订了购销合同,建立了基础交易(以下简称基础合同)。在收到交易款项后,陈某鸿通过"德某系"公司向信用证卖方购买该批货物,重复质押或将上述伪造货权凭证质押于银行,以购买氧化铝、铝锭等货物为由骗取延期付款的银行信用证、贷款、承兑汇票等融资。

4. 通过陈某鸿控制的关联公司,在关联公司之间完成交易闭环,达到骗取融资的目的

此后,陈某鸿便通过其控制的关联公司之间对该批货物签订买卖合同,并通过银行电汇等方式将货物最终回流到上游企业,并以此偿付银行信用证款项,其间该批"货物"一直都在港口并不发生实际流转,从而达到以极低的资金成本骗取银行融资的目的。

(三)刑事程序中的受害人在刑事判决后是否还可以通过民事程序进行救济

在青岛中院作出的2017年刑事判决书中虽然认定陈某鸿及其控制的部分"德某系"公司合同诈骗罪、信用证诈骗罪、骗取票据承兑、金融票证罪、贷款诈骗

罪、单位行贿罪成立,但仍有部分关联公司未确认其对受害人的民事义务。

另外,对闭环交易中的受害人在刑事程序中未能足额受偿时,是否可以另行在民事程序中起诉,要求民事法律关系中的陈某鸿及其下属公司的其他责任人承担相应的民事法律责任?

笔者认为:刑事程序中的受害人在刑事退赔中未足额受偿的,可以另行提起民事诉讼。理由如下:

(1)最高人民法院民一庭认为刑事追缴或退赔仍不能弥补被害人损失,被害人向人民法院另行提起民事诉讼的,人民法院应当受理。

最高人民法院民一庭在《民事审判指导与参考》第61辑中提出刑事判决被害人经追缴不能弥补损失而向人民法院另行提起民事诉讼时,人民法院应当予以受理。其理由如下:刑事诉讼的追缴和退赔程序属于公权力,且局限于刑事诉讼,根本不能代替当事人行使私权救济。其与民事诉讼在理念、证明标准、保护范围方面存在很大不同,况且当事人无法启动该程序。

综上可见,不同案件对同一事实的认定不同,并非民事程序或者刑事程序出现了问题,实际上任何在事实上有牵连的两个案件均可能存在认定不同的情况。刑事案件的刑罚与民事案件的赔偿具有不同性质,也是刑事案件与民事案件相互独立的一个表现。刑事案件的刑罚是对犯罪行为的公法制裁,而民事案件的赔偿是对当事人所造成损害的赔偿,以补偿性为原则,以惩罚性为补充。民事被告对被害人的民事赔偿与刑事案件中司法机关对犯罪所得的追缴与责令退赔不存在冲突。……我国《刑事诉讼法》虽然将被害人规定为诉讼当事人,但对被害人的保护力度却非常小。被害人在刑事诉讼中不能提出独立的诉讼请求,对刑事判决不服,不能提出上诉,只能请求检察院抗诉。所以,我国刑事诉讼的功能定位就是侧重于公权保护,而对被害人的私权保护却基本缺位。而刑事犯罪最直接、最根本的受害者是被害人(无被害人的犯罪除外),他们在无法通过刑事诉讼程序充分保护其被侵犯的权利的情况下,选择通过民事诉讼程序保护其应有的权利,就具有正当性。本案中,应当尊重当事人的诉讼权利,刑事案件的被害人经过追缴或者退赔仍不能弥补损失,向人民法院民事审判庭另行提起民事诉讼的,人民法院应当予以受理。[①]

① 王毓莹:《刑事被害人经过追缴或者退赔不能弥补损失,向人民法院民事审判庭另行提起民事诉讼的处理问题》,载杜万华主编、最高人民法院民事审判第一庭编:《民事审判指导与参考》总第61辑,人民法院出版社2015年版。

(2)在刑事程序中无法获得足额赔偿,可向其他相关主体进行追偿。

最高人民法院在2015年10月12日作出的(2015)民申字第1778号梅某娇与李某玲、海南某投资担保有限公司等借款合同纠纷民事裁定书中认定:“四、关于后续权利主张问题。本案民刑交叉问题采用先刑后民的方式处理,并不意味着梅某娇因此丧失对其他未涉嫌犯罪被申请人主张担保等相关责任的权利。若刑事案件处理完毕,梅某娇仍有债权未得清偿,可依据相应法律再向担保人等主张权利。”

本案中,刑事程序中仅认定陈某鸿、部分骨干员工以及部分“德某系”公司罪名成立。事实上,陈某鸿操纵参与诈骗的关联公司数量远不止刑事判决列明的部分,如本案中的德某2公司、先某公司、陈某隆等。因此,对于参与了民事诈骗的主体,受害人可另行提起民事诉讼主张权利。

(四)刑事中认定的事实在民事程序中的作用

根据2022年4月10日生效的最高人民法院《关于适用〈中华人民共和国民事诉讼法〉的解释》第93条的规定,对于已被人民法院发生法律效力的裁判所确认的事实,当事人无须举证证明。本案刑事判决已对陈某鸿以及其控制的“德某系”公司诈骗某银行之事实作出了认定,山东高院依据上述规定在民事程序中直接予以认定。

(五)本案中,造成标的物重复质押、多次买卖的重要原因为本案标的物的非特定化

鉴于在本案循环贸易中并不需要真正的发货行为,且“货物”会最终回流至陈某鸿及其控制的“德某系”公司名下,本案实际交易转手的系港口仓储公司出具的仓单或提单。而本案中涉及的仓单以及提单,大多为陈某鸿及其控制的公司所伪造。即使存在真实货物,该批货物由于与其他同类货物一同存放于港口,每逢担保权或其他权利人到港核验,也只是告知其中一部分为其担保货物,并未进行单独存放或特殊处理使其成为特定物,因此,在该部分货物之上并不能依照《民法典》确认优先权。

陈某鸿一案案发后,债权人、担保权人纷纷到港行使权利,发现陈某鸿及其公司名下货物存在大量重复质押的情况,无法辨认真正的优先权权利人。

【案件启示】

(一)银行及企业应当将尽职调查落实到位

首先,对于银行而言,银行在对企业进行授信,以及开立信用证、保函等时,均需要对客户进行尽职调查，落实“KYC（Know Your Customer）”政策。本案中，陈某鸿控制下的“德某系”公司，通过制作虚假的财务报表，以及关联公司进行担保，骗取了某银行授信及贷款，如若该银行在尽职调查时更加细致地核查该公司财务报表，以及各公司间的基本情况和关联，则其应当能够发现该“德某系”公司可能存在财务上的问题。

其次，若银行在授信前除与关联公司签订保证外，还签订了抵押合同或质押合同，并按照当时的规定进行了公示，即使其受骗则其仍有机会挽回损失。

最后，对于企业而言，需要具体落实每一笔交易下货物的真实性，并清楚地了解该批货物下的权属情况，以便在发生风险时能够迅速查封或采取其他方式控制该货物，避免损失。

（二）企业应持续完善内控制度

企业需要完善其内部监督管理制度，在企业接受能力的范围内实施多角度监管，及时发现潜在交易风险，降低因个人受贿、滥用职权导致企业最终受骗的风险。

（三）交易中标的物、抵押物应特定化

在进行交易时，企业须落实交易标的物的实际情况，并尽量通过实地走访，特殊存放等方式将标的物进行特定化，在合同中明确标的物的权属转移时间点，并在拿到货物权属凭证后尽快占有控制货物，并完成《民法典》中要求的公示行为。

焦某波、青岛方泰资源国际贸易有限公司与安徽荣昌炉料销售有限公司保证合同纠纷最高人民法院再审案

——刑民交叉案件中合同相对方构成刑事犯罪，行为人签订的民商事合同并不必然无效

牛星丽　朱　坤*

【基本案情】

2014年5月8日，山东宸金贸易有限公司（以下简称宸金公司）与昊明国际有限公司（以下简称昊明公司）签订编号为HUBB－2014－CJ3的《金精矿国际货物买卖合同》，约定宸金公司向昊明公司购买550湿吨金精矿，信用证付款。2014年5月30日，宸金公司向中国银行日照分行申请开立了受益人为昊明公司的四份国际信用证，到单金额共计10,209,969.62美元，购汇汇率6.1888，上述款项折合人民币63,187,459.98元。后来，昊明公司议付了上述信用证项下款项，但未履行发货的义务。

2014年7月12日，青岛方泰资源国际贸易有限公司（以下简称青岛方泰公司）和焦某波，案外人李某南、王某作为担保人向宸金公司出具一份担保函，主要内容如下：青岛方泰公司及公司法定代表人焦某波个人自愿对宸金公司向中国银行申请开具的受益人为昊明公司、到单金额共计10,209,969.62美元的四份国际

* 牛星丽：北京市京都律师事务所律师。
朱坤：北京市京都律师事务所律师。

信用证的受益人提供担保,若存在申请开证及议付资料不真实或者受益人不能在7日内将前述金额(以美元或者交易时汇率换算为人民币)支付给宸金公司,青岛方泰公司及公司法定代表人愿意代为偿还;李某南也同意对前述事项提供担保。该担保函"担保人"处青岛方泰公司加盖财务专用章和公章,焦某波签名、注明居民身份证号码,并加盖个人印鉴,案外人李某南、王某签名并注明各自居民身份证号码。在宸金公司多次催要的情况下,昊明公司履行部分还款义务,截至2015年3月18日仍有2900万元没有归还宸金公司,青岛方泰公司和焦某波也没有按照担保函约定履行担保义务。

因担保函双方之间对保证方式未作出约定,依照《担保法》第19条的规定,青岛方泰公司和焦某波应对案涉债务按照连带保证承担保证责任;另外,担保函亦未对保证期间作出明确约定,依据《担保法》第26条的规定,宸金公司应在昊明公司债务履行期限届满之日(2014年7月19日)6个月内,即2014年7月20日至2015年1月19日,要求青岛方泰公司和焦某波承担保证责任。① 2015年1月8日,宸金公司通过邮寄送达的方式向青岛方泰公司和焦某波催收担保债权,但催收文件被二者拒收;2015年1月11日,宸金公司又会同日照市德信公证处公证员到青岛方泰公司办公地送达担保债权催收函,故宸金公司在保证期间届满前向青岛方泰公司和焦某波主张了担保责任。

2015年1月7日,宸金公司与安徽荣昌公司炉料销售有限公司(以下简称安徽荣昌公司)签订债权转让协议,约定宸金公司将上述对昊明公司的主债权和对青岛方泰公司、焦某波的担保债权转让给安徽荣昌公司。宸金公司依据《合同法》第80条的规定,于2015年1月8日向青岛方泰公司和焦某波邮寄送达了债权转让的书面通知。②

2015年3月31日,安徽荣昌公司提起诉讼,要求法院判令保证人青岛方泰公司、焦某波返还2900万元及截至2015年3月19日按照银行同期贷款利率的4倍计算的利息(庭审中增加了2015年3月19日后的利息主张)。

山东省日照市中级人民法院作出(2015)日商初字第114号民事判决,判决青岛方泰公司、焦某波偿还安徽荣昌公司2900万元及利息(利息按照中国人民银行公布的同期同类贷款基准利率的1.5倍自2014年7月20日计算至实际付清之日)。

---

① 本案发生时《民法典》尚未生效,适用《担保法》。相关规定参见《民法典》第686条、第692条。根据《民法典》第686条的规定,没有约定或约定不明确的,按照一般保证承担保证责任。

② 本案发生时《民法典》尚未生效,适用《合同法》。相关规定参见《民法典》第546条。

青岛方泰公司不服一审判决提起上诉，山东省高级人民法院于2016年4月27日作出(2016)鲁民终656号民事判决，驳回青岛方泰公司的上诉请求，维持原判。2019年，焦某波、青岛方泰公司以山东省高级人民法院(2017)鲁刑终196号刑事裁定认定李某南构成信用证诈骗罪作为新证据向最高人民法院申请再审，要求撤销二审判决并改判免除其担保责任。

2019年9月27日，最高人民法院作出(2019)最高法民申4513号民事裁定书，驳回焦某波、青岛方泰公司的再审申请。

【案件焦点】

(1)昊明公司与宸金公司签订《金精矿购销合同》后，昊明公司的实际控制人李某南在明知实际没有货物的情况下，利用其控制的4份国际信用证并使用伪造的信用证附随单据骗取宸金公司人民币2865.864万元，构成信用证诈骗罪，案涉《金精矿购销合同》效力如何认定；

(2)焦某波、青岛方泰公司作为担保人向宸金公司出具《担保函》的效力如何认定；

(3)焦某波、青岛方泰公司是否应按照《担保函》的约定就昊明公司与宸金公司签订的《金精矿购销合同》向宸金公司或其债权继受人安徽荣昌公司承担担保责任；

(4)焦某波、青岛方泰公司提起再审申请是否符合《民事诉讼法》规定的法定期限。

【法院裁判】

(一)裁判理由

最高人民法院经审查认为，本案一审、二审判决均已认定焦某波、青岛方泰公司应按照《担保函》的约定就昊明公司与宸金公司签订的购销合同向宸金公司或其债权继受人安徽荣昌公司承担担保责任，之后山东省高级人民法院(2017)鲁刑终196号刑事裁定书认定李某南构成信用证诈骗罪，其犯罪行为包括利用其控制的昊明公司与宸金公司签订案涉购销合同进行诈骗。焦某波、青岛方泰公司据此认为，上述刑事裁定书作为新证据，足以否定案涉购销合同以及担保合同系合法有效的民事法律关系，进而可以推翻原判决。

另外，最高人民法院还认为，刑事裁定书等新证据仅能证明李某南或其控制下的昊明公司具有欺诈故意,但并不能当然否定相关民事法律行为以及案涉合同效力,本案并无任何证据证明购销合同相对方宸金公司或担保合同相对方焦某波、青岛方泰公司等同样具有欺诈故意或恶意串通等情形,不符合《民法总则》关于民事法律关系无效以及《合同法》第 52 条关于合同无效的相关规定,案涉债权债务关系依法成立,案涉购销合同以及担保合同仍均有效。[①] 合同一方当事人因实施犯罪承担刑事责任,并不能当然认定合同无效,也不影响所涉合同另一方当事人通过民事诉讼寻求救济,担保人亦不能因一方当事人被定性为诈骗而当然免责。即使焦某波、青岛方泰公司提起再审申请符合《民事诉讼法》规定的法定期限,但其主张的刑事裁定书等新证据并不足以推翻原判决。因此,焦某波、青岛方泰公司关于有刑事裁定书等新证据证明李某南构成信用证诈骗罪,则案涉相关债权债务关系应属无效,其不应承担相应担保责任的申请再审事由不能成立。

(二)裁判结果

驳回焦某波、青岛方泰公司的再审申请。

【法律分析】

为便于分析本案,现将案件事实流程列图如下,见图 1。

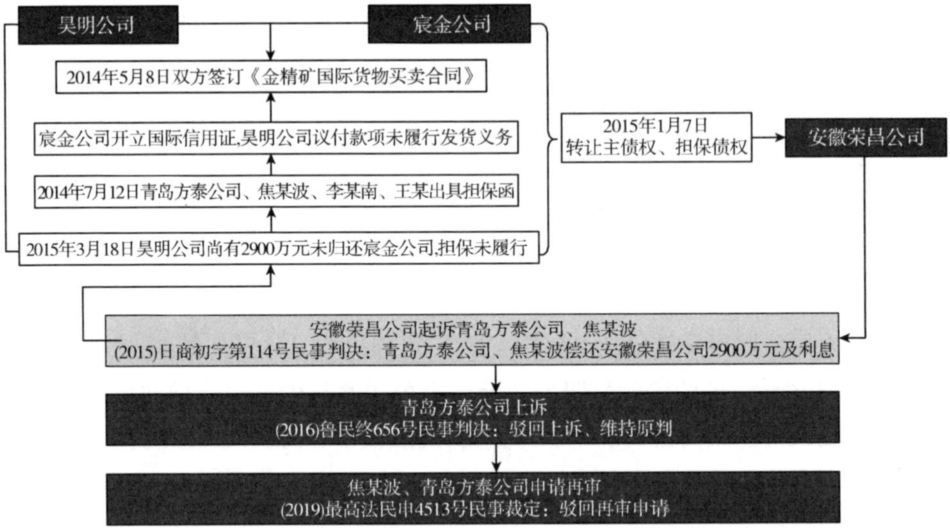

图 1 案件事实流程

① 案例审理时适用《民法总则》《合同法》,相关规定参见《民法典》第 148 条、第 154 条。

本案是一起典型的刑民交叉案件，在合同相对方构成犯罪的情况下，行为人签订的民商事合同并不必然无效。合同是否有效，需要严格分析合同签署与履行情况，并紧扣《民法总则》第 146 条[①]关于民事法律行为无效以及《合同法》第 52 条关于合同无效的相关规定，来判断合同的效力。

合同的效力分为有效、无效、效力待定、可撤销四种情况。本案是在合同一方具有欺诈故意的情况下，如何认定主合同与担保合同效力的问题。对于此类案件，应以是否损害国家利益、合同相对方是否知道或者应当知道对方从事欺诈或犯罪行为为标准进行划分。如因欺诈行为签订的民商事合同损害国家利益，则无论合同相对方是否知道欺诈行为，均应适用《合同法》第 52 条"一方以欺诈、胁迫的手段订立合同，损害国家利益"的规定认定合同无效；如合同相对方知道或者应当知道对方从事欺诈或犯罪行为，甚至参与其中，那么合同相对人就不具有善意；反之，则具有欺诈故意或恶意串通情形，应适用《合同法》第 52 条"恶意串通，损害国家、集体或者第三人利益"或者"以合法形式掩盖非法目的"的规定认定合同无效；如一方以欺诈手段使合同相对方在违背真实意思的情况下订立合同，但不涉及损害国家利益的问题，合同相对方不知道对方从事欺诈或犯罪行为，则属于《民法总则》第 148 条、《合同法》第 54 条规定的可撤销情形，受欺诈方有权请求人民法院或者仲裁机构撤销合同，即受欺诈的合同相对方有权决定是否申请撤销因欺诈或犯罪行为而签订的合同，受欺诈方不主张撤销的，合同应认定有效。[②] 本案依据上述法律规定及观点，在再审申请人无任何证据证明购销合同相对方宸金公司及担保合同相对方焦某波、青岛方泰公司与李某南或其控制下的昊明公司同样具有欺诈故意或恶意串通等情形的情况下，认定了主合同及担保合同均有效；本案裁定对刑民交叉案件中合同效力的判定具有极大的实务指导意义。

另外，本案基础交易的计算方式为国际信用证。信用证是银行有条件保证付款的证书，是国际贸易活动中常见的结算方式。按照这种结算方式的一般规定，买方先将货款交存银行，由银行开立信用证，通知异地卖方开户银行转告卖方，卖方根据买卖合同和信用证规定的条款发货，银行代买方付款。本案再审申请人已经掌握买方构成信用证诈骗罪的证据，但是未能进一步论证买方的犯罪行为与案涉买卖合同效力之间的关系，殊为可惜。

---

① 参见《民法典》第 146 条。

② 参见《民法典》第 148 条。

【案件启示】

再审程序与一审、二审的审判程序不同，属于审判监督程序。实践中，再审法院在审查再审申请时，多为书面审理，少为开庭审理，且再审审查期限一般为 3 个月。因此，为保证再审法院能及时了解再审被申请人一方的意见，作为该方的代理人，需要做好以下工作：

(1) 与再审被申请人充分沟通，全面了解案情；

(2) 前往法院调取一审、二审全部卷宗，完整掌握案件原审情况；

(3) 积极联系承办法官，提交代理手续与诉讼文件；

(4) 积极与承办法官沟通案情，陈述并提交代理意见，了解案件进展。

张某虚拟货币交易诈骗案

——虚拟货币交易刑民交叉争议问题研究

王　峰*

【基本案情】

某市人民检察院起诉书指控,2018 年被告人张某借用他人名义设立 A 公司、B 公司、C 公司、D 公司、E 公司等多家公司,以公司名义招募人员,开发、运营比特币、莱特币、以太坊等虚拟货币交易平台,宣称平台系赚取客户交易手续费的虚拟货币交易所,以进行虚拟货币投资为名,吸引被害人通过交易平台投入资金。交易平台交易行情系依据其他网络平台数据加工生成。被害人投资资金直接进入被告人控制的银行账户。在取得被害人投资资金后,被告人采用盈利宣传、引导被害人进行高风险操作、限制被害人出金等多种手段,造成被害人在交易平台的“亏损”;采用封号、线下协商赔偿等方式,处理“盈利”、申请出金,将被害人投资资金占为己有。至案发,被告人共造成千余名被害人损失人民币 5000 余万元。笔者为张某辩护。

【案件焦点】

(1)虚拟货币是否具有财产属性;

(2)虚拟货币交易的刑民责任认定。

* 王峰:北京大成律师事务所高级合伙人律师,北京市律师协会刑民交叉法律事务委员会副秘书长。

【法院裁判】

一审法院认为,被告人张某等人以经营交易平台为名诈骗他人财物,数额特别巨大,其行为已构成诈骗罪。张某在共同犯罪中起主要作用,为主犯。一审法院判决张某犯诈骗罪,判处无期徒刑,剥夺政治权利终身,并处没收个人财产。

【法律分析】

虚拟货币是否具有财产属性,实务界有不同的认识。有观点认为,“2021 年 9 月中国人民银行等十部门《关于进一步防范和处置虚拟货币交易炒作风险的通知》对比特币等虚拟货币管控更加严格,将虚拟货币相关业务活动定义为非法金融活动一律严格禁止,也即交易平台上比特币的业务活动均为非法活动。延续了 2017 年《公告》精神,交易平台支配的比特币无法作为刑法意义上的财产。而个人支配的比特币是否被国家认可,则需要根据国家监管政策精神进行解读和判断”①,从而否定虚拟货币的财产属性。还有观点认为:“不承认虚拟财产的财产属性符合世界惯例。”②笔者认为,在刑事诉讼退赔环节,应坚持虚拟货币的财产属性,允许将虚拟货币变现,用于被害人退赔。

(一)虚拟货币具有财产属性

1. 从比特币特征看,虚拟货币具有财产属性

2013 年中国人民银行等部门发布的《关于防范比特币风险的通知》中作出归纳:“比特币具有没有集中发行方、总量有限、使用不受地域限制和匿名性等四个主要特点。”理论上,公民的财产既包括有形财产,也包括无形财产,网络虚拟财产应属于无形财产的一种。比特币具有价值性、稀缺性、可支配性等特点,具备了权利客体的特征,符合虚拟财产的构成要件。

“人们之所以需要货币,是因为它的内在边际收益等于或超过消费和投资的边际收益。”③当然,虚拟货币不是这个意义上的货币。根据《关于防范代币发行融资风险的公告》,任何组织和个人不得非法从事代币发行融资活动以及非法经营代币融资交易平台,不得买卖比特币等所谓“虚拟货币”。但比特币应属于民法

---

① 吴春妹、李长林、王星云:《非法窃取比特币的刑法定性》,载《中国检察官》2022 年第 21 期。

② 喻海松:《网络犯罪二十讲》,法律出版社 2018 年版,第 255 页。

③ [美]约翰 · G. 格利、爱德华 · S. 肖:《金融理论中的货币》(新 2 版),贝多广译、王传纶校,上海人民出版社 2006 年版,第 28 页。

上的交易对象,具有应当受到法律保护的民事利益。

2.《民法典》认可虚拟财产的财产属性

网络虚拟财产,是指存在于与现实具有隔离性的网络空间中、能够用现有的度量标准度量其价值的数字化的新型财产。《民法典》确立了依法保护数据和网络虚拟财产的原则,承认该类财产的法律性质。网络虚拟财产是"存在于网络空间之中,用数字化的形式模拟现实世界,能够满足人们的一定需要并具有交易可能性的电磁记录"①。虚拟货币属于虚拟资产的范畴,依法具有财产属性。对于虚拟货币等网络虚拟财产的保护,《民法典》第 125 条、第 126 条、第 127 条均持开放态度。这也体现了《民法典》强烈的时代性。

3. 政府机关、行业协会等发布的规范性文件并没有否认虚拟货币的财产属性

早在 2008 年 9 月 28 日国家税务总局《关于个人通过网络买卖虚拟货币取得收入征收个人所得税问题的批复》(国税函〔2008〕818 号)规定:"个人通过网络收购玩家的虚拟货币,加价后向他人出售取得的收入,属于个人所得税应税所得,应按照'财产转让所得'项目计算缴纳个人所得税。"由此可见,国家税务总局将虚拟货币转让认定为财产转让,将虚拟货币转让收入作为应纳税所得额,从而认可虚拟货币的财产属性。

2013 年至今,中国人民银行、中国银行保险监督管理委员会(现由国家金融监督管理总局行使职权)、国家发展和改革委员会以及中国互联网金融协会、中国银行业协会、中国支付清算协会等政府机关、行业协会发布了一系列加强虚拟货币交易监管的文件,重点针对虚拟货币交易严格进行监管,否定虚拟货币的货币属性,但并没有否定虚拟货币的财产属性。2013 年中国人民银行等部门发布的《关于防范比特币风险的通知》中指出"从性质上看,比特币应当是一种特定的虚拟商品"。2020 年 7 月 20 日最高人民法院、国家发展和改革委员会发布的《关于为新时代加快完善社会主义市场经济体制提供司法服务和保障的意见》提出"加强对数字货币、网络虚拟财产、数据等新型权益的保护,充分发挥司法裁判对产权保护的价值引领作用"。2021 年 5 月中国互联网金融协会等发布的《关于防范虚拟货币交易炒作风险的公告》开宗明义地指出:"虚拟货币是一种特定的虚拟商品"。2021 年 9 月中国人民银行等 10 部门发布的《关于进一步防范和处置虚拟货币交

① 肖鹏:《网络虚拟财产的民法属性及刑法保护》,载谢望原主编:《网络犯罪与安全—2017》,法律出版社 2017 年版,第 142 ~ 143 页。

易炒作风险的通知》也仅是指出“虚拟货币不具有与法定货币等同的法律地位”，而并没有否定虚拟货币的财产属性。

《民法典》第127条规定：“法律对数据、网络虚拟财产的保护有规定的，依照其规定。”这里强调的是法律规定，而不是行政法规、部门规章，更不是一般的规范性文件。目前并没有法律明确否定虚拟货币的财产属性。因此，在法律之外，均不能否定虚拟货币的财产属性。

4. 司法实务中认可虚拟货币的财产属性

对于虚拟货币是否可以作为虚拟财产进行交易，司法实务界有一些争议。在《最高人民检察院、中国人民银行惩治洗钱犯罪典型案例》“陈某枝洗钱案”中，法院认为虚拟货币成为洗钱的新手段。但大部分司法案例中法院支持虚拟货币属于商品、具有经济属性以及虚拟货币的财产属性。①

（二）坚守刑法谦抑性，区分民刑不同场景，将正常民事交易金额从刑事犯罪数额中扣除

1. 把握生活领域、市场领域、投资领域关于欺诈的不同尺度

“谦抑性刑法是基于谦抑理念确立的刑事立法的归纳，在此语境下，立法者只有在无其他适当替代方法的情况下才将特定行为作为犯罪行为，并动用刑罚进行处罚。”②相对于民法、行政法而言，刑法是保护社会生活的最后一道防线。“欺诈”存在于不同的社会领域。社会不同领域价值理念不同，刑法难以无差别保护所有领域，各领域对诚信和欺诈的要求亦有差异。被欺诈的主体不同，采用的欺诈标准也不同。如果一概认为只要有欺诈行为就是犯罪，则会导向“有损害发生就有刑法身影”的刑法万能主义。本案中，张某开发、运营虚拟货币交易平台的行为不属于生活领域、市场领域中的行为，更应是投资领域中的行为。对于刑法上欺诈行为的认定不能和生活领域、市场领域一样严格。

2. 坚持刑民法秩序统一性，严格区分不同被害人的认识错误，对于“清醒白醒”的不应认定为犯罪

“刑事法律关系和民事法律关系之间仍然是有共同之处的。也就是说，如果某种行为在民事上是合法的，那就不应当在刑事上认定为是一种犯罪。这里面有

---

① 参见湖南省长沙市芙蓉区人民法院民事判决书，(2020)湘0102民初2602号；江苏省句容市人民法院民事判决书，(2020)苏1183民初3825号；北京市房山区人民法院民事判决书，(2019)京0111民初19452号；杭州互联网法院民事判决书，(2019)浙0192民初1626号。

② 王肃之：《网络犯罪原理》，人民法院出版社2019年版，第12页。

一个法秩序统一的原则。”①“诈骗罪(既遂)的基本构造为:行为人实施欺骗行为→对方(受骗者)产生(或继续维持)错误认识→对方基于错误认识处分财产→行为人或第三者取得财产→被害人遭受财产损害。”②针对本案,是受害者产生错误认识,还是受害者已经预见到了风险,但依然自甘冒险尚存争议。“应当将受骗者的一切情况作为判断资料,再根据客观标准进行判断。”③对于敢于投资比特币等虚拟货币的投资者来说,对交易对象的认知水平、心理素质以及抗风险能力有一定的要求,被害人购买虚拟货币的行为属于交易行为,作为一名理性人,有义务承担该行为风险。一定意义上,就像股票市场一样,“入市有风险、投资须谨慎”,以逐利为目的参与虚拟货币投资存在风险,不能完全将损失的责任交给虚拟货币交易平台承担。

吴某案也可以与此相印证。“如果某人给吴某提供财物的时候‘清醒白醒’,深知吴某的某些项目虚假,也能够通过特殊渠道接触吴某公司的管理人物,对公司前景堪忧有所警觉,没有陷入错误,但仍为谋取200%甚至更高的利润甘冒风险,司法上一定要说这个出资人是被吴某诈骗了,其结论可能难以令人信服。所以,对那种并未陷入错误,但愿意交付财物的人,似乎不能再作为被害人看待,其交付的财物也不是被诈骗之物,不能计算在行为人的犯罪数额里。”④

3. 避免简单“一刀切”,将正常民事交易金额从刑事犯罪数额中扣除

被害人的情况千人千面,应当进行逐一分析、分门别类,而不应简单化,一股脑都认为是被害人。计算被害人的损失时,一方面,不应该从一个时间点去计算,而应该从最初投资到案发时的时间段中去计算被害人的损失,在这个时间段内被害人的收益与损失应当进行抵销;另一方面,按照投资者与交易平台的约定,交易平台可以依据交易金额收取一定比例的手续费,这些正常民事交易手续费不应计算在犯罪数额之内。

(三)应区分民事创新、容错机制、违法犯罪的界限,给予虚拟货币交易模式一定的创新空间

1. 在自担风险的前提下,允许虚拟货币交易的自由

“比特币的本质是一个互相验证的公开记账系统,其工作就是记录所有账户

---

① 陈兴良:《刑法的格物》,北京大学出版社2019年版,第248页。

② 张明楷:《刑法学(下)》(第6版),法律出版社2021年版,第1303页。

③ 张明楷:《诈骗犯罪论》,法律出版社2021年版,第114页。

④ 周光权:《刑法客观主义与方法论》(第2版),法律出版社2020年版,第330~331页。

发生的交易。每个账号的每一笔资金流动都被记录在账本里。"[①]虚拟货币交易在一些国家已经合法化,如德国、美国、日本等国家,投资人具有参与的自由,也是一种金融创新形式。虚拟货币在性质上是一种特定的虚拟商品,虽然各金融机构和支付机构不得开展与虚拟货币相关的业务,虚拟货币也不是法定货币,或者说根本不具备货币属性,但是虚拟货币交易作为一种互联网上的商品买卖行为,普通民众在自担风险的前提下,拥有参与的自由。

2. 市场主体虚拟货币交易行为并不必然无效

2021 年 9 月中国人民银行等 10 部门发布的《关于进一步防范和处置虚拟货币交易炒作风险的通知》指出:"参与虚拟货币投资交易活动存在法律风险。任何法人、非法人组织和自然人投资虚拟货币及相关衍生品,违背公序良俗的,相关民事法律行为无效,由此引发的损失由其自行承担;涉嫌破坏金融秩序、危害金融安全的,由相关部门依法查处。"但《民法典》第 153 条第 1 款规定:"违反法律、行政法规的强制性规定的民事法律行为无效。但是,该强制性规定不导致该民事法律行为无效的除外。"当然,《关于进一步防范和处置虚拟货币交易炒作风险的通知》不属于法律和行政法规。市场主体投资虚拟货币并不必然导致民事法律行为无效,只有违背公序良俗的,才可能导致民事法律行为无效,且只有涉嫌破坏金融秩序、危害金融安全的,才可能用刑法进行评价。

3. 应当为虚拟货币交易模式创新留下空间

早些年我国也有一些使用虚拟货币进行交易的实践。部分淘宝的店铺曾接受比特币。2013 年 10 月 15 日,百度旗下百度加速乐服务宣布支持比特币。结合本案的情况,开展虚拟货币平台业务以及投资人的交易行为,均不应被简单地禁止和否定。众多投资人根据本人的意愿决定是否交易,并自愿承担虚拟货币交易所产生的经济风险。这时候,更稳妥的办法是"让子弹飞一会儿",无须简单地全盘否定。也有学者建议:"为了控制交易机构潜在的种种风险,保护客户权益,支持初创企业发展,中国监管者可以借鉴英国金融科技领域的'监管沙盒'机制,适当放松参与测试的比特币交易机构创新业务经营的监管底线,激发活力。"[②]2023 年 4 月 11 日成立了 Web3.0(第三代互联网)协会,让香港成为虚拟资产企业的最

---

① 李钧、长铗等:《比特币——一个虚幻而真实的金融世界》,中信出版社 2014 年版,第 72 页。

② 邓建鹏、黄震:《互联网金融法律与风险控制》(第 2 版),机械工业出版社 2017 年版,第 226 页。

佳立足点、吸引全球人才和企业赴港大展拳脚，为科技创新及金融发展提速。①

创新总体上都不是一帆风顺的，很多时候都会超越固有的模式，很多情况下会进入法律的“灰色地带”。我们更应当抱有容错心态、开放胸怀，将创新成果的试错与犯罪行为区别开来，给虚拟货币交易模式留下一定的创新空间，推动科技、经济领域的创新和发展。

（四）刑事退赔中应认可虚拟货币的财产属性，将虚拟货币变现用于被害人退赔和缴纳罚金

1. 将虚拟货币变现用于退赔，符合法律规定

最高人民法院《关于适用〈中华人民共和国刑事诉讼法〉的解释》第 439 条第 1 款规定：“审判期间，对不宜长期保存、易贬值或者市场价格波动大的财产，或者有效期即将届满的票据等，经权利人申请或者同意，并经院长批准，可以依法先行处置，所得款项由人民法院保管。”虚拟货币属于市场价格波动较大的财产，在审判期间可以将其变现，先行处置。我国虽然禁止首次币发行（ICO）②，但是，在法律上，并没有禁止虚拟货币交易。

2. 变现虚拟货币以退赔被害人、缴纳罚金完全可行

首先，全球有多个虚拟货币交易平台，可以非常便捷地将虚拟货币变现。

其次，本案张某及公司所有的虚拟货币存在一个冷钱包里，冷钱包保存在一个 U 盘里，该 U 盘已被公安机关扣押。

再次，本案的被告人熟练掌握将虚拟货币变现的全部流程，是完全可以执行的。

最后，虚拟货币变现全过程可以在公检法机关的全程监督、完全控制之下，由被告人进行具体操作。变现的资金会转到一张银行卡上，该银行卡可以先交由公检法机关查封、扣押，使变现的资金完全由公检法机关合法控制。

3. 以变现虚拟货币退赔被害人，可以真正实现案结事了，从根本上化解社会矛盾，实现各方利益再次均衡

本案一审审判期间，比特币等虚拟货币的交易价格飙升，按照当时的虚拟货币交易市场行情，将虚拟货币变现后用于退赔被害人、缴纳罚金，可以使各方各得其所，实现各方利益再次均衡，具有重大现实意义。

---

① 参见《香港何以招揽加密货币公司？成立第三代互联网协会》，载环宇视展网 2023 年 4 月 15 日，http://www.18sz.com/news/show.php? itemid = 15893。

② 首次币发行，即区块链项目首次发行代币，募集比特币、以太坊等通用数字货币的行为。

对于被害人,其最关心的是损失的财产能否获得赔偿,变现虚拟货币以退赔被害人,可以挽救众多经济上受损的个人及家庭。对于尚未报案的被害人,后续的退赔也有了完全的保障,最终可以彻底实现追赃挽损。对于公安机关、人民检察院、人民法院等政法机关来说,其充分履行了法定职责,做到了刑法的正确适用,真正践行了以人民为中心的发展理念,真正实现了案结事了。退赔被害人既缓解了可能激化的社会问题,化解了可能爆发的社会矛盾,也使张某等被告人得到了应有教育和惩罚,又从根本上解决了被害人等的实际问题,完美地修复了被犯罪损害的社会关系。对于张某等被告人,既实现了刑罚的惩罚、教育、警示作用,还使其在法律允许的范围内获得宽大处罚。

4. 若不能将虚拟货币变现,则虚拟货币一文不值,必然造成国家和社会资源的巨大浪费

虚拟货币实际上就是一串特殊的代码。如果不将本案查扣的虚拟货币变现,那么这个U盘、这些代码则一文不值,被害人的损失不能得到弥补,并处的罚金也难以顺利上缴国库。这样机械地处理难免造成国家和社会资源的巨大浪费,本来可以获得优待的被告人也不能实现刑罚的减轻,这也是不公平的对待。

总之,应坚持务实主义原则,变现虚拟货币用于退赔给被害人、缴纳罚金。这在法理上过得去,在现实和实务中也行得通,可以一举多得取得良好刑罚社会效果。

【案件启示】

虚拟货币交易中涉及很多极具争议的刑民交叉法律问题。从本案一审判决结果来看,更加值得我们深思,启发我们思考刑事司法理念的创新,思考刑法的人权保障功能。“对刑法(这里主要是指刑罚)的迷信,是各种政治迷信中最根深蒂固之一种。”[①]“刑法应当注重节俭性。”[②]我们应当破除一味依靠刑法去解决所有问题的迷信,处理好民事创新和刑事违法犯罪之间的关系。在“大众创业、万众创新”的大背景下,应当给创新留下一些空间,应当坚持刑法谦抑性,坚持罪刑法定的基本原则。发生争议后,当民事违约或侵权、行政处罚均不能解决问题时,再启动刑法这一最后的防线。

---

① 陈兴良:《刑法谦抑性的价值蕴含》,载《现代法学》1996年第3期。

② 杨兴培编著:《犯罪的二次性违法理论与实践——兼以刑民交叉类案例为实践对象》,北京大学出版社2018年版,第27页。

“刑法总是紧跟时代的步伐，敏感地反映着社会结构以及国民价值观的变化。”①在刑事诉讼程序中，应当彰显刑法的时代特征，适用民法确立的财产类型和财产属性，应当与时俱进而不是故步自封，应当认可新型的财产类型。在刑事退赔上，应当采取务实的态度，坚持实用主义的原则，应当允许将虚拟货币变现，用于退赔被害人、缴纳罚金，从根本上解决社会矛盾。希望办案机关在每一个案件的办理过程中既守正又创新，给创新创造、民营经济发展、营商环境建设留下一定的宽容和试错空间，敢于去做积极、有益的尝试，使每一个司法案件都成为深入推进司法改革、弘扬法治精神的小进步，让每一个当事人在案件办理中都由衷感受到公平正义。

① 张明楷：《刑法的基本立场》（修订版），商务印书馆2019年版，“修订版前言”。

丁某与陈某民间借贷纠纷案

——以刑民交叉个案为视角:同一事实的刑、民审理结果不能相互矛盾

孟 粉*

【基本案情】

(一)刑事案件

张某系某银行支行行长,因犯合同诈骗罪于2017年4月案发被羁押,主要犯罪事实为:自2013年以来,张某以高息为诱饵,诱骗多名银行客户(被害人)签订虚假的理财产品购买或转让协议,并将这些被害人购买或受让虚假理财产品的钱款转入其控制的陈某某等个人银行账户(以下简称资金池账户),通过上述手段,张某骗取客户100多人共计人民币20多亿元。张某将骗取的钱款购买了大量房产(由于限购,大多数房产都放在了其母亲及朋友名下)等。直至案发时,张某控制的资金池账户内还有4亿多元。

(二)民事案件

在张某刑事案件审理期间,张某的原银行客户之一丁某在2017年7月(案发后3个月)就民事纠纷起诉了张某的母亲陈某,起诉理由为:丁某在张某处购买理财,多年熟识。丁某2016年9月要在外地以优惠价格购房,丁某电话告知张某其要提取大额资金,张某就从资金池账户提现加转账给丁某,并要求给自己购入一套。后丁某用自己的银行卡转账购买了三套房产,其中一套房产落在了张某母亲

* 孟粉:北京市京都律师事务所律师。

陈某名下。丁某认为张某给自己的全部款项都是自己的理财本金及收益，自己当时是给担任行长的张某垫资购买了这套涉案房产，自己与张某母亲陈某形成事实上的民间借贷关系，陈某应返还购房款147万元及利息。丁某提交了自己转账给房地产商的流水书证，证明从自己银行卡中转出的钱款购买的房产落在了陈某名下（涉案房产房号为202，以下简称202房产）。

（三）民事案件的刑事背景

（1）涉案的202房产已经被办理张某刑事案件的司法机关查封、扣押。因为在张某的口供中，张某明确表示丁某是自己的理财客户，有大额理财在张某处。作为行长的张某经常应丁某要求部分提现给丁某，作为返还给丁某的理财本金和利息，实则返还给丁某的理财本金都是源于自己控制的资金池账户，自己单独记账。当时丁某表示房子不错且有优惠欲购买后，张某自己也想买一套。后张某直接从资金池账户给丁某提现320万元买两套房（作为返还丁某的理财本金和利息），张某接着又转账给丁某160万元，明确表示自己要买这套202房产，让丁某帮助办理购买手续，自己故意用转账形式给丁某160万元用于区分不是返还丁某的理财本金，自己把母亲身份证给了丁某，要求房产落在母亲陈某名下。张某在公安机关所做的口供中说明了这三套房产的款项来源和出处，因此案发后陈某名下这套房产因系赃款购买被扣押，而丁某的两套没被扣押。

（2）张某涉嫌合同诈骗案发后，案发单位的银行与众多被骗的客户分别签订了垫付退回理财本金的协议，因为银行不退赔张某虚假理财协议里承诺的高息，所以丁某与银行没有达成退赔本金协议，也没有作为刑事案件的被害人出现在张某刑事案件里。

丁某还依据虚假理财协议提起了仲裁，丁某认为，自己并不知道张某的理财是虚假的，上面有支行的印章，犯罪嫌疑人张某的行为构成表见代理，自己有充分法律依据要求银行根据张某签署的理财协议返还本金和高息。

【案件焦点】

（1）原告丁某与被告陈某之间借贷的法律关系是否成立；
（2）涉案购房款来源究竟是原告丁某的合法借款还是张某犯罪的赃款。

【法院裁判】

丁某提起了诉陈某返还购房款的民间借贷诉讼，一审法院于2018年9月判决（此时张某刑事案件一审还未判决）认定购房资金出自原告丁某的账户，涉案房产登记在陈某名下，丁某垫付的购房款并未得到返还，双方已经形成借贷关系，故一审判决支持了丁某的诉讼请求，判决陈某返还丁某购房款147万元并支付相应利息。

陈某不服一审判决上诉到二审法院，上诉理由有两点：

第一，本案是典型的刑民交叉案件，本案民事审理的事实，实质也是张某涉嫌犯罪案件中的一个事实，理论上二者的审理结论应该一致。一审判决认定了张某使用母亲身份证买房，丁某账户内转出的三套购房款均来自张某控制的资金池账户，因张某口供中特地做了说明，导致陈某名下房产被扣押，说明刑事办案机关认为该202房产系犯罪赃款购买，在张某涉嫌合同诈骗案未有定论时，一审法院不应该就该起事实在与刑事一审不沟通的情况下擅自做出该判决，导致被告陈某合法权益被严重损害，出现这边需要偿还原告欠款，同时合法借款买的房产却被查封扣押的情形。在目前民事二审与刑事一审均未审理完毕的情况下，希望二审法院就该问题与张某涉嫌犯罪的一审法院进行密切沟通，能就该案事实达成一致意见，防止一起案件民事审理与刑事审理出现两种相反结果的情形。

第二，一审法院对基本事实认定不清，适用法律错误，丁某与陈某之间不存在民间借贷法律关系，陈某作为本案被告主体不适格。

被告陈某上诉后，二审法院采信了被告陈某的上诉意见，2018年12月作出撤销一审判决发回重审的裁定。

该民间借款纠纷重新回到一审法院进行审理，但由于张某涉嫌合同诈骗的刑事案一直未作出生效判决，该民事诉讼就一直未开庭。

2020年11月底，张某刑事案件二审判决作出，刑事二审判决里认定：张某犯合同诈骗罪成立，其控制的资金池账户内钱款及购买的房产（包括母亲陈某及朋友名下的房产）全部被查封、扣押等待执行拍卖，其中就包括陈某名下的涉案202房产。由此说明经过刑事审理，刑事案件审理法院认为涉案202房产就是以犯罪赃款购买。刑事二审判决里还认定拍卖款项将发还原案发单位银行。但因丁某不是被害人，与银行又未达成协议，所以丁某的理财本金并没有从银行处得到垫付。

张某刑事判决生效后，丁某诉陈某的民间借贷案件于2021年4月继续进行了开庭审理。庭审原告、被告的律师进行了激烈的辩论，最终2021年7月发回重审后一审判决认定：其一，原告丁某与被告陈某之间不存在借贷合意，陈某没有偿还购房款的责任;其二,刑事判决认定的上述事实及裁判结果实质上否认了丁某在本案中提出借贷行为能够成立的必要前提,即房款系陈某或张某的个人合法财产。基于上述缘由,一审法院判决驳回了丁某的诉讼请求。

丁某上诉到二审法院,二审法院开庭审理后,2021 年 10 月判决驳回上诉,维持原判。

就此,此刑事案件关联标的物的民事案件审理历经 3 年多终于落下帷幕。

【法律分析】

案件争议焦点经过多次诉讼程序辩论,基本围绕在两个核心问题上:

(一)原告丁某与被告陈某之间借贷的法律关系是否成立

解决该争议问题的前提是查清事实和证据,因为在原告丁某的民事诉状中,将被告陈某描述成主动向丁某借款买房后将房产落在陈某名下的适格被告。而通过被告出示的关键证据——张某的口供最终查明:陈某从未有购买案涉房产或向丁某借款的意思表示;案涉房产的真正购买人为张某,其使用母亲陈某的身份证,将房产登记在陈某名下;现有证据不能证明借款事实存在,丁某也未能提供证明双方具有借贷关系的借条、收条等其他书证。根据最高人民法院《关于审理民间借贷案件适用法律若干问题的规定》第 2 条的规定,出借人向人民法院提起民间借贷诉讼时,应当提供借据、收据、欠条等债权凭证以及其他能够证明借贷法律关系存在的证据。该规定第 16 条规定,原告仅依据借据、收据、欠条等债权凭证提起民间借贷诉讼,被告抗辩已经偿还借款的,被告应当对其主张提供证据证明。被告提供相应证据证明其主张后,原告仍应就借贷关系的存续承担举证证明责任。

虽然原告丁某在发回重审后的一审、二审又提出张某与母亲陈某是表见代理的关系,但是证据和逻辑都不成立。表见代理在本案中成立的前提是张某必须明确向丁某作出表示,即张某的母亲陈某希望丁某垫资购房并且陈某也将自行向丁某偿还垫资款。但是原告自己出示的证据无法对此予以证明。退一步讲即便丁某垫资是事实,存在借贷关系的相对方也应该是张某与丁某二人,而不涉及张某的母亲陈某。因此原告试图证明与被告陈某之间发生借贷法律关系,在证据面前也站不住脚。

(二)涉案购房款来源究竟是原告丁某的合法借款还是张某犯罪的赃款

这个问题的根本原因在于,原告丁某之所以让张某母亲陈某还钱,是因为丁某认为这是自己的理财收益，只不过借给了张某购房，按照这个说法购房款就是合法的，但刑事案件却又认定此为张某犯罪的赃款，形成“民事案件的标的物是刑事案件里要处理的财物”这一刑民交叉困境，那么此时要解决的是，本案要不要适用“先刑后民”审理顺序，并让刑事判决结论直接应用在民事审理中？

答案是肯定的。刑事案件需要查明和最终认定的事实真相，对于民事案件中的处理结果将产生影响，最典型的就是“标的物关联”的情形，即刑事案件所涉及的具体财物同时也是另一个民事案件所争议的标的物。此种情况下，原则上理应按“先刑后民”处理。这个问题延伸出来就是刑事和民事将要审理“同一个事实”，即民事诉讼中的事实认定恰好是刑事案件审理中的一个内容，这时候“先刑后民”的审理顺序是符合公正、效率价值的。因为刑事侦查手段是公权力介入进行调查取证的，与民事纠纷以当事人举证为主的调查方式相比，所查清的事实更有可能接近事实真相。因此，在必要的时候，中止审理民事案件，等待刑事案件审理的结果，可以避免采用民事诉讼“优势证据”标准得出结论的片面和模糊性，而且刑事案件审查往往是全面、穿透式的，民事诉讼审理往往是片段的、不诉不理的，通常只强调原被告双方的法律关系成立与否，有时囿于取证的有限性无法进行全面考察。关于基于同一事实“先刑后民”的审查顺序，《民事诉讼法》第 153 条第 1 款第 5 项明确规定“本案必须以另一案的审理结果为依据，而另一案尚未审结的”，应当中止诉讼。在民事案件的审理必须以刑事案件的审理结果为依据的情形下，民事案件应中止审理，等待刑事判决作出后直接采信结论，而本案正好是此种情形。

因此发回重审的一审判决认为，刑事判决属于人民法院作出的生效裁判文书，虽然刑事诉讼所适用的法律及涉及的法益与民事诉讼并无完全重合，但对于同一事实作出的裁判结论，当然具备既判力效果。在没有足以推翻该认定事实相反证据的情况下，刑事判决所认定的法律事实应当作为关联民事案件的定案依据，民事诉讼不应，也不能重新对此进行实体审理，并作出不同或存在矛盾的认定结论。在此情况下根据该案刑事二审判决的结论，案涉 202 房产的购房款系张某利用合同诈骗手段，从各被害人处获得的赃款，根据刑事判决所附的财产处置清单，涉案房产作为赃物变价后赔偿该银行，因此刑事判决认定的上述事实及裁判结果实质上否认了丁某本案中提出借贷行为能够成立的必要前提——房款系陈某或张某的个人合法财产。

【案件启示】

笔者认为刑民交叉案件审理总体趋势是"因案而异",原则是"同一事实的审理结论不能互相矛盾"。

"因案而异",是指刑民交叉案件的办理是"先刑后民"还是"先民后刑"不是一成不变的,如何审理关键还是要看事实和证据。由于刑事犯罪与民事纠纷并非基于同一法律关系产生,而是由不同性质的基础事实引起,但不同基础事实之间存在密切关联,因此容易出现刑民交叉的情形,而且现在很多案件都不是单独纯粹的刑事案件或者民事案件,往往都是"你中有我,我中有你"。此时是否一律按照"先刑后民"方式予以处理,不能一概而论,须根据个案实际情况,在比对不同性质基础事实间的关联程度后,再行决定。但是无论是"先刑后民"还是"先民后刑",都必须恪守的原则是"同一事实审理结论不能互相矛盾"。

比如,前文所述的民事诉讼,其核心争议之一就是涉案房产究竟是赃款所购还是合法借款所购,如果按照原来一审的判决结论,和当时刑事案件办理机关认定为赃物的结论就是矛盾的,这样的后果无疑严重损害了无辜群众陈某的合法权益。

但是实践中刑事案件和民事案件对于同一事实审理结果截然相反的情形并不鲜见,多见于刑、民异地审理的情形。这其中既有不同地区法院互不沟通、民事审判与刑事审判存在思维差异的因素,也有地方保护主义等因素影响。想要解决这类困境,就需要当事人在处理自己刑事和民事交叉的纠纷时安排好律师,如及时信息沟通或者均聘用一个律师团队,这样能让律师全面掌握案件信息,及时在重要的诉讼阶段采取不同策略,全面调取证据,为刑事案件和民事案件建立起信息沟通桥梁,并起到穿针引线的作用,引导民事裁判和刑事裁判机构作出同一的裁判。

就像本案一样,不能让委托人陈某陷入既要返还原告购房款,又面临合法借款买的房子也被查封扣押的困境,因为若陈某本人没有犯罪,其返还购房款后理应得到房子,如果发生上述的矛盾情形,一定是某个方面的认定出了问题。作为律师一定要在重要的诉讼节点总结提炼出案件争议焦点的本质,并及时提出解决困难的法律意见,收集证据,为当事人解难纾困。

余某、郝某返还原物案

——刑民交叉案件应破除简单适用先刑后民的樊篱

牟　楠*

【基本案情】

刑民交叉案件程序方面主要涉及的问题是涉嫌刑事犯罪，民商事案件应否受理以及如何受理和审理后应中止还是应裁定驳回起诉，应将案件移送公安机关或检察机关，还是应将经济犯罪嫌疑线索移送公安机关或检察机关，民商事案件继续审理。本文通过笔者亲自承办的一起刑民交叉案件进行分析和梳理。

2012年1月12日，余某以体育休闲俱乐部创始会员的名义购买了开发商售卖的涉案房屋，并支付给开发商涉案房屋对价全部购房款，获得了涉案房屋50年的房屋使用权并办理了入住手续，但购买后余某一直未实际居住。后销售人员周某"一房二卖"，将涉案房屋卖给了郝某，郝某将房屋对价支付给了销售人员周某所属的公司而非开发商，并强行住进了涉案房屋。郝某认为自己已支付了房屋对价，自己是合法的权利人，拒绝返还涉案房屋给真正的房屋权利人余某。余某为了维护自身的合法权益，对郝某提起了长达6年的返还原物纠纷。

【案件焦点】

(1)法院在已立案审理的经济纠纷案件中，发现周某私刻公章涉嫌合同诈骗

* 牟楠：北京高文律师事务所律师。

罪的经济犯罪嫌疑线索，这与余某和郝某的返还原物民事纠纷是否仅有牵连但不是同一法律关系；

(2)返还原物纠纷应继续审理还是属于同一法律关系下的刑事犯罪嫌疑线索，是否应直接裁定驳回起诉并移送线索材料至公安机关。

【法院裁判】

自2014年12月提起诉讼以来，本纠纷案件历经了一审和二审程序，二审裁定发回重审。发回重审前销售人员周某已于2016年11月11日因犯合同诈骗罪被判处有期徒刑，正在监狱中服刑，发回重审后，法院至监狱向销售人员周某进行核实。销售人员周某称郝某所提交证据中房屋买卖合同上加盖的公章并非开发商的公章，并称自己从未将涉案房屋出售给郝某。法院调查后认为本案作为经济纠纷受理的案件，如果经审理认为不属于经济纠纷案件而有经济犯罪嫌疑的，应当裁定驳回起诉，将有关材料移送公安机关或检察机关，作出裁定驳回起诉并将案件移送公安机关对销售人员周某进行漏罪调查。

后公安机关经过侦查认为移交理由不成立应由法院继续审理民事案件，余某再次向法院提起第三轮的一审、二审程序，因案件中涉及了刑民交叉问题被法院裁定驳回起诉。虽然后来又经过公安机关的侦查，认为移交理由不成立应由法院继续审理民事案件，但中间间隔了近两年的刑事侦查时间，导致涉案房屋一直由侵权人郝某占用，真正的权利人余某无法及时行使权利，取回被郝某占据的涉案房屋并行使法律赋予其对涉案房屋占有、使用和处分的民事权利。

法院经过审理认为，余某与开发商签订的房屋买卖协议以及创始会员协议系双方真实意思表示，且不违反法律、行政法规的强制性规定，内容合法有效，余某已按约定向开发商支付了全部价款，开发商也已将房屋交付给余某使用，余某据此已获得会员资格及房屋的合法使用权。余某依法享有房屋买卖协议项下的权利，该合同权利以占有、使用房屋为目的，具有物权属性，现郝某占有房屋的行为已经构成对余某权利的侵害，余某要求郝某腾退并返还房屋于法有据，法院予以支持。对于余某主张的房屋使用费，郝某并不享有房屋的合法使用权，故其应向余某支付占有使用房屋期间的使用费，关某要求郝某支付自占用房屋至今的使用费予以支持。郝某对一审判决结果不服提起上诉，二审经过审理驳回上诉，维持原判。余某最终要求郝某腾退并返还房屋由自己占有使用，郝某对于占用房屋期间的房屋占有使用费也支付给了余某，余某的诉讼请求全部得到了法院的支持。

【法律分析】

对于涉及刑民交叉的问题，主要法律依据是最高人民法院于1998年颁布实施并于2020年修正的最高人民法院《关于在审理经济纠纷案件中涉及经济犯罪嫌疑若干问题的规定》（以下简称《涉及经济犯罪的规定》），对该问题进行了较为系统的规定。其在第1条明确规定，在同一当事人之间，因不同法律事实分别涉及经济纠纷和经济犯罪嫌疑的，经济纠纷案件和经济犯罪嫌疑案件应当分开审理，确定了分开审理的原则。该规定第8条对被害人另行提起民事诉讼进行了规定。第10条规定了人民法院在审理经济纠纷案件过程中，应对与本案有牵连但不是同一法律关系的刑事犯罪嫌疑线索、材料进行移送，民商事案件应继续审理。第11条规定，如果人民法院作为经济纠纷受理的案件不属于经济纠纷而有经济犯罪嫌疑的，应当裁定驳回起诉，将有关材料移送公安机关、检察机关。第12条规定，人民法院已立案审理的经济纠纷案件，公安机关或检察机关认为有经济犯罪嫌疑，函告受理人民法院后，人民法院对民商事纠纷案件可以视情况分别采取全案移送或继续审理两种方式。

基于上述法律规定，审判实践中出现的问题是，有的人民法院仍然以民商事案件涉嫌刑事犯罪为由不予受理，已经受理的，裁定驳回起诉，对此，笔者认为应根据具体情况进行处理。《涉及经济犯罪的规定》第1条已明确了分别受理、分别审理的原则。同一公民、法人或其他组织因不同法律事实分别涉及刑事法律关系和民事法律关系，因法律事实之间具有一定的牵连关系而形成刑民交叉案件。因民事诉讼与刑事诉讼在价值取向、诉讼目的、诉讼原则、证据认定标准、责任构成要件等方面均存在较大的差异，刑事法律关系与民商事法律关系、刑事责任与民事责任是完全不同的两种法律关系和法律责任，两者不能相互替代。因此，刑民交叉案件应严格遵循分别受理、分别审理原则，即如果其既存在民商事法律关系又存在刑事法律关系，则应分别作为民商事案件、刑事案件受理和审理。分别审理实质意味着对于刑民交叉案件，因不同的法律事实分别触发民事法律关系和刑事法律关系，尽管当事人同一，但由于法律关系不同，民事责任与刑事责任不同，故在当事人之间存在民商事法律关系的情形下，民事案件和刑事案件应分别立案，再分别进行审理。

如果在民商事案件审理中，发现与案件有牵连的刑事犯罪嫌疑线索、材料，但上述刑事犯罪嫌疑与民商事案件不是同一法律关系的，则法院应将犯罪嫌疑线索、材料移送有关公安机关或检察机关查处。由于在民商事案件当事人间存在民商事法律关系，故不能因存在刑事犯罪嫌疑就全案移送，一概驳回民商事案件的起诉。虽然是作为民商事纠纷案件立案，但最终认定其实质为刑事犯罪案件，民事诉讼的当事人之间并无民商事法律关系的，才应裁定驳回起诉，将全案移送公安机关或检察机关。以上是针对刑民交叉发生在同一当事人之间的情况。此外，如果民商事案件与刑事案件的当事人并不同一，只不过法律事实有牵连，则由于在不同的当事人之间分别存在民事法律关系和刑事法律关系，故民事案件和刑事案件当然更应当分别受理和审理。

在已立案审理的余某与郝某返还原物民事纠纷案件中，人民法院发现周某私刻公章涉嫌合同诈骗罪的漏罪，因刑事诉讼与民事诉讼的当事人并不相同，刑事诉讼的当事人为私刻公章涉嫌合同诈骗罪的周某与被害人郝某，刑事案件的被告人是周某；而民事诉讼的当事人为要求返还涉案房屋的余某与占有涉案房屋的郝某，民事诉讼的被告是郝某，故民事诉讼和刑事诉讼的法律主体和法律关系并不相同，刑事诉讼并不能解决民事诉讼被告方的责任问题，也不存在两种诉讼审理的法律事实同一、民事诉讼能够被刑事诉讼吸收的问题，故人民法院应当继续审理民事案件，让余某通过民事诉讼继续保护自己的民事权利，同时将周某私刻公章涉嫌合同诈骗罪的漏罪线索和材料移送公安机关继续侦查，民事案件与刑事案件应当分别受理和审理。此外，《刑事诉讼法》及其司法解释关于刑事诉讼追缴、退赔措施，附带民事诉讼程序均不能解决余某要求郝某返还被占房屋的问题，故有必要通过民事诉讼程序审理来解决。笔者认为，不应仅因案件中涉及刑事犯罪嫌疑就不继续审理民事案件，直接以裁定驳回并移送的方式审结案件。当民事案件与刑事案件涉及的事实仅具有不影响民事案例审理的关联性时，民事案件的审理不应受到刑事案件的影响。

【案件启示】

笔者认为，在具体案件中协调处理刑民交叉案件的程序先后，其根本价值不在于彰显公权力优先的价值理念，而是在刑民程序冲突时更加合理地配置司法资源，不应因案件中涉及刑事犯罪嫌疑就简单裁定驳回民事案件并移送，最终还是需要通过民事程序解决又让当事人重新立案通过民事诉讼程序维权，使当事人的诉讼维权之路遥遥无期，也因多次提起诉讼、多重诉讼程序造成司法资源的浪费。因此,在刑民交叉案件中,应严格限制先刑后民规则的适用,应严格遵循因不同法律事实分别涉及经济纠纷和经济犯罪嫌疑的,经济纠纷案件和经济犯罪嫌疑案件应当分开审理的原则,正确适用以切实保护当事人合法的民事诉权。

天宝公司与启润公司保证合同纠纷再审案

——犯罪行为是否影响民事责任的承担及刑事责任与民事责任之划分

刘　新*

【基本案情】

2012 年 7 月 30 日，梁某以其母亲高某名义与天宝公司原股东签订《股权转让协议》，获取天宝公司 96% 的股权。

2012 年 9 月 25 日，天宝公司出具《担保书》，承诺为铉澈公司（梁某为实际控制人）与启润公司签订的所有合同项下的全部合同义务向启润公司承担连带保证责任。

2012 年 10 月 18 日，启润公司与铉澈公司签订《代理采购协议》，约定先由启润公司向抚顺某钢铁公司付款采购货物，再由铉澈公司向启润公司付清上述货款并提清货物。

2012 年 10 月 22 日，启润公司向抚顺某钢铁公司履行其付款采购义务，但铉澈公司未如约向启润公司支付货款。

2013 年 3 月 27 日，承德市中级人民法院判决《股权转让协议》无效。

2013 年，梁某被厦门市公安局羁押，并于 2014 年被判合同诈骗罪。

2014 年，启润公司向厦门市中级人民法院（以下简称厦门市中院）起诉，请求天宝公司为铉澈公司基于《代理采购协议》所欠货款承担连带保证责任。厦门市

* 刘新：北京市金台律师事务所合伙人，北京市律师协会刑民交叉法律专业委员会副主任。

中院认为，梁某的欺诈行为并未侵害国家利益且受欺诈方未向法院提出撤销或变更合同的诉求，故《代理采购协议》合法有效。天宝公司出具《担保书》意思表示真实，保证合同亦为有效。据此，厦门市中院判决天宝公司承担保证责任，向启润公司清偿铉澈公司欠付货款。

此后，天宝公司不服一审判决，向福建省高级人民法院（以下简称福建省高院）提起上诉。天宝公司在上诉中称，梁某依据《股权转让协议》实际取得天宝公司股权与公章，为公司的实际控制人，签署《担保书》并非天宝公司真实意思表示。

2016 年，福建省高院下达二审判决，认为天宝公司提出的事实并不能证明天宝公司签署《担保书》的意思表示不真实，对天宝公司的上诉请求不予认可，判决驳回上诉，维持原判。

2017 年，天宝公司向中华人民共和国最高人民法院（以下简称最高人民法院）申请再审，最高人民法院裁定驳回天宝公司的再审申请。

【案件焦点】

（1）梁某的犯罪行为是否必然影响案涉合同的效力；

（2）相关企业能否以此为由拒绝承担相应民事责任。

【法院裁判】

最高人民法院认为天宝公司的再审理由不能成立，裁定驳回天宝公司的再审申请，天宝公司应该承担连带保证责任。

（一）关于《代理采购协议》的效力问题

天宝公司于 2012 年 9 月 25 日出具的《担保书》载明，天宝公司自愿为铉澈公司与启润公司签订的所有合同项下的全部合同义务向启润公司提供连带保证责任，案涉《代理采购协议》系铉澈公司与启润公司于 2012 年 10 月 18 日订立，属于《担保书》所担保的债务范围。天宝公司主张，《代理采购协议》是梁某为实施其诈骗行为所签订，应认定无效。最高人民法院认为，天宝公司的再审申请理由不能成立，案涉《代理采购协议》应认定有效，原因如下：

第一，最高人民法院《关于在审理经济纠纷案件中涉及经济犯罪嫌疑若干问题的规定》第 3 条规定，“单位直接负责的主管人员和其他直接责任人员，以该单位的名义对外签订经济合同，将取得的财物部分或全部占为己有构成犯罪的，除依法追究行为人的刑事责任外，该单位对行为人因签订、履行该经济合同造成的后果，依法应当承担民事责任”。本案中，梁某作为铉澈公司的实际控制人，以该公司的名义对外签订《代理采购协议》，虽然有刑事判决认定梁某构成合同诈骗罪，案涉《代理采购协议》的签订系梁某实施合同诈骗行为的组成部分，但除了依法追究梁某的刑事责任外，铉澈公司对梁某对外签订、履行《代理采购协议》所产生的法律后果，依法应当承担民事责任。

第二，案涉《代理采购协议》并不因为梁某涉嫌犯罪而当然无效，而是应根据《合同法》第 52 条[①]（案件审理时有效）的规定认定其效力，该条第 1 项仅规定一方以欺诈、胁迫手段订立合同损害国家利益的，合同应认定无效，而本案中梁某实施的欺诈行为损害的是合同相对方的利益，与国家利益无涉，《代理采购协议》依然有效。故天宝公司以案涉《代理采购协议》系梁某实施诈骗行为所签订，认为该合同应当无效的再审申请理由不能成立。

（二）关于案涉《担保书》的效力问题

虽然《股权转让协议》无效，梁某因该转让协议而控制的天宝公司 96% 的股权也因此而被责令返还，但是公司股东的变更并不影响公司已实施法律行为的效力，加之案涉《担保书》上加盖的天宝公司的印章是真实的，故应认定签署《担保书》系天宝公司的真实意思表示。

根据最高人民法院《关于在审理经济纠纷案件中涉及经济犯罪嫌疑若干问题的规定》第 3 条的规定，虽然作出《担保书》时梁某系天宝公司的实际控制人，但梁某实施犯罪行为并不代表天宝公司可以据此免除相应的担保责任。

【法律分析】

（一）本案中案涉合同的效力不因梁某涉嫌经济犯罪而当然无效

（1）本案中，梁某实施欺诈行为损害了合同相对方利益，不属于“一方以欺诈、胁迫手段订立合同损害国家利益”而导致合同无效的情形（依据案件审理时有效的《合同法》第 52 条之规定）。

（2）受欺诈方可以通过行使撤销权而使合同归于无效。虽然本案《代理采购协议》《担保书》是梁某为实施诈骗行为以铉澈公司、天宝公司的名义与启润公司签订，但启润公司作为受欺诈方并未要求撤销或者变更合同，因此天宝公司主张涉案合同无效，法院不予支持。

---

① 该案审理时适用《合同法》。相关规定参见《民法典》第 148 条。

(3)梁某以其母亲高某名义签订的《股权转让协议》,虽经法院判决确认无效,但是案涉《担保书》上加盖的天宝公司印章是真实的,且股东与公司具有不同的人格,公司股东的变更并不影响公司意思表示的效力,天宝公司提供保证的意思表示真实。

(二)刑民交叉案件中,民事案件如何审理的问题

《全国法院民商事审判工作会议纪要》(以下简称《九民纪要》)第128条对刑民交叉案件分别审理的原则进行了重申。依据以上规定,现有司法实践中,刑事案件与民事案件是否应当分别受理,取决于两个案件是否为"同一事实",属于"同一事实"的,则按照"先刑后民"的原则处理;反之,则应当分别受理。

1. 首先应当判断刑事案件与民事案件是否基于同一事实

对于"同一事实"的判断,一是从行为实施主体的角度进行认定。同一事实指的是同一主体实施的行为,不同主体实施的行为不属于同一事实。特别注意的是,法定代表人、负责人以及其他工作人员等对外以法人名义从事的职务行为,应当由法人承担相应的民事后果。如果法定代表人、负责人以及其他工作人员构成犯罪,但法人本身不构成犯罪的,鉴于犯罪行为的主体与民事行为的主体属于不同的主体,一般不宜认定为同一事实。二是从法律关系的角度进行认定。如果刑事案件的受害人同时也是民事法律关系的相对人的,一般可以认定该事实为同一事实。三是从要件事实的角度认定。只有民事案件争议的事实,同时也是构成刑事犯罪的要件事实的情况下,才属于同一事实。

2. 同一事实情形下被害人索赔的处理

刑事程序已判决退赔且数额可以补偿被害人遭受的损失,对于该部分,被害人不得再向犯罪行为人主张赔偿,但可根据合同向其他民事主体主张权利,这一点没有争议。实践中的主要问题是刑事追赃退赔是否排斥未补偿部分的民事救济。现有法律对此并未有明确的规定,但是通过对最高人民法院的裁判观点进行梳理可知,当刑事追赔程序并不能完全补偿被害人的损失,被害人再另行通过民事诉讼的程序就未得以补偿的部分提起民事诉讼,法院通常都会进行受理。①

3. 不同事实的处理和认定

《九民纪要》中对于同一当事人因不同事实分别发生民商事纠纷和涉嫌刑事

① 参见最高人民法院民事裁定书,(2017)最高法民申4094号;最高人民法院民事判决书,(2018)最高法民终778号。

犯罪,民商事案件与刑事案件应当分别审理的情况,规定了五种情形,本案属于其中“行为人以法人、非法人组织或者他人名义订立合同的行为涉嫌刑事犯罪或者刑事裁判认定其构成犯罪,合同相对人请求该法人、非法人组织或者他人承担民事责任的”,“主合同的债务人涉嫌刑事犯罪或者刑事裁判认定其构成犯罪,债权人请求担保人承担民事责任的”的情形,因此本案的刑事案件与民商事案件应当分别审理。

本案中,启润公司主张天宝公司承担保证责任,与梁某利用《代理采购协议》实施犯罪行为,基于不同事实。犯罪行为实施主体为单位负责人梁某,而《担保书》的主体为公司,系不同主体;犯罪行为所涉及的主合同有效,民事案件涉及的从合同即担保合同经查明也有效;梁某犯罪行为涉及的《代理采购协议》属于债权债务关系,本案涉及的是担保法律关系,系不同法律关系。综上,可以认定,刑事案件的要件事实与本案的事实不是同一事实,所以在启润公司的债权并未在刑事案件中因退赔追赃等情形实现的情况下,依据有效的《担保书》向天宝公司主张担保责任于法有据。

【案件启示】

在司法实践中,我们需要正确界定涉案当事人各方的法律责任。刑民交叉案件中,犯罪行为是否影响民事责任的承担,刑事责任与民事责任之间如何区分、如何承担,都是实践中颇具争议的问题。

《刑法》第64条明确规定,犯罪分子违法所得的一切财物,应当予以追缴或者责令退赔;对被害人的合法财产,应当及时返还。据此,有的民事责任问题可以通过刑事程序解决,但当事人的民事责任并不因追究刑事责任而免除。刑诉程序除了追赃、退赔及附带民事诉讼外,并不负有保护相关民事案件当事人民事权利的责任和义务,因此,即使刑民交叉案件中相关行为构成犯罪,也不影响权利人就案件民事部分追究义务人的违约、侵权以及不当得利等法律责任。

办理刑民交叉案件,不应当因为适用“公法”而侵害属于“私法”范畴的当事人合法权益。作为律师,我们应当依法充分保护当事人合法权益,认真对待相关民事行为的效力及民事责任的分配和承担问题。

刘某骗取贷款案

——贷款时提供担保虚增小部分资产，不宜认定贷款诈骗罪

解瑞松*

【基本案情】

刘某系某工程有限公司实际控制人,2015 年 2 月其以企业经营需流动资金为由向某银行申请贷款 1000 万元,与某银行签署了《流动资金借款合同》,贷款期限为 12 个月,贷款用途为生产经营。制作贷款文件时,刘某将已经全部履行完毕的几个交易合同的金额列为应收账款,虚增了公司应收账款,从而将财务报表数据做得比实际更高,涉及 3 份合同,不到 100 万元。在贷款的同时,刘某让某橡胶工程公司对银行的这笔贷款提供担保。2015 年 3 月银行放款,银行贷款发放到某工程有限公司后,刘某以购买原材料款的名义将这笔款项打入某橡胶工程公司账户中,当日该笔款即从该橡胶工程公司打回刘某实际控制的某工程有限公司,该笔款项部分用于支付员工工资,大部分用于偿还某工程有限公司的民间借贷。到 2016 年 4 月,某工程有限公司再次与银行签订《流动资金借款合同》,借款为 1000 万元,借款期限为 12 个月,用于借新还旧,后合同到期某工程有限公司并未如期偿还本息。在 2018 年年初某银行起诉了借款人刘某实际控制的某工程有限公司和担保人某橡胶工程公司,但是在审理过程中,某银行并未报案,公安机关主动立案,由此进入刑事程序,民事案件审理终止,后该银行上诉至某中级人民法院、申

---

* 解瑞松:北京市东卫律师事务所合伙人,北京市律师协会刑民交叉专业委员会委员。

诉至某省高级人民法院,要求按照民事诉讼程序处理该案。在2018年该银行将该笔贷款作为不良资产以800多万元的价格转让给深圳某资产管理公司,后某橡胶工程公司偿还深圳某资产管理公司600多万元。

【案件焦点】

(1)刘某使用已经履行过的合同虚增公司应收账款的行为和改变资金用途的行为可否认定为骗取的行为;

(2)刘某提供担保的情况下,银行将债权自行转让给资产管理公司,转让价格低于借款数额,这部分可否认定为刘某造成的损失;

(3)本案在民事程序进行中使用刑事程序处理是否得当。

【法院裁判】

法院认为:被告人刘某以欺骗手段去银行贷款,并给银行造成重大损失,其行为已经构成骗取贷款罪,案发后,被告人主动到公安机关投案,并如实供述自己的罪行,属自首,对其可依法予以从轻处罚。

【法律分析】

(一)关于案件焦点(1)

笔者认为,刘某使用已经履行过的合同虚增公司应收账款的行为和改变资金用途的行为不应认定为骗取贷款罪中的骗取行为。

(1)使用几份已经履行完毕合同虚增应收账款这个行为在银行的决策过程中起不到决定性作用,并且涉及金额占整个贷款总额比例较小,不应当将全部贷款金额都认定为骗取所得。

骗取贷款罪的犯罪构成中应当有一个完整的逻辑链条:被告人实施欺骗行为—受害人因被告人的欺骗行为而陷入错误认识—受害人基于错误认识而做出放贷的处分行为—被告人因此而获得贷款,也就是说被告人获取贷款,是基于受害人陷入错误认识、做出错误的放贷处分,即取得贷款应当基于"欺骗"而得到,从而符合"骗取"客观行为要件。但是在本案中,这一"骗取"逻辑链条是中断的:某工程有限公司获得贷款并非基于某银行陷入错误认识做出的放贷处分,而是基于银行真实意思表示。虽然刘某将之前已经履行过的合同放在本次贷款的材料中,并基于此增加了公司的应收账款,但是这一行为在整个贷款环节中并不是居于主导地位，刘某虚增的合同只有两三份，涉及金额不到100万元，而银行作出贷款主要的依据还是刘某公司的生产能力、不动产价值以及担保，这才是银行作出贷款的核心因素。此外，据刘某称借款时这样的操作在当地普遍存在，而且银行的工作人员也都知道人们这么操作，只要最后没有根本性风险，一般银行工作人员也不做干预。从这个意义上而言，银行的工作人员作为银行的代理人，他自身知晓的情况下，视为银行知晓，不应当认定为银行受骗。可能也正是基于这个原因，某银行才在民事诉讼一审、二审、再审中一再主张：双方合同系双方真实意思表示，不存在欺诈胁迫，不存在恶意串通损害第三人利益的情形，不存在以合法形式掩盖非法目的的情形，不应当视为无效合同。从贷款过程看，在贷款时该银行考察了贷款公司、考察了担保人的担保能力，贷款过程经过严格的银行内部审核程序审核，在贷款初期还进行了贷款用途的跟踪；甚至在2015年2月1000万元贷款某工程有限公司因故无法偿还时，还在某工程有限公司处于停产状态的情况下于2016年4月7日仍然同意再次放贷，且用途是“借新还旧”等，这一系列做法可以体现放贷确实为该银行真实意愿。此外，在本案中该银行自始至终没有以受害人的身份进行刑事控告并主张权利。

(2)某公司改变2015年2月28日的贷款用途，虽然与借款合同约定用途不符，属于改变贷款用途的行为，属于民事违约行为，但这个行为不会导致贷款资金安全受到威胁，不应作出刑法意义的评价。

某工程有限公司确实在2015年2月28日的这一笔贷款下来后将其绝大部分用于偿还贷款了，或者其他用途。在这里有两点需要说明：

第一，某工程有限公司与某银行签署的合同是《流动资金借款合同》，约定的用途是“购买材料”。但是，实际上这笔资金一大部分用来偿还贷款，一部分用来支付员工工资，一部分用来支付货款。从合同角度而言，这种改变资金用途的行为系违约行为，不能用刑法来进行评价。更何况，在此有一点需要注意：某银行也进行过放款后的审核，也就是该银行在事后的审查中也没有对资金使用的实际用途提出异议。其实，即使被告人用贷款偿还借款，也是用于企业的生产经营，资金的融通本来就应该属于“生产经营”的题中之意，“经营”一词应当作广义的理解，而不是狭义判断。

第二，即使刘某将贷款用作其他用途，由于有前述的各种担保存在，并不必然会使资金处于不安全的境地。换句话说，在该案中，无论刘某是否将资金挪作其他用途，实际上并不是危及贷款安全的根本原因，不能将其挪用的行为认定为“骗取”的一部分。贷款时某工程有限公司是在生产经营过程中的，还是在产生效益的，这是至关重要的一点。只要刘某控制的某工程有限公司在生产运营，只要担保人具备担保能力，那么银行贷款的安全性是可以保证的。

（二）关于案件焦点（2）

刘某提供担保公司的情况下，银行将债权自行转让给资产管理公司，转让价格低于借款数额，低于借款数额的部分显然不能认定是刘某给银行造成的损失。

（1）银行主动转让债权，主动放弃279万余元利息，该利息不应视为损失。

本案中，某银行在2018年12月将该笔债权转让给深圳某资产管理公司。在银行出具的说明中可以知道，银行在转让中将279万余元的利息主动放弃，从而协议转让债权。在当时的情况下，银行可以等额转让债权，也可以以较少的优惠转让，但是其将279万余元利息全部放弃，显然是其自主之决定。这一决定与被告人刘某的行为已经不具有因果关系，不能将279万余元的利息视为刘某的行为所致。银行做出此举也与公安机关将此案作为刑事案例立案侦查有关，以避免产生更大损失。

（2）某橡胶工程公司在承担担保责任后的损失，这个属于某橡胶工程公司与某工程有限公司之间的问题，但是这个损失不是法律规定的“重大损失”，法律规定的“重大损失”应当是银行机构的重大损失，而不是非金融机构的重大损失。

银行的打折出售债权系自身行为，如果担保人代替刘某的公司偿还了该笔借款，但是刘某没有偿还担保人代为还款支付的价款，那么担保人的损失是否可以认定为《刑法》第175条之一中规定的“重大损失”？笔者认为《刑法》第175条之一的“重大损失”的主体应当是金融机构而不是非金融机构的担保人，所以担保人的损失不应当认定为“重大损失”，也不应认定为“其他严重情节”的情形。骗取贷款罪保护的法益是“金融机构贷款安全性”，指向性应当是十分明确的，即限于“金融机构”，非金融机构贷款安全性其他法律关系可以予以调整，以刑法调整的骗取贷款只能限于金融机构的贷款安全，那么只有存在与此相关联的情节才可以认定为“其他严重情节”，所以即使某橡胶工程公司在承担担保责任后，也有可以追偿的其他手段，所以不宜以此认定为本罪名中的“其他严重情节”。在本案中，被告人所属的公司正在和某橡胶工程公司沟通解决其承担的担保责任事宜，并且已经向对方转移了部分债权，最大限度减少担保人的损失。

（三）关于案件焦点（3）

本案在民事程序进行中使用刑事程序处理是否得当：刑法应当具有谦抑性，

可以用民事手段解决的纠纷,无须上升到刑事程序方面。

就刑事程序和民事程序的适用而言,本案适宜使用民事程序解决纠纷。虽然说刑事程序和民事程序各自具有独立的诉讼价值,但是总体而言,只有当行为人的行为严重到一定程度后才可以启动刑事诉讼程序,作为最终的处理手段。本案中,作为受害人一方的当事人某银行自始是通过民事诉讼途径来解决债权债务纠纷,也始终没有在刑事诉讼程序中提出要求,且目前各方都没有经济损失,适宜以民事程序予以解决,在不符合《刑法》第 175 条之一构成要件的情况下,不宜作为刑事案件进行处理。

【案件启示】

办理部分经济案件,需要综合的知识储备,刑事案件和民事案件有不同的思维方式,而不同的思维方式是根植于深厚的知识储备之中的,所以办理刑事和民事交叉的事务应当具备民事和刑事两个领域的知识储备。在此基础上,应对涉案的经济关系从民事法律角度进行分析,探求交易关系发生、发展、纠纷根源,在此基础上审视在这个过程中双方发生的矛盾是否可以通过民事领域的方法予以解决、化解,如果说通过民事领域的方式就可以化解或者就可以弥补受害一方的损失,那么完全可以把案件锁定在民事纠纷的框架之内,无须动用刑法的手段解决。

当然,如果通过民事方式分析案件之后,发现民事思维和方式不能解决问题,不能弥补当事人损失,或者中间有严重的利益受损,以至于可能符合刑法中关于刑事犯罪要求,那么就应当遵守刑法实质性判断的思维,对整个事件进行重新梳理和判断。这是一个由轻到重、由民事思维到刑事思维的过程,不是一蹴而就的过程。

姜某近亿元合同诈骗不起诉案

——通过伪造单据取得合作单位货款并全部用于与合作单位约定的购销业务,不构成合同诈骗罪

王占民*

【基本案情】

2012年至2014年,国企中轻某进出口公司(以下简称中轻公司)与姜某合作经营铁精粉内贸项目,由中轻公司向姜某提供资金,由姜某进行全程运作,中轻公司收取合同交易额固定比例7%的收益。合作模式为:(1)姜某以其控制的三家公司(以下简称姜某公司)名义先垫资从沈阳铁道金属物资有限公司(以下简称沈阳铁道)购进铁精粉;(2)姜某提交所有沈阳铁道铁路货票装车手续后支付部分款项;(3)姜某以姜某公司名义将铁精粉售予中轻公司;(4)随后姜某以中轻公司名义将铁精粉卖给了邯郸钢铁某公司(以下简称邯郸钢铁)和河北某物资贸易有限公司(以下简称河北物贸);(5)姜某负责向这两家公司结算、收款并全部打入中轻公司账户;(6)中轻公司收到结算单及货款,收取7%固定比例收益后,给姜某结清该批货款。

2013年至2014年年底,姜某在北京市朝阳区劲松九区与中轻公司签订多份《铁精粉购销合同》。

由于沈阳铁道要求先付全款才发货,而邯郸钢铁和河北物贸却以种种理由迟延结账,并且均以承兑汇票形式结算,导致中轻公司不能及时给付姜某货款,造成

* 王占民:北京矩阵律师事务所主任,北京市律师协会刑民交叉法律专业委员会副主任。

姜某资金链紧张。一方面为了按照《铁精粉购销合同》约定的时间履行合同，姜某向民间大量借入高利贷，另一方面为了及时获得中轻公司应付的货款，姜某伪造了大量的铁路货票、结算单等手续交给中轻公司。由于伪造的材料与实际履行的铁路货票、结算单等材料不一致，成为日后中轻公司提起刑事控告的证据。

2015 年 11 月 26 日，中轻公司副总谈某忌和姜某进行对账，签订了《债权债务确认书》，确认姜某公司拖欠中轻公司本金 8814.56 万元，并约定 2016 年 6 月底之前还清本息，姜某承担连带责任，姜某公司以 60 亩土地作为担保。2015 年 12 月 8 日，姜某与中轻公司重新达成还款计划，提交《关于铁精粉业务相关陈述》，约定 2016 年 8 月 31 日还清全部本息。

2016 年 1 月 21 日，中轻公司向公安机关报案称：姜某以投资铁精粉为名与中轻公司签订《铁精粉购销合同》，后经核实发现未如实发货，使中轻公司损失 8588 万元，要求刑事立案。

2016 年 7 月 20 日，姜某因涉嫌合同诈骗罪被北京市公安局朝阳分局刑事拘留，同年 8 月 26 日被逮捕。同年 11 月 22 日，公安机关以姜某未按与中轻公司签订的《铁精粉购销合同》约定如实发货，致使中轻公司损失 8588 万元，涉嫌合同诈骗罪为由将本案移送审查起诉。

【案件焦点】

(1) 在经济活动中如何区分合同诈骗和合同欺诈；

(2) 如何证明姜某没有非法占有他人财产的目的。

【处理结果】

北京市人民检察院第三分院经审查并两次退回补充侦查，仍认为北京市公安局朝阳分局认定的犯罪事实不清、证据不足，不符合起诉条件，于 2017 年 6 月 27 日依法对姜某作出不起诉的决定。

【法律分析】

(一) 合同诈骗和合同欺诈

合同欺诈是民事欺诈的一种，而合同诈骗则是诈骗罪的一种特殊类型，二者既有联系又有区别，也是司法实务中认定某一行为是经济纠纷还是刑事犯罪的重点和难点。根据《刑法》第 224 条的规定，合同诈骗罪是就合同标的是否存在、合同是否实际履行等根本性问题进行欺骗，行为人根本不想履行合同，只是将合同作为骗取他人财物的手段，即使在个别情况下部分履行或者先履行小额合同，也是为了迷惑他人，继而实施合同诈骗。而合同欺诈多是就个别事实或局部事实的欺骗，其目的还是签订合同并通过履行合同获取自己应得的利益。可见，合同欺诈主要看的是客观表现，而合同诈骗则要求主客观相统一，区分二者最核心关键的标准就是行为人是否有非法占有他人财产的主观故意。由于主观故意要通过客观行为反映出来，所以实践中我们往往通过客观行为去反推行为人的主观故意，这是认定此类犯罪主观方面的重要方法，但也恰恰成为混淆合同诈骗与合同欺诈的原因之一。故此，如何认定是否具有非法占有他人财产的目的将成为控辩双方争议的焦点。

对于此类案件，不仅要看当事人在签订、履行合同过程中是否具有形式上虚构事实、隐瞒真相的行为，即是否有《刑法》第224条规定的五种情形之一，也要从合同项目真实性、标的物用途、有无实际履约行为、是否有逃匿和转移资产的行为、资金去向、违约原因等实质方面，综合认定其是否具有非法占有他人财产的目的。

（二）本案中姜某没有非法占有他人财产的目的

本案律师从以下几个方面说明姜某不具有非法占有他人财产的目的：

1. 姜某公司经营亏损是导致其不能偿还中轻公司8588万元的根本原因

在确定姜某及其亲属均未占有上述财产的前提下，辩护律师委托会计师事务所，对姜某公司主要经营成本进行了全面审计，发现姜某公司为了履行与中轻公司的购销合同，将从中轻公司获得的货款全部用于购买铁精粉，但是因铁精粉市场价格不断下跌，加之姜某为了缓解资金链紧张而借了大量高利贷产生巨额利息，同时还要支付中轻公司固定利润，仅此两项支出就高达15,975,700.93元，再加上承兑汇票兑现损失及各种经营管理费用，2012～2014年近3年的合作中，姜某产生巨额经营成本，造成生产经营亏损94,316,434.43元，已远大于欠付中轻公司的8588万元。此种情形下，姜某根本不可能非法占有中轻公司的财产。

2. 姜某通过伪造单据获取中轻公司货款并非为了个人占有

根据在案事实可知，姜某系因上下游的购销关系之间的矛盾而造成资金链紧张，才不得不伪造了大量铁路货票、结算单等手续，以获得中轻公司应付的货款，取得该款后，姜某全部用于履行购销合同，没有任何隐匿、脱逃、挥霍等行为。可见，姜某在履行合同过程中虽有部分欺诈手段，但其根本目的仍是继续履行合同，而非占有中轻公司货款。

3. 姜某按照双方签订的《债权债务确认书》履行了部分还款义务

如前所述,2015 年 11 月 26 日,双方签订了《债权债务确认书》,确认姜某公司欠中轻公司本金 8814.56 万元,并约定 2016 年 6 月底之前还清本息,姜某承担连带责任,以姜某公司 60 亩土地作为担保。随后,姜某于 2016 年 6 月、7 月偿还了中轻公司 100,000 元。可见,姜某对自己拖欠中轻公司货款一事已经确认,并积极按照还款协议履行,证明其没有非法占有中轻公司财产的故意。

4. 公安机关刑事立案是姜某未能继续履行还款义务的直接原因

姜某于 2016 年 6 月、7 月偿还了中轻公司 100,000 元,正在姜某积极筹措资金,想方设法偿还欠款之时,2016 年 4 月 22 日,公安机关根据中轻公司的报案对姜某以涉嫌合同诈骗罪立案侦查,7 月 20 日姜某被公安机关羁押,彻底失去了还款的能力。因此,姜某后续未继续还款并非其主观意愿,公安机关以刑事手段进行处理之后,姜某失去人身自由故而无法继续履行还款义务。

【案件启示】

本案是典型的竞合型刑民交叉案件,刑、民两类法律关系完全重合,且呈现要么是刑事犯罪,要么是经济纠纷的"非此即彼"状态。对此,律师除了应当根据在案事实、证据,围绕合同诈骗罪构成要件,分析姜某的行为性质,还应当根据北京市律师协会《律师办理刑民交叉法律业务操作指引》第 4 条、第 8 条的规定,充分考虑以下两条办理刑民交叉案件的基本原则:

(一)刑法的谦抑性原则

刑法的谦抑性要求刑法调控的范围和强度应该适当,对于某种危害行为,应首先考虑其他法律调整适用的可能性,只有在民事、行政法律手段对受损法益保护不力或者保护无效的情况下,才能寻求刑事手段的介入,对于可以通过非刑罚方式解决的纠纷,无须选择刑事手段处理。也就是说,刑法在干预社会生活时,主要是为了弥补其他法律的不足或不能,具有补充性和最后性。这一原则的适用在刑民交叉案件中非常普遍,也应当成为公、检、法办案人员及律师共同秉持的理念。市场经济条件下,刑法、民法均承担着调整、保护市场主体人身利益、财产权利和公共利益的职能,需要正确认识两大部门法在调处社会关系方面的职责分工,平衡好"公"与"私"的关系,最大限度保障当事人合法权益。

本案中,当事双方在合同履行过程中发生了违约纠纷,双方已经通过签订还款协议的民事方式进行处理和解决，此时就没有必要动用刑事手段，特别是还款协议仍在履行期间，刑事手段的介入反而会中断民事手段发挥作用的进程。当然，刑法谦抑性原则与罪刑法定、疑罪从无的基本原则也是并行不悖的。对于表面上看符合犯罪构成要件的行为，如果情节显著轻微、没有造成社会危害或者社会危害性不大，即可适用刑法谦抑性原则处理。

对于不具备犯罪构成要件事实的案件，决不能出于加大处理力度、快速解决纠纷等考虑，人为地将经济纠纷升格为刑事案件，这不仅不符合刑法谦抑性的要求，更违背了罪刑法定的基本原则。

（二）阻止权力滥用原则

经济生活多姿多彩，远不是非黑即白的逻辑判断能够解构的，简单套用一般生活常识，机械适用法律，先入为主地判断复杂经济交易，是导致经济领域争议案件频发的原因。1991 年 1 月公安部《关于办理利用经济合同诈骗案件有关问题的通知》中指出，由于利益驱动和地方、部门保护主义的干扰，在办理利用经济合同诈骗案件中存在不少问题，其中之一就是“把经济合同纠纷，包括人民法院正在办理的或已办结的经济合同纠纷案件作为诈骗案件办理”，“甚至还有个别公安机关插手经济纠纷，为了追款而非法抓人”。

实践中，当事人恶意利用程序规定也是造成公安机关插手经济纠纷的原因之一。有的民事案件的一方当事人的财产权利受到损害，觉得通过民事诉讼手段力度不够，明知对方当事人的行为不构成犯罪，而向公安机关控告，要求立案，意图在于借助司法权力挽回财产损失。对此，律师应当在全面把握案件事实证据的基础上，充分利用刑民交叉案件的现有法律规定和裁判案例，行使相应的救济权利，依法力促办案机关保持合理合法限度，防止随意以“先刑后民”等为由干预民事纠纷，维护当事人的合法权益。

C公司要求支付货款及违约金案

——虚假供应链贸易背后的刑民交叉法律问题分析

李 翡*

【基本案情】

A公司的法定代表人甲，经与乙商议，共同策划以燃料油业务"贸易融资"为幌子，虚构交易主体和交易内容，骗取下游企业支付的燃料油货款，用于归还债务。甲、乙等人通过居间介绍，联系了B、C、D公司开展燃料油"供应链业务"。在此过程中甲、乙通过伪造其他公司印章、燃料油购销合同、提货单、收货确认书的方式，掩盖甲利用名下企业自买自卖，全程无真实货品交易的事实。B、C、D公司对该诈骗行为均不知情。

为开展燃料油买卖事宜，A、B、C、D四公司之间分别签订了购销合同，形成的合作链条为：A公司为B公司提供燃料油，B公司将燃料油销售给C公司，C公司将燃料油销售给D公司，最后A公司再从D公司处将燃料油收购。A公司最终以更高的价格收购了自己的货物，以掩盖其虚构合同标的物的事实。其中B公司与C公司签订的合同中约定，B公司对D公司的付款承担连带保证责任。C公司与丙签订最高额保证合同，约定丙对D公司的付款承担连带保证责任。在C公司与D公司签订的前两笔合同中，D公司向C公司出具两份补充说明，称因总公司管理规定调整，公司不具有购货付款的权限，要求将合同主体变更为E公司。第三笔合同则并未变更合同主体。前两笔合同顺利完成，第三笔合同中，C公司向B

* 李翡：北京市君泽君律师事务所合伙人律师。

公司支付货款后,D公司并未在约定期限内付款。

C公司以D公司、B公司、A公司、甲、丙等为被告向某中级人民法院(以下简称某中院)提起民事诉讼。诉讼中,因B公司的上游卖方A公司及甲、乙等人涉嫌刑事犯罪,法院以"相关事实需要刑事案件先行审查处理"为由,驳回C公司起诉。

另一中级人民法院作出刑事判决,认定甲、乙等人以非法占有为目的,在签订、履行合同过程中,骗取他人财物,数额特别巨大,其行为构成合同诈骗罪。甲、乙等人不服一审判决提起上诉,某高级人民法院作出裁定,驳回上诉,维持原判。

刑事判决生效后,C公司以D公司、B公司和丙为被告,再次向某中级人民法院提起买卖合同纠纷诉讼。C公司在诉讼请求中主张判令D公司支付第三笔交易货款及逾期付款违约金,并判令B公司、丙对上述债务承担连带清偿责任。法院经审查后认为C公司与D公司签订的燃料油买卖合同无效,B公司和丙亦无须承担保证责任,裁定驳回C公司的诉讼请求。

【案件焦点】

(一)实体上的刑民交叉

本案中C公司与D公司之间的合同系在A公司以及甲等人的积极促成下签订,甲、乙等人通过伪造其他公司印章、提货单以及收货确认书等方式,使B、C、D公司始终相信存在真实的燃料油交易,并以此为前提开展交易。事实上整个过程中不存在真实的燃料油交易,所谓交易实为甲采取虚假贸易的方式套取资金的诈骗活动,其签订和促成买卖合同,是为了掩盖诈骗资金的非法目的。根据《合同法》的规定,以合法形式掩盖非法目的的合同无效,因此应当认定案涉买卖合同无效。①

此外,本案中还存在合同主体不适格的问题。在前两笔合同中,D公司已经向C公司释明其不具有购货付款的权限,并将合同主体变更为E公司;而在第三笔合同中,合同主体并未变更。因此,D公司属于无权代理,合同效力待定,应当由E公司对合同效力进行追认。因E公司未在期限内追认,所以据此也应认定合同无效。

① 本案审理时适用《合同法》,相关规定参见《民法典》第146条。

(二)程序上的刑民交叉

C 公司第一次向某中院起诉时,法院以“相关事实需要刑事案件先行审查处理”为由驳回 C 公司的起诉。

本案中驳回 C 公司起诉的依据来源于最高人民法院《关于在审理经济纠纷案件中涉及经济犯罪嫌疑若干问题的规定》第 11 条,该条规定“人民法院作为经济纠纷受理的案件,经审理认为不属经济纠纷案件而有经济犯罪嫌疑的,应当裁定驳回起诉,将有关材料移送公安机关或检察机关”。本案中,民事案件的法律事实被刑事犯罪的事实覆盖,民事判决需要以刑事判决作为依据,因此选择先刑后民的程序是合理且正确的。

【法院裁判】

某中院判决:C 公司基于合同有效,主张判令 D 公司支付交易货款及逾期付款违约金的诉讼请求不能成立,在合同无效的情形下,B 公司和丙亦无须承担保证责任,判决驳回 C 公司的全部诉讼请求。

【法律分析】

本案中涉及两类法律关系,一是合同诈骗罪的刑事法律关系,二是买卖合同的民事法律关系。根据《刑法》的规定,合同诈骗罪是指以非法占有为目的,在签订、履行合同过程中,骗取公私财物,数额较大的行为。本案中甲、乙等人通过积极联络、居间活动等行为,促成燃料油交易链形成,获得的货款用于归还银行贷款、挥霍等,符合合同诈骗罪的构成要件。关于在合同诈骗案件中非法占有目的的认定,最高人民法院确立了通过客观表象推定主观目的的方法,也就是根据行为人存在的特定客观行为来推断其主观目的。例如,行为人明显缺乏履行能力、挥霍所得钱款、逃避履行合同,可以直接认定行为人具有非法占有目的,进而构成诈骗犯罪。根据本案事实可以认定,甲、乙等人具有非法占有目的,构成合同诈骗罪。对于民事部分的燃料油买卖合同,本案中甲、乙等人通过伪造公司印章、提货单、收货确认书等材料,隐瞒全程无真实货物交易的事实,系通过欺诈的手段促成 B、C、D 公司签订合同,因此该交易链涉及的合同诈骗案,对交易链条中的买卖合同产生了较大的影响。对甲、乙等人来说,诈骗资金用于个人挥霍是目的,促成签订燃料油买卖合同是犯罪手段,即以民事合同行为掩盖其刑事犯罪事实。综观整个案件,刑事部分与民事部分紧密牵连,因此在办理本案时,既要注意刑民交叉的事实部分,也要注意对刑民责任的区分。

(一)诉讼思路的选择

在办理刑民交叉的案件时,首先要关注刑事案件的事实与民事案件的事实是否存在重合;如果刑事犯罪与民事案件在法律事实方面是一致的,那么程序上应当遵循先刑后民的原则;如果刑事犯罪与民事案件不属于同一法律事实,那么应当采取刑民并行的处理方式。办案时要注意程序的选择适用,对于涉及刑事犯罪的案件,如果刑事程序可以更好地查清案件事实,获取对当事人有利的证据,可以向法院申请中止审理,等待刑事案件的结果;如果刑事案件和民事案件无关联,没有中止审理的必要的,可以向法院说明。当然,实务中存在先刑后民被滥用的现象,也产生了一些问题,例如,有的侦查机关滥用其权力,要求法院中止审理正在进行的民事案件,并对刑事案件进行挂案处理,致使民事纠纷迟迟不能得到解决;有的法院推诿责任,以案件涉及刑事问题为由移送侦查机关处理;当事人为追求利益最大化,要求侦查机关插手经济纠纷等。法院在审理刑民交叉案件时,应当秉持具体问题具体分析的宗旨,确定刑民程序的顺序,既不能让公权力插手本应通过民事程序解决的经济纠纷,又不能放任犯罪分子逃避刑事责任。

(二)厘清刑民之间的界限

要厘清民事不法和刑事犯罪的边界,坚持罪刑法定、疑罪从无的原则,严格区分罪与非罪的界限,严禁以刑事手段插手经济纠纷,严禁将经济纠纷升格作为犯罪处理。例如,本案中对于合同诈骗罪的认定,最重要的部分是要认定被告是否具有非法占有的目的。本案被告在背负巨额债务无力清偿的情况下,仍然隐瞒没有真实燃料油交易的事实,将闭合循环贸易所得钱款用于归还银行贷款、个人消费等,由此认定其具有非法占有目的,符合合同诈骗罪的构成要件。如果主观目的是进行经营盈利,有履约能力,则不应认定为合同诈骗,认定为民事欺诈更为合适。

(三)刑民责任的区分

刑法是公法,民法是私法,办理刑民交叉案件时应当明确,行为人构成犯罪,不影响其民事责任的承担。《刑法》规定,犯罪分子违法所得的一切财物,应当予以追缴或者责令退赔;对被害人的合法财产,应当及时返还。据此,行为人责任可以通过刑事程序解决,但行为人的民事责任并不能因追究了刑事责任而完全免除。通过刑事程序可进行追赃、退赔,当事人的民事权利应另行主张,刑民交叉案件中相关行为构成犯罪,不应影响对案件民事部分的评价和责任追究。本案中,虽然C公司已经通过刑事案件的处理获得了部分救济，但是并不影响其基于民事合同关系请求对方承担民事责任，至于双重获益的问题，可以在执行程序中做相应扣减予以避免。

【案件启示】

刑民交叉案件中，尤其是竞合型刑民交叉案件，最重要的部分就是判定案件的性质，进而选择程序的适用。区分民事案件和刑事案件的关键在于对全案事实的把握和对罪名构成要件的充分分析。证据是案件的基础，要充分收集证据并进行条理性归纳，全面把握案件事实，然后从中提炼维护当事人合法权益的方面，在此基础上对涉及犯罪的行为进行法律上的充分挖掘，研判所有可能涉及的罪名及相应法律法规，查找判例，最终形成对于案件性质认定的法律意见。判断好案件的性质后按需选择适用的程序，提前考虑到下一步程序的所有可能性并准备相应的材料，做好维护当事人权益的充足准备。对于先刑后民的案件，应当充分利用刑事案件证据对民事案件事实认定的指导作用，及时、准确地调取有利于查明案件事实的刑事证据，运用到民事案件当中，从而最大限度上保护当事人的合法权益。

另外，对于刑民交叉的案件，刑事判决书对于民事案件的审理有重要作用，刑事判决书中查明的事实可以直接在民事案件中作为证据使用，要善于从刑事判决书中寻找有利于查明案件事实和推动案件进程的要点，有些可以作为判断民事责任承担比例的重要依据，对民事案件最终的审理结果会产生影响。

察某、郝某强合同诈骗、贷款诈骗、骗取贷款案

——正常的房地产开发和抵押贷款，与经济犯罪无关

贾　霆*

【基本案情】

2011 年 9 月，乌兰察布某汽配公司（以下简称汽配公司）取得了房地产开发销售的政府许可文件。公司实际控制人察某、郝某强按照约定，由察某提供土地、郝某强筹集 1.2 亿元资金，开始了对汽配城的开发。主体工程完工后，汽配公司开始销售房屋。郝某强、察某经协商，将汽配城的部分房屋登记在郝某强个人名下，并将其中的 5 套房屋卖给他人。察某则委托付某向社会出售房屋 68 套，部分售房款经郝某强支付给了汽配城所欠的工程款。

2013 年 8 月 23 日，察某胁迫郝某强将汽配城作价 1.5 亿元转让给范某峰和察某之妻高某丽，范某峰向郝某强出具 8500 万元欠条一张，但一直未支付该款。范某峰接手后，赶走施工队，并将建筑材料和设备卖给他人，导致汽配城无法继续完工，购房人不能入住。购房者诉至法院，法院经审理支持了大部分购房者的诉讼请求，判决汽配公司向购房人交付房屋。

2013 年 3 月，因郝某强此前从信用社贷款到期无力偿还，信用社负责人找到郝某强，建议其重新贷款以新还旧。郝某强分别以其妹郝某云、其妻李某华的名义，向信用社贷款 650 万元和 910 万元，抵押物为某汽配公司的房产，贷款所需两份《购销合同》均系银行工作人员提供。对于该笔贷款郝某强曾偿还部分利息，本

* 贾霆：北京霆盛律师事务所律师。

金未还。后信用社诉至法院，该案已进入执行程序。

2012年4月，郝某强用自己公司的办公楼、车间、展厅、土地作抵押，并向乌兰察布某小额贷款公司(以下简称小贷公司)提供了3本他项权证和1本国有土地使用证，向该公司借款1500万元。上述几个证件后被察右前旗房管局认定为伪造。

2012年12月，郝某强以某酒店和汽配城的部分房屋作抵押，向呼和浩特市工商银行某支行银行(以下简称呼市银行)贷款2700万元。贷款到期后，酒店被法院作价1920万元抵给了呼市银行，剩余贷款无法偿还。法院执行房产抵押时，发现汽配城的房产已被其他法院查封。

2013年1月，小贷公司经理高某以该公司业务员陈某的名义，虚构了从某食品厂购买羊肉的用途，向察右前旗信用社(以下简称信用社)贷款700万元。2013年5月，高某分别以自己和公司员工杨某的名义，虚构了从某金属公司购买建材的用途，向信用社贷款两笔800万元，共计1600万元。上述贷款均由郝某强提供汽配公司的房产作为抵押担保。高某与郝某强约定，该1600万元用来归还郝欠小贷公司的1500万元和利息，由郝负责偿还信用社;700万元由高某使用，并由其负责偿还给信用社。后因该贷款无法偿还，信用社诉至法院，该案已进入执行程序。

2019年11月，检察机关将本案起诉至乌兰察布市中级人民法院。

【案件焦点】

(1)察某、郝某强的行为是民事争议，还是合同诈骗罪;

(2)郝某强等人的行为是民事争议，还是骗取贷款罪、贷款诈骗罪。

【法院裁判】

乌兰察布市中级人民法院作出的刑事判决认为：

(1)公诉机关指控的察某、郝某强合同诈骗一案，察某及郝某强通过察右前旗相关部门办理了商品房预售许可证及房屋产权证，办理程序虽涉嫌违规，但相关证件系真实证件，并非伪造。察某与郝某强售房后，仍继续工程建设并完成工程主体及部分配套设施，即将满足交房条件。郝某强虽用部分产权证抵押贷款，但截至案发所涉贷款大部分已还清，未还清的贷款亦无在案证据证明用于挥霍。且在本案立案前，部分购房者提起民事诉讼后，察右前旗法院已作出生效判决，可予依法执行。在案证据不能证明察某、郝某强二人在签订售房合同时及履行合同过程中有占有他人财物的主观故意，客观上购房者亦可实际获得房屋。综观全案事实及证据，察某、郝某强二人的行为不构成合同诈骗罪。

(2)公诉机关指控的被告人郝某强以虚假他项权证向乌市某小贷公司借款1500万元一案，该笔贷款案发前已还清，没有给小贷公司造成损失，郝某强的行为不构成骗取贷款罪。

(3)公诉机关指控的郝某强及察某虚构贷款用途，骗取呼市银行贷款2700万元一案，郝某强提供抵押担保的酒店贷前评估价显著高于2700万元的贷款金额，抵押物真实且足额，银行的损失与郝某强的行为没有因果关系，因此被告人郝某强、察某不构成骗取贷款罪。

(4)公诉机关指控郝某强伙同高某以虚假《购销合同》谎报贷款用途，骗取察右前旗银行两笔贷款1600万元一案，被告人郝某强就该笔贷款向银行提供的抵押物真实并且足额，通过执行抵押物，贷款已经偿还，没有造成损失，因此，被告人郝某强、高某不构成骗取贷款罪。

(5)公诉机关指控郝某强伙同高某诈骗某银行贷款700万元构成贷款诈骗罪一案，该笔贷款虽然由郝某强提供抵押物，但是贷款由高某使用，案发后由高某还清，被告人郝某强没有非法占有目的，公诉机关指控其犯贷款诈骗罪罪名不当，法院在查明事实的基础上，认定郝某强构成骗取贷款罪。

(6)公诉机关指控郝某强诈骗某银行两笔贷款共计人民币1560万元，构成贷款诈骗罪一案，该笔贷款用于归还郝某强在该银行到期的贷款，郝某强没有非法占有目的，同时该两笔贷款案发后已还清。公诉机关指控其犯贷款诈骗罪罪名不当，法院在查明事实的基础上，认定郝某强构成骗取贷款罪。

为此，法院判决：察某构成其他犯罪，但不构成合同诈骗罪、骗取贷款罪；郝某强犯骗取贷款罪，判处有期徒刑3年，并处罚金人民币20万元；被告人高某犯骗取贷款罪，免予刑事处罚。①

郝某强不服该判决提起上诉，内蒙古自治区高级人民法院作出刑事裁定，驳回上诉，维持原判。②

---

① 参见内蒙古自治区乌兰察布中级人民法院刑事判决书，(2019)内09刑初33号。

② 参见内蒙古自治区高级人民法院刑事判决书，(2021)内刑终221号。

【法律分析】

（一）察某、郝某强的行为是民事争议，还是合同诈骗罪

首先，郝某强按照约定投资建设汽配城，其目的是以商品房出售收回成本并赚取利润，不可能故意阻碍房产的交付。察某强迫郝某强将汽配城转让给范某峰后，范某峰没有继续施工，并将建筑材料和设备卖给他人，才导致购房人不能如约入住。故在本案中，郝某强主观上没有非法占有买房人购房款的故意。

其次，客观上汽配公司是依法成立的，并非虚构的公司；卖房时汽配城的主体工程已经完工，整体工程也已经完成了 80% 以上；汽配城的卖房款也没有进入郝某强个人腰包。虽然汽配公司没有房地产开发及销售资质，但《商品房预售许可证》、《商品房销售许可证》和房产证是当地政府特批的，故不存在郝某强等人骗取政府相关许可的问题，郝某强、察某的行为不符合《刑法》第 224 条规定的合同诈骗罪的五种客观表现形式中的任何一种。

故郝某强、察某等人不构成合同诈骗罪。

（二）郝某强等人是否构成骗取贷款罪、贷款诈骗罪

1. 郝某强向小贷公司借款 1500 万元，是民间借贷，还是骗取贷款

该案系纯粹的民间借贷行为，郝某强所用于抵押的 3 本他项权证和 1 本国有土地使用权证，均是公司业务员办理的，无法证明郝某强明知该证书是伪造的而故意使用，其不具备欺骗的主观故意；郝某强在案发前已经偿还了全部借款，不存在给小额贷款公司造成严重损失的问题，不符合骗取贷款罪的客观方面。

因此，郝某强在该案中不构成骗取贷款罪。

2. 本案是正常抵押贷款，还是涉及骗取贷款罪

（1）郝某强向呼市某银行贷款 2700 万元的性质认定。

首先，虽然郝某强没有虚构购买钢材的事实，其拿到贷款后用 2000 万元购买了钢材，用于汽配城开发。银行起诉后，将郝某强抵押的酒店折抵了 1900 余万元的借款。此外，郝某强、察某还提供了汽配城的房产进行抵押。虽然该抵押房产确实被其他法院查封，但查封行为均发生在贷款之后，抵押时并未被查封，郝某强没有骗取贷款的主观故意。其次，银行的大部分债权已经得到实现，余款仍然可以通过拍卖抵押物来实现，无证据证明给银行造成了严重损失。司法实践中，无证据证明给银行造成重大损失的，一般不按犯罪处理。

(2)对郝某强、高某骗取贷款1600万元,构成骗取贷款罪的指控是否成立。

首先,郝某强在该案中没有实施任何欺骗手段,银行是高某联系的,购销合同也是高某找人伪造的,郝某强与合同双方均素不相识。其次,郝某强仅是为高某的贷款行为提供了抵押担保,且提供的抵押物均真实有效,其没有欺骗银行的主观故意。最后,银行已就该笔贷款向法院提起了民事诉讼,法院也作出了相应的裁判并已进入执行程序,银行并没有遭受严重损失。因此,郝某强的行为不构成骗取贷款罪。

(三)本案是正常贷款,还是涉及贷款诈骗罪

(1)指控郝某强与高某诈骗某银行贷款700万元一案,能否成立。

郝某强不是贷款的使用人,其不具有非法占有该笔贷款的目的;郝某强仅仅为该笔贷款提供了抵押担保,且其抵押的房屋和土地都是真实的,有偿还贷款的能力,也不存在拿到贷款后逃跑、藏匿、转移财产、虚假破产或者利用贷款进行非法活动的行为,不符合贷款诈骗罪的构成要件。

(2)郝某强分别以其妹、其妻名义向银行贷款650万元和910万元一案,是否构成贷款诈骗罪。

笔者认为郝某强不构成贷款诈骗罪。

其一,郝某强不具有非法占有该两笔贷款的目的,之所以存在该两笔贷款,是因为此前郝某强在该银行有其他贷款没有还清,银行要求郝某强续贷才办理的该两笔贷款,而且购销合同也是银行工作人员找相关人员办理的。其二,贷款诈骗罪客观方面要求行为人必须实施了虚构事实、隐瞒真相的方法,骗取了银行或者其他金融机构的信任,使其产生错误的认识,从而向行为人发放了贷款,本案银行发放贷款并不是基于郝某强虚构了借款用途,也不是基于银行工作人员的错误认识。其三,该两笔贷款虽然在案发前尚未还清,但郝某强已经清偿了相关利息,本金没有还清是因为郝某强因犯其他罪被判刑入狱,刑满释放后其抵押的房产又被法院查封了,无法出售还贷。其四,对该两笔贷款,信用社也提起了民事诉讼,且进入执行程序。其五,郝某强不存在拿到贷款后逃跑、藏匿、转移财产、虚假破产或者利用贷款进行非法活动的行为。

因此,法院没有认定公诉机关的指控是正确的。

【案件启示】

随着市场经济的发展,销售和贷款是房地产企业绕不过去的两个环节,但随之而来的一些问题也逐渐涌现。

无论是进行房地产销售还是向金融机构借款，正常情况下都属于合同关系，是典型的民事法律范畴，然而刑事与民事之间并不存在不可逾越的鸿沟，一些商业行为中，行为人为了追逐经济利益，在合同的签订与履行过程中，往往会使用一些欺诈手段，这就可能既涉及刑事法律规范的领域，又涉及民事法律规范的领域。如何正确区分合同纠纷和合同诈骗犯罪一直是司法实践中的难点问题。

公安、司法机关利用刑事手段插手经济纠纷，是当前企业家们较为重视的问题，直接影响企业家人身及财产财富安全感，关系到企业家能否真正做到安心经营、放心投资、专心创业。为此，2017 年 12 月 29 日，最高人民法院发布《关于充分发挥审判职能作用为企业家创新创业营造良好法治环境的通知》，强调要依法保护企业家的人身自由和财产权利；要严格执行刑事法律和司法解释，坚决防止利用刑事手段干预经济纠纷；要坚持罪刑法定原则，对企业家在生产、经营、融资活动中的创新创业行为，只要不违反刑事法律的规定，不得以犯罪论处。

通过本案的两审判决可以看出，法院在涉案的六起犯罪的定罪及量刑的判断上，与辩护律师的观点基本一致，仅将公诉机关指控的两起贷款诈骗罪变更为性质上明显较轻的骗取贷款罪。无论是律师还是法院，均从不同的角度充分维护了企业家的合法权益。

李某明虚假诉讼案

——民间借贷虚假诉讼刑民交叉案件的辩护策略*

邢　龙　段旭蛟**

【基本案情】

涉嫌虚假诉讼罪的犯罪嫌疑人李某明,其父亲李某是房地产开发商。自2015年以来,李某因经营需要,一直寻求融资。李某与赵某认识,李某向赵某提出借款并愿意支付高息。李某明与赵某也熟识,在无意中获知了其父亲李某需要借款的情况。李某明遂与赵某签署了一份借款协议,约定李某明出借给赵某500万元,赵某只可将该资金借予李某,用以收取利息,所得利息由李某明和赵某分配。后赵某与李某实际控制的A公司签订《借款协议》,约定赵某向A公司出借500万元,借款期限1年,月利息2%,指定收款账户为李某的个人账户。《借款协议》上有赵某签字和A公司盖章,而A公司的法定代表人是李某明,系之前李某安排自己的儿子李某明挂名,李某明并不参与A公司的经营。但因为A公司是名义借款人,李某明也在《借款协议》上以A公司法定代表人身份签字。《借款协议》约定的期限到期后,因李某未能还款,赵某向法院起诉A公司、李某还款,最终双方以调解方式结案,A公司名下的一些资产被抵债执行给了赵某。

案外人B公司与A公司存在多年合同纠纷,在获知A公司名下的资产被执行给了赵某以后,B公司认为赵某与A公司恶意串通,在民事诉讼中通过以物抵

---

* 本案系根据作者办理的真实案例改编。

** 邢龙:北京和之盾律师事务所管理合伙人。

段旭蛟:北京和之盾律师事务所律师。

债的方式转移资产，举报双方之间的民间借贷诉讼为虚假诉讼。经查，赵某出借给A公司（实际收款账户为李某的个人账户）的500万元，系来自李某明向赵某的银行账户转账，而同日李某明向赵某转账前，李某向李某明转账400万元，即资金流向为：李某转账给李某明，李某明转账给赵某，赵某转账给李某，资金路径出现闭环。公安机关接受B公司的举报并刑事立案，先将李某明查获并以涉嫌虚假诉讼罪为由对其刑事拘留。

【案件焦点】

2015年11月1日起施行的《刑法修正案（九）》将虚假诉讼行为纳入刑法调整的视野，对防范和制裁虚假诉讼行为具有重要意义。但是，近年来的刑事司法实践表明，虚假诉讼罪存在入罪标准把握不明确的问题，公安司法机关对本罪的入罪标准尚未形成明确统一的认识，导致控辩双方争议较大。

本案中，公安机关认为存在虚假诉讼犯罪嫌疑，笔者作为李某明的辩护人，认为本案不存在虚假诉讼的犯罪事实。从表面上看出借资金的闭环及人物之间的亲属关系是否能够成为认定本案构成虚假诉讼罪的核心要素，成为本案的焦点。

【处理结果】

检察机关对李某明作出不批准逮捕决定，公安机关随后对李某明取保候审，现取保候审已解除，公安机关撤销案件。

【法律分析】

根据《刑法修正案（九）》的规定，虚假诉讼罪的基本构造为“以捏造的事实提起民事诉讼，妨害司法秩序或者严重侵害他人合法权益”，这是虚假诉讼罪的入罪条件和标准。最高人民法院、最高人民检察院《关于办理虚假诉讼刑事案件适用法律若干问题的解释》（法释〔2018〕17号）就“以捏造的事实提起民事诉讼”和“妨害司法秩序或者严重侵害他人合法权益”这两个虚假诉讼罪司法认定中的核心性问题作了规定。本案看似闭环的资金动向如果不能进行合理解释，则有可能被认为以积极的虚构事实行为，误导法院作出错误裁判，从而达到虚假诉讼罪的入罪标准。

（一）李某、李某明、赵某是否存在恶意串通、捏造债权债务关系

在寻证本案辩点时，笔者发现本案的一个背景情况：李某与前妻张某在李某

明年幼时即离婚,李某明一直随母亲张某生活。李某离婚后再婚生子,与李某明父子关系一般。在李某与张某离婚时,曾书面承诺在李某明成年并结婚后,付给李某明1000万元补偿费。回到本案中,李某有真实的融资需求,李某明在得知后,将李某支付给自己的补偿费400万元,加上部分自有资金,通过赵某出借给李某以期收取利息。在此过程中,李某明与李某之间并未就借款事宜进行过接触。事实上,李某明极力回避其为赵某提供出借资金来源的情况,其不想让李某知道自己意图赚取李某的利息,更谈不上双方恶意串通。另外,赵某与李某明、李某之间也不存在恶意串通的情形,赵某虽然知道其出借给李某的资金来源于李某明,但赵某并未将上述情况告诉李某,且赵某认为李某明支付给其的资金属于李某明的自有资金。实际上,赵某只是李某明的资金出借给李某的通道。

(二)李某明是否存在伪造证据,虚假陈述

本案中,不论是李某明与赵某之间的民间借贷,还是赵某与A公司之间的民间借贷,均存在合法的借款协议,有真实的转账凭证,证明上述借贷关系的事实不存在伪造证据、虚假陈述的问题。

(三)李某明出借资金来源

李某作为李某明的父亲,向李某明支付补偿费款项,是基于与其前妻离婚时作出的承诺。该款项在性质上应认定为赠与,自交付至李某明账户后就归属于李某明所有,成为李某明合法所有的财产。李某明有权自行处分上述财产,包括通过赵某再出借给自己的父亲李某。法律和习俗均不禁止直系亲属之间发生借贷关系,更何况李某明从小因为父母离婚,并未与父亲李某共同生活,双方财产不存在混同的情形。

(四)李某明作为A公司法定代表人在《借款协议》上签字的性质认定,是否构成自借自还

李某明虽然为A公司的法定代表人,但其在A公司并未持股,也不参与经营管理,其作为李某的儿子,只是在A公司挂名法定代表人,而李某是A公司的实际控制人。赵某与A公司之间的《借款协议》系赵某和李某协商的结果,以A公司名义借款也系赵某和李某主导的,李某明也从未以A公司法定代表人的身份与赵某协商借款事宜,也不存在李某明以A公司法定代表人的名义捏造A公司债务的问题。故不能因李某明在上述《借款协议》上以A公司法定代表人身份签了字,而认为以A公司名义借款的后果和责任应由李某明承担,本案不存在李某明自借自还的情况。

【案件启示】

本案从资金动向上看,500 万元的资金在同一天从李某明账户向赵某账户以及向 A 公司(收款账户为李某名下账户)转移,而李某明担任 A 公司的法定代表人,且同日李某明还收到了李某支付的 400 万元。也就是说,表面上看,李某的 400 万元经李某明账户向赵某账户流转后,又从赵某账户转回到李某的账户中,该笔资金在一天时间内形成闭环。上述资金动向客观上看不符合常理,加之各当事人之间存在血缘或者朋友关系,民间借贷案件又是以调解方式结案,使公安机关认为本案存在虚假诉讼犯罪问题。

笔者担任李某明的辩护人后发现,看似异常的资金动向,均由合法的民事行为所组成,资金流向的每个环节均为真实合法的民事行为。笔者认为,对于民间借贷虚假诉讼刑民交叉案件,在"出罪"方面,形式上的资金闭环只是虚假诉讼的表象,如有充分的证据能够证明行为人之间存在合法有效的民事法律关系且民事纠纷真实存在,则可以达到认定犯罪事实不成立的无罪辩护效果。

(一)以积极辩护的思路,注重收集调取新的证据材料

民间借贷案件中,核心证据即为借据,辅之以当事人的陈述等,其他证据较为少见。证据材料相对较为缺乏,是实践中影响公安司法机关判断是否存在虚假诉讼的主要障碍。笔者接受委托后,积极收集有关证据材料,向办案机关提交了李某与其前妻(李某明的母亲)早年间签署的《离婚协议》及其《补充协议》以及李某与他人约定房地产开发的有关协议等证据。其中,《离婚协议》及其《补充协议》约定,因离婚时李某明尚未成年,随母亲生活,李某作为父亲承诺待李某明成年结婚时给予李某明不少于 1000 万元的补偿费。李某明因父母离婚,并未与父亲李某共同生活,父子关系较为疏离。本案涉及的借款事项发生当时,李某明刚刚结婚一年,李某明结婚后一直在向父亲李某主张该笔补偿费。李某明在获知父亲李某有意向赵某借款并承诺付高息之时,产生了赚取父亲利息的想法,于是加紧催促父亲支付补偿费。李某在李某明的多次催促下,便支付给了李某明 400 万元。因此,李某支付给李某明的 400 万元系李某履行《离婚协议》及其《补充协议》约定的行为,使李某明的资金来源这一问题有了明确的合法依据。而李某明在收到该 400 万元后,添上自有资金 100 万元,凑足 500 万元转给了赵某,由赵某出借给李某。而之所以李某不直接出借,而是通过赵某出借资金,一是李某与李某明毕竟为父子关系,李某明不便直接明着收取父亲的利息;二是李某本来就是向赵某借

款，由赵某出借顺理成章。关于李某以 A 公司名义签署《借款协议》，系李某与赵某协商的结果，因 A 公司名下有资产可以提供担保，便于以后债权的实现。而李某与赵某关于上述内容的协商结果，并未告知李某明。关于李某与他人约定的房地产开发的有关协议，主要内容是李某需要投入大量资金与他人合作开发一个房地产项目，从而证明李某向赵某借款是基于真实的用款需求，李某因房地产开发项目确实需要资金，进而说明本案中不存在无中生有、虚构借贷关系的情形。

（二）辩护重心前移，抓住审查批捕环节的黄金救援期

司法实践中，审判阶段的无罪辩护较为困难，且往往当事人已经被羁押数月甚至更长时间。笔者通过律师会见以及基于调查收集的有关证据形成的判断，决定在侦查阶段展开无罪辩护，通过提交相关证据材料和法律意见，帮助检察官作出不批准逮捕决定，让当事人少受被羁押之苦，维护被告人合法权益。司法实践中，被告人被羁押的时间越长，司法机关给当事人定罪的可能性越大，而辩方做无罪辩护的压力也越大。因此，尽快尽早厘清案件事实，揭示案件实质，在批捕环节的黄金救援期实现将当事人强制措施变更为取保候审，最大限度地保护被告人的合法权益。最终，检察机关采纳了笔者的意见，对李某明作出不批准逮捕的决定。

（三）注重有效沟通，剖析人物关系，协助检察官精准识别虚假诉讼

本案从资金动向形成的闭环以及人物关系的表象上看，具备重大犯罪嫌疑。检察官的审查批捕仅有 7 日，且案件繁多，稍一浮面审核，很容易对李某明作出批捕决定。因此，笔者在辩护过程中，注重与检察官进行有效的沟通，积极提交辩方证据材料，主动协助检察官精准识别。本案负责捕诉的检察官在审查批准逮捕期间，与李某、李某明的母亲、李某明的妻子等人进行了面对面的谈话，详细了解李某明的家庭背景情况及有关人物关系，笔者也与检察官进行了直接的沟通交流，当面表达了无罪辩护的意见，同时提交了翔实的附证据材料的书面法律意见。

经谈话核实，检察官也了解到李某明与李某虽为父子，但李某离婚多年，李某明并未随其生活，李某平时对儿子李某明关爱较少，父子关系长期紧张。正是因为内心对儿子感到亏欠，李某在离婚时承诺待李某明成年后补偿其 1000 万元。李某明成年后，多次向李某主张补偿费。李某明得知李某需要用钱向赵某提出高息借款后，便萌生了通过赵某出借资金给李某赚取利息的想法，便抓紧向李某催要补偿费。虽然李某生意上需要资金，无奈之下，还是先给李某明支付 400 万元补偿费。另外，关于李某明担任 A 公司法定代表人的问题，系李某作为 A 公司的实际控制人所安排，李某明只是挂名的法定代表人。检察官通过上述谈话活动，

亲自了解了案件背后的有关情况，而律师提出的法律意见和提交的证据材料，也有助于检察官形成自己的内心判断。

这起民间借贷虚假诉讼刑民交叉案件，虽然客观表象存在异常之处，但经过对相关事实的拆解和研判，探寻案件的本质，能够确定与案件相关的事实均属合法的民事行为。在民间借贷虚假诉讼刑民交叉案件的辩护中，应尤其注重通过收集证据证明合法的民事法律关系的存在，从而帮助公安司法机关认定为不存在犯罪事实。同时，充分利用好刑事辩护的黄金救援期，将辩护重心前移，注重与办案机关的有效沟通，协助检察官精准识别虚假诉讼，对案件准确定性，协力维护法律的正确实施，达到合法“出罪”的有效辩护效果。

许某、张某股权转让案

——股权转让与合同诈骗之甄别

李　元　霍今川*

【基本案情】

张某系江苏LS科技有限公司(以下简称LS公司)自然人股东,持股6%。LS公司于2017年开始着手赴美上市工作。2018年4月22日,LS公司在南京召开赴美上市启动仪式,与相关中介服务机构签署了上市服务协议,并开展尽职调查。

张某与许某妻子陆某于2018年3月结识。陆某得知LS公司要在美国上市,且张某为LS公司持股股东,遂与张某沟通,希望以股权转让的方式受让张某持有的股份。经过多轮考察与沟通,双方最终达成了以1200万元为对价,由陆某丈夫许某受让张某0.24%股权的意向。6月19日,张某与许某签署了股权转让协议。6月26日,张某在LS公司股东大会上提出了转让股权一事,其他股东均表示同意,并签署了优先购买权放弃函。7月31日,LS公司向工商登记部门提起股权变更登记申请。截至8月3日,许某向张某分批支付完成共计1200万元的价款。8月8日,LS公司法定代表人、实控人张某强因涉嫌集资诈骗被南京经侦拘留,并扣留了LS公司公章。由于公章被扣,LS公司未能按照工商要求提交文件,股权变更登记未能继续。事后,张某多次向经侦部门申请退还公章,均未果。自此,许某夫妇开始否认此次股权转让的有效性,要求张某退还股权转让款。

2018年11月2日,许某以股权转让纠纷为由向北京市朝阳区人民法院提起

* 李元:北京高文律师事务所合伙人律师。

霍今川:北京高文律师事务所律师助理。

诉讼,申请法院查封了张某名下价值3000余万元的房产1套,冻结了张某名下银行卡1张,诉请要求撤销股权转让协议,返还股权转让款1200万元,并赔偿利息损失以及因本案支出的交通费、住宿费、通信费、律师费等。

2019年1月8日,许某又以张某涉嫌合同诈骗为由向北京市公安局东城分局(以下简称东城分局)报案。2月3日,东城分局正式立案侦查。8月14日,东城分局以涉嫌合同诈骗对张某刑事拘留。9月19日东城区检察院对张某作出不批准逮捕的决定,张某被取保候审。1年后,东城分局解除了对张某的取保候审措施,刑事侦查程序未再继续。2022年8月23日,东城分局作出撤销案件决定。

2021年2月9日,北京市朝阳区人民法院作出(2019)京0105民初2263号民事裁定书,裁定驳回了许某的起诉。2021年5月21日,北京市第三中级人民法院作出(2021)京03民终8410号民事裁定书,裁定驳回许某上诉,维持原裁定。

【案件焦点】

本案系股权转让纠纷与合同诈骗罪的刑民交叉案件。焦点在于,张某之于许某的股权转让行为是否存在欺诈,是否构成合同诈骗刑事犯罪。

【法院裁判】

(一)民事部分

北京市朝阳区人民法院依据最高人民法院《关于在审理经济纠纷案件中涉及经济犯罪嫌疑若干问题的规定》第11条"人民法院作为经济纠纷受理的案件,经审理认为不属经济纠纷案件而有经济犯罪嫌疑的,应当裁定驳回起诉,将有关材料移送公安机关或检察机关"的规定,裁定驳回了许某的起诉。许某不服,上诉到北京市第三中级人民法院。二审法院以同样的理由驳回上诉,维持原裁定。

(二)刑事部分

东城区检察院认为张某不构成犯罪,对其作出不批准逮捕的决定,张某被取保候审。1年后,东城分局解除了对张某的取保候审措施,刑事侦查程序未再继续进行。2022年8月23日,东城分局作出撤销案件决定。

【法律分析】

从司法实践中看,刑民交叉一般是指民事法律关系与刑事法律关系相互交织的一类复杂案件,主要涉及程序规则和实体规则两个方面。

首先,就程序规则而言,从第一个规范性文件——最高人民法院、最高人民检察院、公安部于1985年8月19日联合发布的《关于及时查处在经济纠纷案件中发现的经济犯罪的通知》(已失效),到最高人民法院1998年4月21日颁布的《关于在审理经济纠纷案件中涉及经济犯罪嫌疑若干问题的规定》(2020年进行了修正),再到最高人民法院2019年发布的《全国法院民商事审判工作会议纪要》,司法审判实践基本形成了"先刑后民""刑民并列"的规则共识。法院受理的民商事纠纷案件涉嫌刑事犯罪时,由法院视该民商事纠纷案件与刑事犯罪案件是否因不同法律事实产生,而决定"先刑后民"还是"刑民并列"。第一,对于"先刑后民"的情况,例如,涉众型经济犯罪与民商事案件审理的程序规定,集资诈骗、非法吸收公众存款等涉众型经济犯罪,所涉人数众多、当事人分布地域广、标的额特别巨大、影响范围广,严重影响社会稳定,受害人就同一事实提起的以犯罪嫌疑人或者刑事被告人为被告的民事诉讼,人民法院应当裁定不予受理,并将有关材料移送侦查机关、检察机关或者正在审理该刑事案件的人民法院。正在审理民商事案件的人民法院发现有上述涉众型经济犯罪线索的,应当及时将犯罪线索和有关材料移送侦查机关。侦查机关作出立案决定前,人民法院应当中止审理;作出立案决定后,人民法院应当裁定驳回起诉。再如,人民法院在审理民商事案件时,如果民商事案件必须以相关刑事案件的审理结果为依据,而刑事案件尚未审结的,应当根据《民事诉讼法》第153条第1款第5项的规定裁定中止诉讼,待刑事案件审结后,再恢复民商事案件的审理。如果民商事案件不是必须以相关的刑事案件的审理结果为依据,则民商事案件应当继续审理。第二,对于"刑民并列"的情况,当事人因不同法律事实分别引起民商事纠纷和涉嫌刑事犯罪,民商事纠纷和刑事犯罪分别审理。例如,主合同的债务人涉嫌刑事犯罪或者刑事裁判认定其构成犯罪,债权人请求担保人承担民事责任的;行为人以法人、非法人组织或者他人名义订立合同的行为涉嫌刑事犯罪或者刑事裁判认定其构成犯罪,合同相对人请求该法人、非法人组织或者他人承担民事责任的;法人或者非法人组织的法定代表人、负责人或者其他工作人员的职务行为涉嫌刑事犯罪或者刑事裁判认定其构成犯罪,受害人请求该法人或者非法人组织承担民事责任的;侵权行为人涉嫌刑事犯罪或者刑事裁判认定其构成犯罪,被保险人、受益人或者其他赔偿权利人请求保险人支付保险金的;受害人请求涉嫌刑事犯罪的行为人之外的其他主体承担民事责任的。

本案所涉民商事纠纷与所涉嫌的刑事犯罪均基于同一法律事实产生,在公安机关已经立案侦查,刑事案件尚无最终处理结果的情况下,两审法院裁定驳回起诉并无不当。

其次,就实体规则而言,刑民交叉的难点和复杂性在于法律关系存在竞合的情况下,区分罪与非罪的问题。这直接关系到当事人的重要权利,因此,一方面,要以事实为基础,严格依照罪刑法定原则,通过对犯罪构成要件的分析把握,甄别罪与非罪;另一方面,要依据现行刑事司法政策,突出刑法谦抑性原则,严格审慎适用刑事犯罪的认定标准。

本案实为民商事纠纷,并不涉及刑事犯罪。笔者以辩护人身份向检察机关提出了不予批准逮捕张某的申请,获得了检察机关的支持。

(一)张某没有合同诈骗的主观故意

(1)张某向许某妻子陆某介绍关于LS公司赴美上市计划,自己系LS公司股东,持股6%的情况均为事实,无虚假陈述;关于公司上市前景的描述,也系张某对公司发展的价值判断,非假意欺骗。

(2)张某与许某签署的《股权转让协议》均为双方真实意思表示,内容没有违反法律、行政法规的强制性规定和公序良俗。在确定股权转让意向前,许某夫妇多次向张某询问、探讨公司上市推进进程、公司所处行业的发展现状和趋势、公司目前产品的优势和劣势等各方面情况,并在张某陪同下亲自前往天津子公司所在地进行实地考察。许某夫妇是基于对公司的整体了解后,才签订的《股权转让协议》。

(二)张某没有合同诈骗的客观行为

(1)张某签署《股权转让协议》后,积极履行义务,在股东大会上明确提出了股权转让的申请,并获得了其他股东放弃优先购买权的支持,将许某名字登记在新的公司章程和股东名册中。

(2)LS公司指定了专人前往南京江北新区工商局办理变更登记。股权变更工商登记未能继续,系因LS公司法定代表人、实控人张某强涉嫌犯罪被逮捕,公章被扣无法使用而致。该情况并非张某能够预见,更非张某能够主导,且股权变更的工商登记义务主体本是LS公司,亦非张某。

(3)张某虽有在未完成股权变更登记的情况下,就以微信方式通知许某——"恭喜您已经是LS公司实名股东"的行为,但该行为是张某基于股东决议已形成并且工商局已经受理申请的事实而自行判断的。这是由于张某法律知识的欠缺造成的误解,并非故意虚构事实的诈骗行为。

(4)许某在受让张某股份后,其股东身份、股权份额均已在公司章程登记确认,张某已经完全履行了股权转让义务。未完成工商变更登记并不影响股权转让的生效。股权转让系平等民事主体间的交易行为,法律没有对其规定附条件的生效要件,因此,股权转让合同自合同依法成立时生效。股权转让合同生效后,受让方并非当然取得股权,而物权变动应以交付为生效要件,即受让方取得股权成为股东,股权转让才生效。《公司法》第56条第2款规定,记载于股东名册的股东,可以依股东名册主张行使股东权利。公司应当将股东的姓名或者名称向公司登记机关登记;登记事项发生变更的,应当办理变更登记。未经登记或者变更登记的,不得对抗第三人。因此,股权转让在办理了公司股东登记手续后即生效,未经工商变更登记并不影响受让方行使股东权利。

综上所述,张某既没有非法占有的主观目的,也没有实施合同诈骗的主观故意和客观行为,根本不构成刑事犯罪。

【案件启示】

综观本案,系一起原告因股权投资失利而引发的恶意诉讼案。原告在明知其诉讼请求不会获得法院支持的情况下,滥用刑民交叉的诉讼规则,过度保全被告财产,拒不配合、拖延庭审程序,以达到损害被告利益的目的。这不仅给国家司法资源造成浪费,同时也对被告的合法权益造成巨大损害。被告无端被刑事拘留37天,3000余万元的财产被查封冻结近3年,正常的生产生活受到了严重影响。笔者在接受被告委托后,紧扣刑民交叉的实体和程序规则,在刑事侦查程序中积极介入,获得了检察机关支持,对张某做出了不予批捕的决定,变更了强制措施,并最终获得了公安机关撤销案件的结果。在民事诉讼程序中借力打力,努力将张某的法律风险化解到最小。无论在刑事方面,还是在民事方面,笔者都尽最大努力维护张某的合法权益。

刑民交叉案件已经成为当下司法实践中的一个疑难复杂问题,如何选择刑民交叉案件的诉讼程序、如何明确民事不法与刑事犯罪之间的界限显得尤为重要。诉讼程序的选择将影响到当事人利益如何实现,民事不法与刑事犯罪的界定将影响到当事人要承担的责任性质。

针对刑事部分,要精准把握案件事实,对案件性质做出准确定性。已进入刑事诉讼程序的,要争取在侦查和起诉阶段提前介入,合法为当事人争取最大权益。要根据罪刑法定的刑法基本原则,严格从犯罪构成的四要件入手,充分利用当前刑事司法政策,做出积极辩护,阻却认定刑事犯罪的可能性。如果刑事责任不可避免,对于牵涉被害人民事赔偿的,要多维考量将要面临的刑事责任大小,如果在刑事审判之前,能够敦促被告人积极对被害人进行赔偿,获取谅解,将会对被告人的刑事审判产生良好效果。例如,在很多刑期3年以下的轻刑案件当中,如果能够积极赔偿并获得谅解,那么法院可依法适用缓刑。

针对民事部分,要灵活运用《关于在审理经济纠纷案件中涉及经济犯罪嫌疑若干问题的规定》《全国法院民商事审判工作会议纪要》《民事诉讼法》中的刑民交叉程序规则,努力争取有利民事裁判,以便推动刑事责任的化解,做出最有利于委托人的程序选择。

何某涉嫌诈骗、强迫交易、虚假诉讼案

——以个案为视角,探讨刑民边界的认定*

艾　阳　李继刚　李金龙**

【基本案情】

(一)诈骗罪

2016年11月,何某与盛某洽谈合作开发T地块事宜。后何某以其儿子何某2的名义与盛某签订《合作开发协议》,约定盛某将其持有的S公司55%股权,以3400万元的价格转让给何某2,双方共同开发S公司名下T地块。同时约定,盛某负责将土地性质变更为商住并登记到S公司名下,何某按照土地证登记公司名下的比例分批支付股权转让款。如果提前支付的,应计算利息。签约后,何某先后分三笔实际出资1342万元,何某2在盛某配合下获得S公司55%股权并完成工商登记变更。

然而,先是S公司涉案地块突然被当地公安经侦部门查封,后是S公司及盛某被多个债权人起诉到法院,S公司名下涉案地块及盛某的股权被申请保全。为保护自身合法权益,何某暂停继续支付股权转让款。

其间,何某与盛某进行多轮沟通协商。2018年3月,盛某以股权转让纠纷为由,主动向H市中级人民法院起诉何某,要求解除合同,退还55%股权。一审法

---

* 本案系毛洪涛律师与艾阳律师共同办理的真实案例。

** 艾阳:北京市海勤律师事务所合伙人律师。

李继刚:北京市海勤律师事务所实习律师。

李金龙:北京市东卫律师事务所律师。

院判决支持盛某诉求。何某不服,遂向省高级人民法院提起上诉。2019 年 3 月,省高级人民法院做出终审判决,认定何某不存在合同违约,盛某要求解除合同的主张不能成立。遂撤销原一审判决,直接改判驳回盛某的诉讼请求。

2019 年 3 月,在盛某民事败诉后,双方继续谈判,但一时陷入僵局。之后盛某举报何某属于黑恶势力,涉嫌套路贷诈骗犯罪,称何某与其签订合作开发协议后,仅支付 1342 万元,便获得其公司价值巨大的 55% 股权,而后便故意不再履行合同,意图实现非法占有。

(二)强迫交易罪

2006 年,何某与缪某分别出资 198 万元到 J 公司,合伙购买当地某居民组织所有的 X 地块共 11 亩的建设用地使用权并拟开发综合服务楼。但 2011 年 11 月,缪某因个人资金无法周转,在何某不知情的情况下,伪造了一份股东会决议,并私拿公司土地证作为抵押担保,向案外公司借款 1000 万元。缪某将该借款用于个人使用,截至案发仍未归还。

2012 年 4 月,何某知悉此事后,找到缪某协商理论。之后双方签订《股权转让协议》,缪某同意将其持有的 J 公司 50% 股权转让给何某,由何某积极落实公司名下地块开发事宜。同时,协议对缪某 50% 股权的对应权益作了约定,待将来开发成功或者政府回收兑现。但因项目地块拆迁难度太大,而且 J 公司因缪某个人原因被包括上述借款人在内的多位债权人起诉,债务缠身,迟迟未能开发。

(三)虚假诉讼罪

2018 年 9 月,为了实现房产过户的目的,何某的妻子王某向法院起诉何某的儿子何某 2,索要 900 万元借款本息,何某担任儿子何某 2 的诉讼代理人。后通过开庭审理及调取相关证据,某区人民法院认定王某与何某 2 恶意串通,编造虚假的民间借贷,依法驳回了王某的诉讼请求。

【案件焦点】

(1)盛某案中,何某是否构成诈骗罪;

(2)缪某案中,何某是否构成强迫交易罪。

【法院裁判】

一审法院认为,被告人何某 2、王某恶意串通,以捏造的事实提起民事诉讼,妨害司法秩序,其行为均已构成虚假诉讼罪,且属共同犯罪。公诉机关指控被告人何某2、王某构成虚假诉讼罪。公诉机关指控何某构成诈骗罪、强迫交易罪不成立。法院判决被告人何某犯虚假诉讼罪，判处有期徒刑2年2个月，并处罚金人民币30万元。

一审判决后，区检察院不服一审判决，提起抗诉。同时，区检察院给侦查机关发函，要求追究何某的儿子何某2涉嫌虚假诉讼罪的刑事责任。鉴于此，被告人何某亦提出上诉，一方面充分认可一审对诈骗罪和强迫交易罪依法不予认定的判决，但另一方面认为一审对虚假诉讼罪的量刑过重，请求从轻处罚。市检察院作出最终决定，撤回区检察院的抗诉。市中级人民法院同意市检察院撤回抗诉的申请，依法作出二审维持原判的终审裁定。

【法律分析】

（一）盛某案中，何某是否构成诈骗罪

1. 何某是否构成"套路贷"诈骗

"套路贷"是对以非法占有为目的，假借民间借贷之名，诱使或迫使被害人签订"借贷"或变相"借贷""抵押""担保"等相关协议，通过虚增借贷金额、恶意制造违约、肆意认定违约、毁匿还款证据等方式形成虚假债权债务，并借助诉讼、仲裁、公证或者采用暴力、威胁以及其他手段非法占有被害人财物的相关违法犯罪活动的概括性称谓。

第一，不能认定何某和盛某之间有民间借贷的表象。

公诉机关指控盛某和何某之间是借贷关系系依据盛某陈述和部分证人证言。而何某称其和盛某之间是股权转让合作开发关系；双方签订了书面的股权转让协议；盛某向某市中级人民法院提起的诉讼是要求解除双方签订的股权转让协议，自认双方是股权转让关系；某市中级人民法院、省高级人民法院经审理均认定何某和盛某之间是股权转让纠纷。盛某和何某签订的协议中并未约定债务人清偿债务，债权人将该财产返还给债务人或第三人的条款，更没有债务清偿期满何某不能处置涉案股权的条款，盛某和何某之间也没有签订借贷关系的主合同。综上，不能认定何某和盛某之间存在民间借贷的表象。

第二，何某并未实施"套路贷"的犯罪手法。

何某没有制造民间借贷假象，没有制造资金走账流水等虚假给付事实，没有恶意垒高借款金额，没有软硬兼施"索债"，在案证据不能证实何某存在任何制造违约的行为。综上，不能认定何某实施了"套路贷"的犯罪手段。

2. 何某是否构成一般的诈骗罪

何某以其子何某2名义和盛某签订股权转让协议，何某2系何某独子，合同主体资格真实；何某具有履行支付3400万元股权转让款的能力。根据合同约定，当涉案土地证办理至S公司名下时，盛某履行相关请款手续后，何某要支付盛某股权转让款。2017年12月27日，案涉51,203.52平方米商住用地使用权办理至S公司名下，具备支付股权转让款的条件，但在2017年4月26日，何某和盛某就签订了退股协议，之后盛某一直要求何某退股，并没有要求何某继续支付股权转让款。关于何某没有退股的问题，省高级人民法院经审理已经明确盛某有支付给何某退股款的先合同义务，何某在收到退股款之后，才有义务退还涉案公司股权，但盛某并未支付给何某退股款，故无法证实何某有非法占有的目的。

目前证据无法查实何某虚构了哪些事实，隐瞒了哪些真相。何某的股权源于盛某，但其取得是根据双方签订的股权转让协议，目前证据无法证实盛某是基于被骗，才将涉案S公司55%股权转给何某。

公诉机关将涉案土地使用权的55%认定为S公司55%股权的价值，除去何某已经支付的款项，进而认定何某的诈骗数额，并不恰当。计算一个公司的股权价值，应对股权进行评估，对公司的资产负债情况进行审计。虽然何某和盛某约定在股权转让协议前S公司的所有债务由盛某承担，但该项协议对外并不产生效力。故根据目前证据，无法查明涉案S公司55%股权的价值。另外，公诉机关指控时将涉案土地使用权价值认定为公司股权价值，但双方签订股权转让合同的时间为2016年11月27日，取得股权的时间为2017年1月13日，对涉案土地评估估价的时间为2017年1月18日，评估时间和上述两个时间均不一致，该评估意见不能证明何某取得股权时涉案土地的价值。

综上，在盛某案中，何某的行为不构成诈骗罪。

（二）缪某案中，何某是否构成强迫交易罪

第一，何某没有强行低价收购或者强迫缪某转让其不愿意转让的股份，也未达到“情节严重”的程度。缪某作为J公司的股东之一，伪造其他股东签名，用公司资产进行抵押借款挪作个人使用，何某知道后要求缪某转让股权，否则就报警，后双方达成协议：缪某将J公司50%股份转让给何某，何某负责开发公司名下地块，如能实施，何某按现一类标准基准地价支付给缪某（面积为总证的50%）；如政府收回，则按回购价的50%（须在土地证解押后）；何某、缪某双方按实际投入进行清算，同时何某不再追究缪某私自将公司土地进行抵押的责任。缪某私自使用公司土地进行抵押贷款，损害了公司的利益，也损害了另一个股东何某的利益，该种情况下何某要求缪某将股份转让给他，否则就报警，其主观目的是挽回缪某给其造成的损失，此种情况下，何某以报警相威胁，不能认定为刑法意义上的暴力、威胁手段。

第二，公诉机关将涉案评估土地价值除去已知的部分公司债务、投入成本来认定股权价值，从而认定给缪某造成的损失，并不恰当。认定涉案 J 公司 50% 股份的价值，需对 J 公司所有资产债务情况进行审计。虽然何某和缪某约定在股权转让协议前 J 公司的所有债务由缪某承担，但该项协议对外并不产生效力。何某和缪某签订股权转让协议的时间为 2012 年 5 月 6 日，在 H 地产评估咨询有限公司于 2019 年 12 月 1 日出具的土地价值评估报告中，评估的涉案土地容积率为 5.28，建筑总面积 46,710.2 平方米，但是已查实的涉案土地 2012 年 5 月 6 日的容积率为 1.72，总建筑面积约 13,500 平方米。公诉机关提交的土地评估报告不能采信。

综上，在缪某案中，何某的行为不构成强迫交易罪。

【案件启示】

公检法机关应当警惕民事纠纷一方滥用刑事手段以达到不法目的的行为。回顾本案，双方合作开发过程中产生股权纠纷，一方民事败诉后转向刑事追诉，借着国家扫黑除恶之时机，恶意控告涉黑恶、套路贷，严重损害了一方当事人的合法权益。笔者认为公检法机关对于此类民事纠纷中一方进行刑事控告的情形应当慎之又慎，避免草率启动刑事程序，防止公器私用。

而辩护人面对此类案件，在充分阅卷、会见、了解事实的基础之上，应当依法坚持无罪辩护，大胆、依法取证，与办案机关和审判机关充分沟通，表达意见，将此类案件民事纠纷的本质进行深入剖析。虽然历经两年有余，波折丛生，但辩护人层层剥茧、积极帮助查明案件事实，最终法院认定何某不构成诈骗罪、强迫交易罪，切实维护了被告人的合法权益。

杨某某非法吸收公众存款案

——向亲友借贷引发非法吸收公众存款罪之刑民交叉分析

王可可　王　囡　赵　航*

【基本案情】

笔者于近年承办了一起涉嫌非法吸收公众存款罪的案件，案件的基本事实为：2008年至2015年，被告人杨某某因企业经营资金短缺陆续向自己周围的16位亲友借款，出借人均为杨某某熟识的亲友。案发前，杨某某已陆续偿还了大部分借款，仅有极少部分借款尚未偿还，且借贷资金均用于企业经营资金周转。检察院对杨某某以非法吸收公众存款罪提起公诉。在案件的审理过程中，大部分出借人为杨某某出具了书面证人证言、接受法院询问并制作笔录，均证实是杨某某的亲友并且杨某某已经偿还借款。

【案件焦点】

在出借人与被告人杨某某确实存在亲友关系的情况下，杨某某的行为是否构成非法吸收公众存款罪，或仅为民间借贷。

【法院裁判】

一审法院经审理认为，被告人杨某某违反国家金融管理法律规定，通过向亲

* 王可可：北京市炜衡律师事务所律师。
王囡：北京市炜衡律师事务所律师。
赵航：北京市炜衡律师事务所律师。

戚、同学、朋友等（社会公众）不特定对象募集资金，变相吸收公众存款，数额巨大，判决杨某某犯非法吸收公众存款罪。

被告人杨某某不服一审判决并提出上诉。二审法院经审理判决杨某某犯非法吸收公众存款罪，依据部分出借人的证言或笔录，削减了涉案金额。

二审判决后，被告人近亲属向高级人民法院提出申诉。高级人民法院经过审查认为，原审判决认定的部分事实不清，证据不足，遂指令由二审法院另行组成合议庭，对本案进行再审。

【法律分析】

民营企业经常面临融资难、融资贵的问题，企业经营者向周围特定亲友借款以维持企业经营资金周转，这一现象十分普遍。

在本案中，从借贷对象和范围上看，所有出借人均与杨某某直接相识，均为杨某某的亲戚、邻居、同学或朋友，极具特定性。从借贷时间及人数上看，在 8 年这一较长的期间内，杨某某仅向特定的 16 名出借人借款。从借贷行为上来看，杨某某没有采取电话、网络、短信、电视、传单、广告、口口相传等方式向社会不特定对象公开宣传其借贷信息，更没有向任何人支付过介绍存款的中介费、好处费或佣金等，甚至关系极为密切的出借人是无息借款。从借贷方式上来看，杨某某所借资金均用于企业经营，且大部分借款已经陆续积极清偿完毕。

虽然 2022 年最高人民法院对《关于审理非法集资刑事案件具体应用法律若干问题的解释》（法释〔2010〕18 号）进行了修正，但无论是修正前的规定还是现行规定，其中第 1 条第 2 款均规定“未向社会公开宣传，在亲友或者单位内部针对特定对象吸收资金的，不属于非法吸收或者变相吸收公众存款”，即法律上对此种情形采取的是统一的态度，在打击非法集资行为的同时，也考虑到了民间借贷的实际情况，针对特定对象之间的借贷行为作出了特别规定。但是，在司法解释中并未对“亲友”作出进一步的规定，也因此引发了笔者的思考和探索——在涉嫌非法吸收公众存款罪的案件中，“亲友”的界定会影响案件的定性，那么我们究竟应该如何界定“亲友”这一概念？

笔者认为，对于“亲友”的界定，可以从如下方面进行客观考量：

（一）对于亲属关系

在我国《刑事诉讼法》中，近亲属为配偶、父母、子女、同胞兄弟姐妹，这是有明确的法律规定的。但除此之外，还存在许多其他亲属关系，如堂亲、表亲等其他血亲和连襟、妯娌等姻亲。这些其他亲属在生活中可能要比近亲属的接触时间更长、亲密度更高。笔者认为，在处理案件时有必要对此予以综合考虑，不应只看名称上的亲疏，如果行为人与其他亲属之间关系密切，在客观上又有范围的可控性，那么就不应属于社会不特定对象。

（二）对于朋友关系

既然能够称之为朋友，在常人的理解来看，至少是有一定交情的，存在信任和善意。有些朋友虽然认识时间不长，但是志同道合；有些朋友虽然交往不多，但是友谊深厚；有些朋友虽然接触较少，但是有紧密的合作或者深度帮助和支持。笔者认为对此也需要综合考虑，包括出借人与行为人的相识时间、交往情况、接触程度等，而不应只从某一个方面予以认定。如果出借人与行为人之间在现实中关系密切，行为人又没有通过朋友扩大借款的范围，在客观上也同样具有范围的可控性，那么也不应属于社会不特定对象。

近年来，非法吸收公众存款罪与民间借贷的根本区别是审判实务中讨论的要点，特定对象也成为讨论的重中之重。最高人民法院的主要观点有："非法吸收公众存款罪，尽管也表现为一定民间借贷的特征，但因为其借贷的范围具有不特定的公众性且扰乱了国家金融秩序，所以具有民间借贷不会造成的严重社会危害性，这是两者的根本区别。如果民间借贷的对象范围满足前文所讲的两个条件即'非法性'和'广延性'，即未经有权机关批准和向社会不特定对象吸收资金，且借款利率高于法定利率，扰乱了国家金融秩序，则就超出了民间借贷的范畴，演化为非法吸收公众存款。而对于像'只向少数个人或者特定对象如仅限于本单位人员等吸收存款'的行为当然不是本罪中的非法吸收公众存款的行为，因为这种'民间借贷'，不可能对国家金融秩序造成破坏。"①结合最高人民法院的上述观点，笔者认为，亲友的界定应该从亲属关系、相识时间、交往情况、接触程度等方面综合考虑，不应对行为的违法性作扩大解释，也不应对特定对象的范围作限缩解释。

对于涉嫌非法吸收公众存款类案件，由于司法解释中未对"亲友"作出进一步的规定，在司法实践中容易出现"先刑后民"的问题。"要遵循法秩序的统一性，就要防止将前置法上不具有违法性的行为，在刑法上认定为犯罪。"②笔者认为，虽然相较于刑事案件的处理，民间借贷案件没有公权力的介入更快更有保障，但民间

---

① 中华人民共和国最高人民法院刑事审判第一、二、三、四、五庭主办：《刑事审判参考》2008 年第 3 集（总第 62 集），法律出版社 2008 年版，第 7 ~ 16 页。

② 周光权：《"刑民交叉"案件的判断逻辑》，载《中国刑事法杂志》2020 年第 3 期。

借贷在我国是客观上普遍存在的情况，不能动辄就纳入刑事范畴，否则将会违反刑法的谦抑性原则。

【案件启示】

从笔者承办的该起案件来看，既然司法解释没有对“亲友”作出进一步规定，就应本着刑法克制适用的原则，对此处“亲友”作出有利于被告人的解释。虽然《刑法修正案(十一)》对非法吸收公众存款罪加大了处罚力度，但处罚力度针对的是有罪情形，仍不应因此而降低入刑标准。笔者认为，杨某某仅向特定的16名亲友借款，未向社会公开宣传，其行为理应归于民事法律行为，而非刑事犯罪，杨某某的行为不应当构成非法吸收公众存款罪。

同时，由于司法解释目前没有对“亲友”作出明确规定，也容易使一些被告人被认定为有罪。笔者呼吁相关部门对“亲友”这一特定对象作出进一步的解释或规定，并且建议审判机关在审理此类案件时综合考虑案件的实际情况。针对民营企业经营者，在打击犯罪的同时也不能忽视对其合法权益的保护。

“民商法对于行为性质有明确界定时，刑法上的判断就可能受到一定程度的制约。”①刑法具有谦抑性而不具有主动性，在适用刑法时应当始终秉持审慎的态度，在穷尽民法等前置救济手段的情况下，才能考虑适用刑事法律规范，避免出现对行为人在法律适用上的不平等和法律秩序的混乱。

---

① 周光权：《“刑民交叉”案件的判断逻辑》，载《中国刑事法杂志》2020年第3期。

刘某诈骗案

——巧妙选择诉讼方式，最大限度维护当事人合法权益

宫　力*

【基本案情】

2018 年 3 月，某树教育发展有限公司（以下简称 A 公司）的法定代表人纪某与刘某协商，将刘某承租的位于北京市朝阳区某教育项目园区内的三层房屋提供给纪某用于开展幼儿教育业务。刘某声称，该房屋名义承租人为其名下的北京某文化传媒有限公司（以下简称 B 公司），并向纪某提供了其同出租方于 2017 年 6 月 11 日签订的《房屋租赁协议书》复印件。经过多次沟通确认，纪某、另一投资人郑某及刘某名下 B 公司三方共同出资设立新公司，用以开办教育业务，其中纪某出资 317 万元、郑某出资 300 万元、刘某名下 B 公司出资 317 万元，共计 934 万元共同作为新公司的初始资金，用以支付公司经营、房租及装修费用。纪某、郑某将资金转入刘某账户，由刘某负责出面按照上述的《房屋租赁协议书》支付房租、押金等费用。

后纪某代表新公司与刘某名下的 B 公司于 2019 年 6 月 6 日签订了《合作协议书》，约定刘某名下 B 公司负责所有与出租方对接的事项，新公司负责按照原有租赁合同的原文件继续支付租赁合同的房租和经营所需的有关费用，即按照上述提及的《房屋租赁协议书》中约定的房租费用和经营所需有关费用标准履行。新

* 宫力：北京京标律师事务所律师。

公司在《合作协议书》签订后依约向刘某账户支付了第二年度的房租费用共计3,944,920元,由刘某向出租方支付房租。

但2019年12月中旬该房屋突然被断电,在纪某与出租方协商中得知出租方与刘某名下的B公司签订的真实租赁合同约定的房屋租金仅为每年440万元,押金不到100万元。且纪某与出租方再次核实过,刘某向纪某展示的《房屋租赁协议书》复印件中法定代表人金某的签字及出租方的公章均为伪造,刘某提供的《房屋租赁协议书》为虚假合同。而新公司按照虚假租赁合同支付给刘某的房租为每年5,345,790元,押金费用为1,336,448元,远高于刘某与出租方签订的实际房租及押金,押金差额为30余万元,房租差额每年为近100万元。现新公司已支付两年房租共计929万余元,刘某已从中得利超过200万元,若按合同继续履行刘某将获利高达近530万元。同时,刘某已经拖欠了出租方超过2个月的房租,故出租方对房屋进行断电处理。但因新公司不是与出租方签订租房合同的当事人,无法向出租方补交拖欠的房租,只能任由房屋断电,由此导致新公司无法继续正常经营,产生了巨大损失。后纪某委托律师,在律师陪同下于2019年12月底向北京市公安局朝阳分局报案,最终刘某因涉嫌诈骗罪被拘留。

【案件焦点】

(1)本案中刘某行为是属于民事欺诈还是刑事诈骗;

(2)如果刘某构成刑事犯罪,应属于合同诈骗罪还是诈骗罪。

【处理结果】

刘某被北京市公安局朝阳分局认定为涉嫌诈骗罪,对其采取刑事拘留。后刘某爱人通过多方联系到了纪某并及时归还刘某所骗款项,取得了纪某和新公司的谅解,随即刘某被变更强制措施为取保候审。

【法律分析】

这个案件关键在于判断案件性质,本案性质是属于刑事案件还是民事案件,即刘某行为是民事欺诈还是已经构成刑事诈骗,如果构成刑事诈骗,涉嫌的罪名应该是合同诈骗罪还是诈骗罪,这就需要律师及一线办案人员能准确区分民事欺诈与刑事诈骗、合同诈骗罪与诈骗罪。刑民交叉案件是司法实践中的一个难点,而涉嫌诈骗的案件则是最常见的刑民交叉案件类型之一。

(一)是民事欺诈还是刑事诈骗

区分民事欺诈与刑事诈骗首先要理解其共性,二者都以欺骗为其行为特征。从《民法典》第 148 条及第 149 条的条文表述中我们可以得出,认定构成民事欺诈要满足两个条件:一是存在故意实施欺诈的手段或行为;二是因此导致他人在违背真实意思的情况下实施了某行为,即让他人产生了错误认识。

对于刑事诈骗,分别规定在《刑法》分则第三章破坏社会主义市场经济秩序罪及第五章侵犯财产罪中的诈骗罪,其中最易与民事欺诈混淆的便是单纯侵犯财产的诈骗罪。《刑法》第 266 条规定的诈骗罪的客观要件表现为:使用虚构事实或隐瞒真相的方法,骗取数额较大的公私财物;也即要求行为人要实施欺诈行为,并因此使受害人产生错误认识,受害人陷入错误认识后实施了财产处分并因此遭受损失,行为人因此获利。

通过对比可以发现,从民事欺诈与刑事诈骗的实质认定角度来说,刑事诈骗相比于民事欺诈更强调考量行为人是否具有非法占有公私财物的主观目的。这一主观目的的不同导致了在部分民事欺诈案件中,欺诈行为不会造成另一方受到实质的财产损害,而刑事诈骗案件就是以侵害另一方财物为目的,则必然会导致另一方财产损害。

说回本案,刘某故意提供虚假的租赁合同信息骗取房租差额,从其行为可以推断出其主观目的为非法占有差额部分的房屋租金,为了这一非法目的刘某不惜采用虚构事实、隐瞒真相的方法欺骗合作伙伴。因其非法占有的目的导致本案不再属于民事范畴,而已经构成刑事诈骗,应以犯罪论处。至于本案应属于合同诈骗罪还是诈骗罪,那么就需要对合同诈骗罪与诈骗罪进行区分。

(二)是诈骗罪还是合同诈骗罪

诈骗罪与合同诈骗罪二者区分方法大致有三种。一是行为人与被害人是否订立了合同,因为合同是合同诈骗罪不可缺少的构成要件,合同诈骗罪必须发生在签订、履行合同过程中。二是行为人是否实施与合同内容有关的经济活动。要认定合同诈骗罪,行为人必须实施与合同约定内容相关的经济活动,即具有与签订、履行合同相关的筹备、管理、经营活动。即使合同条款中明确了双方在经济活动过程中的权利义务,但行为人根本不存在任何筹备、管理、经营活动的,也不构成合同诈骗罪。三是“合同”是否系导致被害人陷入认识错误而作出财产处理的主要原因。即使行为人与被害人订立了合同,且行为人实施了与合同内容相关的经济活动,也无法认定合同诈骗罪,还必须要求合同系导致被害人陷入认识错误而作出财产处理的主要原因。这便是合同诈骗罪与诈骗罪在认定上的第三个区别要点。“合同”对被害人做出财产处理的主导作用主要体现在两个方面：一是基于合同约定的利益内容，导致被害人做出财产处理；二是基于合同的保障功能，导致被害人做出财产处理。如果被害人陷入认识错误而做出财产处理与行为人和被害人订立的合同无关，则行为人不构成合同诈骗罪。

我们再说回本案，本案被害人被骗的款项为房屋租赁差价款，而无论是纪某还是新公司均没有与刘某或出租方签订过房屋租赁合同。退一步讲，虽然纪某、刘某之间签订过相应的合作协议，但房屋租赁款既不是此协议约定的利益内容，也不是基于合同的保障功能导致被害人做出的财产处理，真正让被害人陷入错误认识而做出财产处理的是刘某向纪某提供其同出租方于2018年6月11日签订的假的《房屋租赁协议书》复印件，但刘某提供的虚假的《房屋租赁协议书》仅是作为帮助其实施诈骗的道具，不符合合同诈骗罪的认定。因此，刘某不被认定为合同诈骗罪是准确无误的。

【案件启示】

律师的作用并不仅是为当事人打赢官司，特别是在部分财产类案件中即便胜诉最后也不一定能够执行回财产，故而律师真正的作用应当是能真正解决当事人的问题。律师要进行诉讼方式的推演与选择，确定一个真正能够有效帮助当事人的解决方案。如同此案为何非要区分刑事案件和民事案件呢？在这里讲两个重点，民事诉讼案件无非就是前往法院起诉对方，经过法官的审理和判决，最终如果法院支持我方的诉讼请求，后续还需要前往法院执行局申请强制执行。假设遇到“老赖”，那想要解决问题更是难上加难。

刘某某诈骗案

——民事欺诈与刑事诈骗的界限

欧阳春　闫永磊*

【基本案情】

2011年，湖北某装卸公司（以下简称装卸公司）决定申请某湾码头二期工程立项，估算总投资1.5亿元，拟建3个泊位，年吞吐量120万吨。2012年至2014年，某县交通部门对朱家湾码头提出升级扩建方案，估算投资4亿元，而后该项目经过省资源厅、水利厅、环保厅（现为生态环境厅）、航道局、海事局等相关部门一系列批复核准。

2014年至2015年，湖北省发展和改革委员会批复了湖北省交通规划设计院为该项目编制的工程可行性研究报告，并批复了该项目的工程初步设计。最终批复的项目概算总投资4.6亿余元（其中建安费2.6亿余元），新建4个泊位，设计年吞吐量292.8万吨，属于社会公用码头。

2014年至2017年，湖北省交通运输厅、港航局等部门每年出台《长江港航建设专项资金竞争性分配实施方案》（以下简称《实施方案》）及《评审办法》，对码头建设申请补助资金规定了三项准入条件：项目符合总体规划、已获得工程可行性报告批复、属于社会公用码头。同时规定，专项资金按每年度项目建设进度申报和分配，各项目分配资金总额不超过该项目工程建安费的20%。

2014年至2017年，装卸公司每年均申报了长江港航建设专项资金，由黄某某

* 欧阳春：北京京凯律师事务所律师。
闫永磊：北京京凯律师事务所律师。

负责组织填写申报材料，刘某某审核把关。申报材料主要包括《专项资金申报表》《投资进度月报表》等。其中在填写“总投资及建筑安装费”时，均按湖北省发展和改革委员会批复的概算总投资4.6亿余元填写；“工程印象进度”均按实际工程进展情况填写；但2015年之后，装卸公司虚报夸大填写了“上一年度的实际投资额及投资进度”。

2014年至2017年，装卸公司分别获得专项资金1000万元、1300万元和2100万元(2017年未获批)。嗣后，装卸公司将总计获得的约4400万元专项资金全部用于码头建设。2016年，码头水工主体竣工通过验收；2018年，码头开始试运行并取得经营许可证。但因当地政府土地征收及拆迁未如期完成，导致码头配套的堆场部分逾期仍在建设中，预计后期需投入建设资金约1.5亿元。在工程尚未完工之际，经当地纪检委委托审计，截至2020年1月，朱家湾码头工程累计完成投资约9100万元，其中建安费约7000万元。

2021年1月，某县人民检察院以诈骗罪对本案提起公诉，指控装卸公司、刘某某、黄某某在申报长江港航建设专项资金时，实际工程建安费为7000万元，按规定最多应获得专项资金约1400万元，但采取欺骗手段，以虚增项目投资额形式，实际获得专项资金4400万元，多骗取国家专项资金约3000万元。嗣后，北京京凯律师事务所接受刘某某家属委托，指派欧阳春律师担任其辩护人。本案诉讼期间，湖北省交通运输厅出具书面答复，载明：对于朱家湾码头，专项资金的补助总金额是以湖北省发展和改革委员会批复的概算建安费的20%为依据进行计算，而不是实际投入的建安费。

【案件焦点】

本案中，从行为表象而言，刘某某等人在申报和获得专项补贴资金时，确实虚增虚报了项目实际投资额。但实质焦点在于，被害人是否存在财产损失，如果有应当如何准确认定，以及刘某某的虚报行为与财产损失即补贴发放是否具有因果关系，构成刑法意义上的诈骗行为抑或应属于民事范畴违反诚信原则的一种不规范填报行为。

【法院裁判】

2021年11月15日，某县人民法院一审判决认定被告人刘某某等人犯诈骗罪，判处有期徒刑3年，缓刑3年。法院认为：刘某某在为装卸公司申报长江港航专项资金过程中，采取虚报投资额的手段，骗取专项资金 3000 万元，数额特别巨大，构成诈骗罪。但鉴于本案属于单位实施诈骗犯罪，所获资金均用于码头建设，并且被告人具有自首情节，已退清全部违法所得，公诉机关亦建议适用缓刑，经法院审判委员会讨论决定予以采纳。嗣后，被告人未上诉，该判决已生效。

【法律分析】

根据本案事实及法律规定，笔者认为刘某某构成诈骗罪的认定有进一步探讨的空间。

（一）本案没有给国家财产造成损失，不存在成立诈骗罪所需要的法益侵害

首先，诈骗罪是侵犯财产罪，必须有遭受财产损失的被害人，否则无法成立诈骗罪。第一，从 2014 年到 2017 年，每年发放的专项资金总额，都是在《实施方案》中提前确定和公布的，而后企业再进行申报，这些补贴都会发放给符合条件的企业，既不会增加，也不会减少，只不过是给张三多一点还是给李四多一点。但不会因为某湾码头多拿或者少拿补贴，财政就会超额支出或者结余。第二，从每个项目来看，根据《实施方案》的规定，所有码头项目的补贴资金，都是按各自的概算建安费的 20% 计算，这个总额是确定不变的，今年申报多一点，那就意味着明年必然要少申报一点，但整体而言，湖北省财政此笔固定支出不会因此存在财产损失。由此可见，本案不存在法益侵害，既没有财产受到损害的被害人，也没有任何相关部门认为财产受损并报案。

其次，毋庸置疑，某湾码头是符合补贴条件的。但是骗补型诈骗与通常的交易型诈骗不同，交易型诈骗中，被害人的财产损失表现为交换目的没有实现，即被害人处分了财产，错误以为可以得到但却没有得到相应的经济对价，刑法理论称为“无意识的自我损害”。但行为人申领国家补贴，属于一种特殊的“交易行为”，其本质上是国家对相关企业给予的一种单向、无对价的财政支持，并不要求某种财产性利益作为对价。这种“被害人”明知且不求经济回报的财产处分行为，又称为“有意识的自我损害”。进言之，政府发放补贴款主要是基于社会目的和政策目的，只要实现了政策引导、产业支持等宏观目的，政府就没有损失。除非行为人根本不符合补贴条件，但通过弄虚作假获得补贴，使政府的政策目的落空，才成立诈骗罪。这一裁判规则，在最高人民法院“物美张某中诈骗案”的再审判决中得到了清楚的阐释。此外，2014 年，原农业部（现农业农村部）针对办理补贴涉嫌诈骗的问题，专门下发《关于山西省农机购置补贴政策落实有关问题的意见》明确指出：

“但从根本上讲,……补贴实惠最终落到了农民,符合中央农机购置补贴政策导向,达到政策目的,不宜简单视为违法违规行为,也不宜将此认定为给国家造成资金损失。”

最后,就本案而言,根据《专项资金管理办法》的规定,专项资金的目的是支持全省航运建设和港口建设,带动流域地区的经济社会发展。某湾码头系社会公用码头,是省“十二五”规划的重要项目,显然符合补贴目的要求。更关键的是,不仅刘某某将全部补贴款用于码头建设,并且企业自身也投入了巨额资金积极进行码头建设。2017 年,码头 1 ~4 号泊位完成交工验收,经检测质量合格;2018 年,某湾码头取得了港口经营许可证,开始试运行,有效促进了地方经济发展。由此可见,该建设不仅符合国家补贴政策,客观上也实现了社会效益和经济效益“双赢”的政策目的。因此,虽然建设过程中节余了部分企业自投资金,但并未影响码头建设,不应认定为给国家造成了损失。

(二)应采用合规合理方式认定某湾码头应得专项资金

首先,公诉机关是按照某湾码头实际建安费 7000 万元的 20% 计算出 1400 万元。但事实上历年以来,对于所有的码头,相关部门都不是按实际建安费,而是按湖北省发展和改革委员会批复的概算建安费的 20% 来计算和发放补贴。2021 年湖北省交通厅专门出具书面答复,对此予以明确。因此,公诉机关按照被告人实际获得的补贴 4400 余万元减去 1400 万元,计算得出财产损失为诈骗金额 3000 万元,存在严重错误。本案中,批复的概算建安费为 2.65 亿元,按 20% 计算应得补贴约为 5300 万元。但因为项目进度为基本完工,根据相关规定按 18% 计算,应为 4770 万元,而该项目实际获得的补贴为 4400 万元,两者基本吻合。可见并未超过政策允许范围,被告人也没有多领补贴,所谓的诈骗金额不能成立。

其次,即使按实际建安费计算应得补贴金额,也不能直接将计算时间截止到 2020 年 1 月。项目应得多少补贴,应算大账、算总账、最后算账,而不能在工程未竣工、企业仍在继续投入的情况下截取一段。这种计算方法既不符合实际情况,也对被告人不公平。只要企业继续合法投资,就应当得到更多的补贴。而企业也确实仍在源源不断地进行后期投入和建设,预估后期投入约 1.5 亿元。可见在工程尚未最终完工之前,项目应得的补贴金额是不确定的,不排除达到相应补贴标准的可能。

最后,根据《专项资金管理办法》的规定,项目完工后,要报送竣工决算等资料,进行竣工财务决算。所谓“竣工决算”,自然也是算总账、最后算账的意思,而不是中间算账。目前没有任何法律法规或文件规定工程的实际总投资必须等于概算总投资。实践中,由于企业在建设过程中加强项目管理、优化施工方案等种种原因,致使两者间存在差距,是普遍的正常情况,也属于政策允许的范围。只要补贴资金用于项目建设,符合专款专用,项目完工质量合格,就达到了国家补贴的社会目的。此情形下,即使企业节约了部分的自有建设资金,也不应过于苛责,无须直接认定为诈骗。

(三)刘某某虚报的实际投资额与补贴发放没有因果关系,其虚报行为虽然违反民法的诚信原则,但不属于刑法意义上的诈骗行为

诈骗罪中的欺骗行为,必须是使对方陷入处分财产的认识错误的行为。如果行为人实施了某种"欺骗行为",但其内容不是使对方作出财产处分行为,就不属于诈骗罪中的欺骗行为。本案证据显示,朱家湾码头能否获得补贴以及补贴多少,只与三项核心事实有关:一是工程是否符合补贴条件;二是权威机构的工程造价概算;三是工程形象进度。但这三项事实,刘某某均没有虚报作假,所谓虚增实际投资额与取得补贴之间,没有刑法上的因果关系。

首先,能否取得补贴,只与三项准入条件有关,对此不存在虚报。根据《实施方案》的规定,只要符合总体规划、获得工可批复、属于公用码头,便符合补贴条件。本案中,某湾码头是经湖北省发展和改革委员会批准的公用码头,符合补贴条件各方没有争议。而且是否符合准入条件,取决于政府相关部门事先的一系列批准文件,对此不存在虚报问题,更与企业事后"虚增虚报"的投资额没有任何因果关系。

其次,取得补贴的总额,只与工程概算建安费有关,对此不存在虚报。根据《实施方案》的规定,补贴资金按总额控制,不超过项目工程建安费的20%。并且湖北交通厅专门出具了书面答复,明确指出工程建安费是根据湖北省发展和改革委员会批复的总概算表计算,而不是按实际投资额计算。因此,装卸公司在《申报表》"投资额"一栏中,按照湖北省发展和改革委员会批复的概算金额填写,不属于虚报。对企业而言,只有先取得批复,才能申请补贴,而批复的概算金额,决定了补贴总额,故而不存在虚报的空间,因为无论事后如何申报实际投资额,也无法改变早已批复的概算金额,不能因此多得一分钱补贴。

最后,每年的补贴金额只与工程形象进度有关,对此不存在虚报。根据《实施方案》的规定,在补贴总额确定的前提下,每年度按项目建设进度发放,即开工建设为5%,进入全面建设为10%,水工主体完工为15%,基本完工为18%。并且在案证据表明,此处所指的是工程形象进度,即企业申报时预计当年完成的进度,而不是已实际已完成的进度。就某湾码头而言,2014 年申报的进度是开工建设,此后 2015 年和 2016 年,申报的是水工主体完工和基本完工,均符合客观情况并基本实现了预计建设目标,不存在虚报行为。

【案件启示】

如何准确区分刑事诈骗与民事欺诈,一直是刑事司法实践中的难点。辩护律师在办理诈骗案时,应深刻认识到刑法、民法承担着调整、保护市场主体人身利益、财产权益和公共利益的不同职能。尤其是涉及国家补贴领域,诈骗行为不同于一般的市场交易行为,必须结合案情准确把握国家政策目的,坚持实质的法益解释论,通过“有意识的自我损害”和“社会目的落空”理论,论证是否存在财产损失,并以此为基础,展开论证是否符合诈骗罪的构成要件。

就本案而言,检察机关认定,被告人在申报长江港航建设专项资金时,以虚增项目投资额形式,骗取国家专项资金 3000 余万元。笔者认为案涉项目符合国家补贴条件,被告人已将全部资金用于项目建设,并且码头建设质量合格已开始试运行,因此,已实现国家补贴的政策目的,事实上不存在财产损失。况且刘某某的虚报行为与取得补贴之间,不具有事实上或刑法上的因果关系,故不构成诈骗罪。

股权转让纠纷中涉及的合同诈骗

——资产评估报告不真实引发的刑民责任交叉问题

高建涛*

【基本案情】

2018 年 9 月 16 日,郑州某公司与洛阳某公司签订了《股权转让协议》,合同约定:标的公司独家拥有某景区的所有权和经营权。标的公司资产评估 4.88 亿元,郑州某公司将标的公司 80% 的股权以 3.8 亿元转让给洛阳某公司。

《股权转让协议》签订后,双方各有履行行为,郑州某公司将持有的标的公司 80% 股权过户至洛阳某公司,后因洛阳某公司新入资大股东不同意继续收购而未支付应付股权转让款发生纠纷。

2021 年郑州某公司起诉洛阳某公司支付未付股权转让款并要求其赔偿损失。洛阳某公司当时正值经营转型关键时期,如若官司败诉将会导致对赌人投资撤资并赔偿对赌损失,这样将会给洛阳某公司带来巨大生存危机。

笔者接受委托后带领团队反复研究案情,并先后两次去某景区实地查看资产状况和经营情况。先后四次到某景区所在地调阅某景区涉诉案件卷宗及工商注册资料,先后到建设部门、森林部门、省财政厅督查局等进行调查。经笔者调查发现,标的公司某景区内的 16,000 亩林地森林是公益林不能转让,林权登记人是某村委会而非标的公司,标的公司对某景区林地及林木资产不享有所有权。同时发现,标的公司因郑州某公司与前手股权转让人有纠纷未解,前手股权转让人对某

* 高建涛:北京和道律师事务所主任,北京市律师协会刑民交叉法律专业委员会副主任。

景区进行了强行接管，将郑州某公司人员赶出公司，致使某景区经营处于停业状态。且笔者发现某景区在建设时没有公益林地转建设用地批文、建设用地征收土地批文、建设用地使用权证、建设用地规划许可证、建设工程规划许可证、建筑工程施工许可证，致使某景区所有建筑属于违章建筑。又发现在2016年10月标的公司资产评估9000多万元。

由于前后两次股权转让交易时两份资产评估报告差异太大，笔者又聘请专业资产评估公司对某景区现场勘测并核实前后两份评估报告，发现股权出让时做的资产评估报告存在重大不实。后经某督查局调查出具调查结论：经调查，某资产评估所出具证明说没有做过某景区的资产评估报告。

基于上述调查取证情况，笔者向洛阳某公司提出，为了确保民事诉讼能顺利进行最好提出反诉，同时可以向公安机关控告合同诈骗罪进行追赃的二重法律保障意见。洛阳某公司采纳该法律意见，随后向审理法院提出请求解除《股权转让协议》的反诉，并同时向公安机关进行刑事控告，公安机关随之展开立案审查。

【案件焦点】

《股权转让协议》约定标的公司拥有某景区所有权和经营权内容不真实，属于受欺诈的可撤销合同或是属于因违约致使合同目的不能实现的可解除合同，行为人是否构成合同诈骗罪。

【法院裁判】

一审法院判决解除《股权转让协议》，驳回郑州某公司诉讼请求。判决后，郑州某公司没有上诉。

公安机关对郑州某公司立案侦查。

【法律分析】

（一）从《股权转让协议》约定或《民法典》规定分析，涉案《股权转让协议》均可以解除

1. 从涉案协议约定方面讲

《股权转让协议》约定标的公司拥有某景区的100%的独家所有权和经营权内容不真实，属于因违约致使合同目的不能实现的可解除合同。

《股权转让协议》中，郑州某公司承诺标的公司独家拥有某景区的所有权和经

营权,洛阳某公司愿意收购该标的公司80%股权。根据文义解释可知,洛阳某公司的合同目的是通过收购标的公司80%股权进而拥有某景区的所有权和经营权。

经过调查取证证明:涉案某景区的16,000亩公益林不在标的公司名下,属于国家所有,说明标的公司对景区林地及林木等财物没有所有权。标的公司某景区没有合法建设手续,现有建筑物均属于违章建筑,某景区处于关闭状态且经营又处于前手控制之下,收购标的公司无法开展经营活动。

依照法律规定承诺是合同义务的一种,当标的公司对某景区不享有所有权和经营权时说明郑州某公司违反了合同义务,且由于标的公司对某景区不享有所有权和经营权致使洛阳某公司的收购目的无法实现。

综上,依据《民法典》第563条"有下列情形之一的,当事人可以解除合同:……(四)当事人一方迟延履行债务或者有其他违约行为致使不能实现合同目的"之规定,涉案《股权转让协议》属于因违约致使合同目的不能实现的可解除合同。

2. 从法律规定方面讲

郑州某公司在签订合同后至今未将标的公司某景区16,000亩林地使用权及林权所有权过户至标的公司,致使洛阳市某公司收购目的落空。

股东是公司财产的所有者,股权不能离开法人财产而单独存在,法人财产也不能离开股权而单独存在。股权转让实质是股东权利的转让、是公司财产所有权的转让。由于《股权转让协议》中郑州某公司承诺标的公司独家拥有某景区的所有权,所以当仅有股权转让过户完成,但标的公司对某景区财产所有权无法过户到标的公司时,郑州某公司收购合同目的就不能实现。

(二)郑州某公司以虚假的评估报告作为股权转让依据构成合同诈骗罪

《刑法》第224条规定:"有下列情形之一,以非法占有为目的,在签订、履行合同过程中,骗取对方当事人财物,数额较大的,处三年以下有期徒刑或者拘役,并处或者单处罚金;数额巨大或者有其他严重情节的,处三年以上十年以下有期徒刑,并处罚金;数额特别巨大或者有其他特别严重情节的,处十年以上有期徒刑或者无期徒刑,并处罚金或者没收财产:(一)以虚构的单位或者冒用他人名义签订合同的;(二)以伪造、变造、作废的票据或者其他虚假的产权证明作担保的;(三)没有实际履行能力,以先履行小额合同或者部分履行合同的方法,诱骗对方当事人继续签订和履行合同的;(四)收受对方当事人给付的货物、货款、预付款或者担保财产后逃匿的;(五)以其他方法骗取对方当事人财物的。"

依据上述规定可知：郑州某公司明知标的公司没有4.88亿元公司资产可以交付给洛阳某公司，但为了非法占有洛阳某公司3.8亿元股权转让款，不惜伪造资产评估报告以证明标的公司有4.88亿元资产，骗取洛阳某公司进行股权转让交易，显然符合合同诈骗罪的法律规定。

（三）郑州某公司以虚假的评估报告为依据进行股权转让的行为是否属于刑民交叉案件，民事判决是否影响公安机关立案侦查

第一，刑民交叉案件区分为竞合型、牵连型刑民交叉两大类，这两类的区分主要从案涉主体、客体、行为内容是否完全一致或其中一项是否产生重合进行识别。

本案刑事和民事案件均是因为郑州某公司伪造资产评估报告进行股权转让而发生，属于同一合同事实而引发的刑事和民事案件，因此属于竞合型刑民交叉案件。

第二，民事判决不影响公安机关立案侦查。

最高人民检察院、公安部《关于公安机关办理经济犯罪案件的若干规定》第20条第1款规定："涉嫌经济犯罪的案件与人民法院正在审理或者作出生效裁判文书的民事案件，属于同一法律事实或者有牵连关系，符合下列条件之一的，应当立案：（一）人民法院在审理民事案件或者执行过程中，发现有经济犯罪嫌疑，裁定不予受理、驳回起诉、中止诉讼、判决驳回诉讼请求或者中止执行生效裁判文书，并将有关材料移送公安机关的；（二）人民检察院依法通知公安机关立案的；（三）公安机关认为有证据证明有犯罪事实，需要追究刑事责任，经省级以上公安机关负责人批准的。"从该规定可知，民事判决不影响公安机关立案侦查。

【案件启示】

代理案件要认真、细心，无论当事人怎么表述，对交易最核心的问题都要进行详细调查、复核，从调查中寻找解决问题的最佳方法。同时，要寻找到最准确的请求权、抗辩权基础，做好法律适用和解释工作，将案件事实涵摄到法律规定之中。要想做好这些工作，建议从以下几个方面着手进行：

（一）吃透案件定性

首先，要认真研究涉案合同及相关材料。其次，向当事人详细了解签订合同的背景、过程、目的，以及合同履行情况。再次，在看材料的时候要民事思维和刑事思维并用，从刑民交叉的角度去审视材料，如若是刑民交叉案件则要双管齐下。最后，适用法律必须要解释，法律不经解释无法适用，所以找法一定要准确。当欺诈与违反合同义务并存时选择对委托人最有利的诉讼方案。

(二)查看现场

要去转让的标的公司看一看,了解一下标的公司的经营现状,查看一下标的公司资产,以确定交易真伪。这就像办理刑事案件一样,一定要去犯罪现场看一看,要学会通过查看现场发现真相。

(三)走一遍当事人说过的"路"

要调查、复核转让标的公司的重要资产权属和合法性,同时还要调取标的公司工商登记档案、标的公司涉诉卷宗,对标的公司可能存在的风险做到心中有数。

(四)对案件处理中涉及的专业事项,要做到"专业人做专业事"

笔者聘请专业的资产评估公司核实洛阳某公司收购标的公司景区时4.88亿元的新资产评估报告和两年前郑州某公司收购标的公司景区时9000多万元的旧评估报告,再请聘请的资产师到标的公司某景区实地勘查。

经综合对比及实地踏勘,评估师发现在新的评估报告中除了新修几条路,种了些景观树木花草外,无其他新增资产,而这几条路和景观价值远低于3亿元。据此评估师推断新的评估报告存在造假嫌疑,为本案刑民交叉同时进行提供了有力的证据支撑。

(五)凡事做好两手准备,以保障委托人最大合法利益

由于法律文字的多义性,法律解释的多样化,法官认知不同化,裁判标准非同一性,案外因素不确定化,在代理案件过程中难免会出现各种意外,这些均要求我们代理人要做好多样化的预测及应对。比如,充分利用追加当事人转移矛盾方向、提出反诉做到进可攻退可守、合法采用刑民交叉双重保障当事人合法权益等,往往会产生较好的社会效果和审理效果。

《孙子兵法》曰:夫未战而庙算胜者,得算多也;未战而庙算不胜者,得算少也。多算胜,少算不胜,而况于无算乎? 吾以此观之,胜负见矣。因此,代理案件要做足做好庭审准备工作,要主动出击寻找有力证据,帮助法院确定审查方向,在诉讼中发挥应有的作用,充分行使辩护权。

范某、郭某田、崔某磊敲诈勒索案

——从一起“套路贷”案件中分析刑民边界的认定

易　燕　孙圣博*

【基本案情】

2017年6月，被告人范某伙同卢某辉等人在台州市椒江区成立台州后河汽车租赁有限公司（以下简称台州后河公司），由金某宝、林某爱先后担任总经理，负责公司的日常运营。台州后河公司在上海设有总公司，范某任业务经理，卢某辉任贷后总监，使用李某凯、吕某腾等人的个人账户统一进行资金进出。台州后河公司另招收徐某、唐某莺等人为客服，负责对资金进出、借款催收进行管理。台州后河公司招收被告人郭某田为保全专员，从事贷后上门催收、强制拖车等活动，与何某杰一起负责台州、温州地区的拖车事务；招收被告人崔某磊为车辆评估员、GPS安装员，对车辆价格进行评估，安装GPS跟踪器、查看车辆实时轨迹；招收蔡某威、张某妮、卢某志等人为业务员，从事招揽客户、办理车辆抵押借款等活动；另外，还先后招收陈某焰、张某兰、陈某为客服，从事合同打印、催收金额计算、电话催讨等工作。

上述行为人在办理车辆抵押借款过程中，使用“等额本息”“概念替换”“等本等息”的实际还款方式，使实际利率远大于告知被害人的利率，通过收取服务费、GPS安装使用费、首期本息等费用的名义虚增贷款金额，并与被害人签订借款合同、汽车抵押合同、二手车买卖合同等合同、协议，设置逾期日收本金0.7%的高额

* 易燕：北京德和衡律师事务所律师。

孙圣博：北京德和衡律师事务所律师。

滞纳金等不平等条款，同时扣留被害人机动车登记证书、备用钥匙，而后在被害人发生逾期等情况时肆意认定违约、强行拖车，逼迫被害人结清借款，以收取滞纳金、拖车费、停车费、违约金等费用的名义敲诈被害人钱财。上述行为人先后实施敲诈勒索案件共6起。

以其中一例案件为例：2018年1月18日，庞某龙经张某妮接待以其浙J2××××宝马牌汽车作抵押向台州后河公司借款17万元，同年7月17日借款到期后做了十期展期，约定每月归还10%本金并支付剩余本金的利息，之后庞某龙的妻子袁某芳每月根据后河公司客服的微信提示还款。2019年1月初，台州后河公司客服张某兰离职，接任的客服陈某未能及时联系袁某芳，造成庞某龙贷款逾期，林某爱在明知客服工作失误造成客户逾期的情况下，仍然肆意认定客户违约，由卢某辉安排王某平（另案处理）以剪方向盘锁的方式，将庞某龙的宝马牌汽车从安徽省舒城市县关镇某小区楼下开走并藏匿。2019年3月1日，林某爱、陈某等人以取车需要还清本金68,000元并交纳54,715元滞纳金、3000元利息和3000元拖车费为由，向袁某芳敲诈60,715元，经袁某芳举报，安徽省舒城县公安局对该案立案侦查后双方和解，袁某芳未再支付款项。

【案件焦点】

本案中"套路贷"能否认定为刑事犯罪。

【法院裁判】

法院经审理认为：本案系"套路贷"案件，各被告人结伙通过收取服务费、GPS安装使用费、首期本息等费用的名义虚增贷款金额，在被害人发生逾期等情况时肆意认定违约、强行拖车，逼迫被害人结清借款，以收取滞纳金、拖车费、停车费、违约金等费用的名义敲诈勒索被害人钱财，严重扰乱被害人正常的工作、生活秩序，不属于社会危害性较轻的情形；本案事先设定"套路"，具有诱惑性，手段隐蔽，主观恶性较大，因此认定被告人范某、郭某田、崔某磊以非法占有为目的，结伙敲诈勒索他人财物，构成敲诈勒索罪，分别处以有期徒刑3年、1年1个月、1年6个月。

【法律分析】

依据基本案情及人民法院判决书的基本论证思路，笔者试图分析以下三个核

心问题:

(1)是否可以将“套路贷”认定为刑事犯罪;

(2)如何区分“套路贷”中敲诈勒索罪与过度维权行为;

(3)如果已将其认定为敲诈勒索罪,那么犯罪数额该如何认定。

针对上述问题,笔者分析如下:

(一)如何区分“套路贷”中的民事行为和刑事犯罪

根据最高人民法院、最高人民检察院、公安部、司法部《关于办理“套路贷”刑事案件若干问题的意见》的规定(以下简称《“套路贷”意见》),所谓“套路贷”,是对以非法占有为目的,假借民间借贷之名,诱使或迫使被害人签订借贷或变相“借贷”“抵押”“担保”等相关协议,通过虚增借贷金额、恶意制造违约、肆意认定违约、隐匿还款证据等方式形成虚假债权债务,并借助诉讼、仲裁、公证或者采用暴力、威胁以及其他手段非法占有被害人财物的相关违法犯罪活动的概括性称谓。“套路贷”的常见犯罪手法和步骤包括但不限于:制造民间借贷假象,制造资金走账流水等虚假给付事实,故意制造违约或者肆意认定违约,恶意垒高借款金额,软硬兼施索债等。

这是一系列行为的组合,也即披着民间借贷的外衣,通过一系列行为,形成虚假的债权债务。在这一行为的过程中,可能同时涉及经济纠纷和经济犯罪等问题;除此之外,还涉及一系列侵犯财产罪。然而,“套路贷”并非一个法律或刑法上的概念,也不是一个独立的罪名,因此不存在所谓的“套路贷”的犯罪构成,“套路贷”也不能作为认定犯罪的要件,否则将违反最基本的罪刑法定原则。因此,“套路贷”的概念与定义,不能成为判断某种行为是否构成犯罪的法律标准。

关于“套路贷”行为性质的界定,《“套路贷”意见》第4条指出:“实施‘套路贷’过程中,未采用明显的暴力或者威胁手段,其行为特征从整体上表现为以非法占有为目的,通过虚构事实、隐瞒真相骗取被害人财物的,一般以诈骗罪定罪处罚;对于在实施‘套路贷’过程中多种手段并用,构成诈骗、敲诈勒索、非法拘禁、虚假诉讼、寻衅滋事、强迫交易、抢劫、绑架等多种犯罪的,应当根据具体案件事实,区分不同情况,依照刑法及有关司法解释的规定数罪并罚,或者择一重处。”

回归本案,判断行为人范某、郭某田、崔某磊是否构成犯罪,关键在于判断行为人是否通过欺诈、胁迫等系列犯罪手法,使行为人与被害人之间形成虚假的债权债务法律关系,并通过诉讼、仲裁,以暴力、胁迫等手段,最终将虚假的债权债务法律关系予以实现,借此获利。换言之,要看行为人的最终获利,是仅仅通过非法放贷获取高额利息，还是通过放贷及其他手段形成虚假债权债务法律关系，进而非法占有他人合法财产。范某伙同卢某辉等人成立台州后河公司后，在以公司名义与被害人办理车辆抵押借款过程中，使用“等额本息”概念替换“等本等息”的实际还款方式，使实际利率远大于告知被害人的利率，本质上是一种欺诈行为；而扣留被害人机动车登记证书、备用钥匙，以此胁迫被害人，使其产生恐惧心理迫使其还款；肆意认定违约，实际上违约并未成立。因此，将其行为认定为犯罪行为，而非单纯的民间借贷行为是正确的。

（二）如何区分“套路贷”中敲诈勒索罪与过度维权行为

不少不法分子试图借助民间借贷的外衣掩盖其非法占有的目的。此种类型的“套路贷”案件之所以难认定，其关键节点就在于行为人实施的过度维权行为与敲诈勒索罪难区分。通常情况下，“套路贷”行为人在索债时使用暴力手段、威胁恐吓手段导致债务人的合法权益受到严重损害或者严重侵害刑法保护的法益时，公安司法机关才会介入。并且，在正常的民事法律关系中，行为人为了达到维护自身权益的目的，也可能会采取某些激烈的言语或者行为，威胁还债的现象时有发生。一般人很难判断其维权行为是否超出正当维权范围，即便是被认定为过度维权，也很难将其与敲诈勒索罪区分开来。因此，该过度维权行为是构成刑事犯罪还是仅为普通民事侵权的定性往往很难判断。

在“套路贷”案件中有些行为人之所以被认定为敲诈勒索罪，是因为犯罪人在一开始就不是出于普通的借贷目的，而是为了非法占有他人财物，这明显不在民间借贷所调整的范围之内。如果在“套路贷”案件中，行为人只是为了向债务人索要借款和利息，并不在意债务人的担保财产或者是行为人在债务人的确不能还款的情况下才转移变卖债务人的担保财产，那么即使行为人实施了诸如“如果不还钱就要打你”等威胁，也不能认定行为人构成敲诈勒索罪，因为此时行为人的手段就是出于索要借款、利息的目的，不具有非法占有的性质，不构成犯罪。

本案中，被告人为实行犯罪行为特设立台州后河公司，每一个步骤都经过行为人的详细谋划和反复推演，一开始就是为了非法占有他人财物；不仅如此，还以剪方向盘锁的方式，将被害人的宝马牌汽车开走并藏匿，足以达到让被害人心理产生恐惧的程度，从而符合了敲诈勒索罪的构成要件。

（三）如何认定“套路贷”犯罪中的犯罪数额

关于“套路贷”的犯罪数额认定，根据《“套路贷”意见》第 6 条的规定，要将“套路贷”在整体上予以否定性评价，虚高的债务和以各种名目被犯罪嫌疑人、被告人非法占有的财物，应当计入犯罪数额，但犯罪嫌疑人、被告人实际给付被害人的本金，不计入犯罪数额。实践中，对于如何认定犯罪数额存在如下问题：

一是"车贷"形式的"套路贷"犯罪中，行为人为索取他人财物而扣押的车辆价值，是否应当计入犯罪数额？就本文提到的这一案例，范某等人在被害人违约后，即强行将被害人车辆开走，并向被害人索要虚高的借款及利息。行为人以扣车作为一种威胁手段，其目的是逼迫被害人要么支付赎金，要么放弃车辆，主观上对赎金和车辆均有非法占有的故意，应当根据被害人的选择确定犯罪金额，但被害人既不支付赎金又不放弃车辆的，车辆价值不应计入既遂的数额。由于行为人开走被害人车辆，本身并未形成对车辆的处分，而是一种转移占有，因此不宜将车辆价值直接计入犯罪数额，但行为人对车辆予以处分的除外。

二是已经着手实施"套路贷"，但因意志以外的原因未得逞的，如何计算犯罪数额？笔者认为，应当根据行为人已经着手非法占有的财物数额，认定犯罪未遂。例如，行为人意欲和被害人签订一定虚高数额的协议，或者已经签订一定虚高数额的协议尚未索要欠款的，或者已经着手索要欠款但尚未要到的，在这些情形下，都应当以行为人意欲非法占有的数额认定犯罪数额，而不能简单以实际所得来认定。

【案件启示】

近年来，随着"套路贷"案件逐年增加，"套路贷"行为和手段也千变万化，导致在认定"套路贷"案件性质上出现了难点。由于违法行为与犯罪行为交叉，使"套路贷"案件民刑界限难以厘清。也正是因为存在民刑界限模糊的情形，刺激行为人继续利用"套路"，实施违法犯罪活动。"套路贷"不仅损害了人民群众个人的合法权益，而且对司法公正性具有很强的破坏作用。"套路贷"的行为人游走在刑民交织的边沿，如果对"套路贷"行为是属于民事违法行为还是刑事犯罪行为不能准确评价的话，则会助长"套路贷"行为人的嚣张气焰，不利于维护被害人的合法权益。为有效打击"套路贷"行为，我国刑法、民法理论界以及司法实务对"套路贷"问题都做了大量的工作，在"套路贷"治理的很多方面都取得了成效，但是由于"套路贷"案件的复杂性，在"套路贷"行为刑民界限的认定上不能简单地仅使用一种标准，还需要根据"套路贷"案件行为人的具体行为、手段进行具体分析。

因此，在处理"套路贷"案件时需要妥善处理好"套路贷"案件的刑民交叉问题，即厘清"套路贷"行为的民刑边界。对"套路贷"案件的性质予以精准定性，应坚持根据犯罪构成要件判断“套路贷”案件是否构成刑法分则规定的犯罪，既不能扩大刑罚处罚范围，将所有“套路贷”行为都认定为犯罪行为，也不能将“套路贷”案件简单地认定为民间借贷纠纷，应坚持民事外观与刑事实质并重。与此同时，由于刑法并没有对“套路贷”行为做具体规定，因此应当进一步完善法律规范，形成统一的认定标准，这样才能更好地厘清“套路贷”行为的刑民界限。

郑某程挪用公款、诈骗案

——股东身份决定是否构成挪用公款罪

李永伟*

【基本案情】

被告人郑某程，案发前系新某公司实际控制人，因涉嫌犯挪用公款罪、行贿罪，于2017年6月30日被新余市渝水区人民检察院决定刑事拘留，同年7月1日由新余市公安局渝水分局执行刑事拘留，2017年7月14日由新余市人民检察院决定逮捕。

新余市渝水区人民检察院以渝检公诉刑诉〔2017〕389号起诉书和渝检刑变诉〔2018〕5号变更起诉决定书指控被告人郑某程犯挪用公款罪、诈骗罪。

关于挪用公款罪，2014年4月，新某公司实际控制人即被告人郑某程欲向新某公司借款300万元解决公司资金周转问题，至案发，仍有190万元未归还。2015年4月，被告人郑某程因方某公司资金周转问题找袁某帮忙，提出以区供销社下属的新余市渝水区供销社投资管理有限责任公司（以下简称区供销社投资公司）在上海的房产抵押贷款520万元，2016年4月到期后，续贷借款金额增加到了550万元。至案发，仍有460万元未归还。

关于诈骗罪，2014年至2016年，被告人郑某程明知方某公司不符合中华全国总社农业综合开发供销合作总社新型合作示范项目的申报条件，仍然申报该项目，并伪造企业工商信息等申报材料通过验收，骗取国家补助资金132万元，后用

* 李永伟：北京嘉观律师事务所律师，北京市律师协会刑民交叉法律委员会副秘书长。

于方某公司的生产经营。

【案件焦点】

(1)渝水区供销社投资公司是否为方某公司的股东;

(2)郑某程是否构成挪用公款罪共犯;

(3)郑某程行为是否构成诈骗罪。

【法院裁判】

新余市渝水区人民法院于2018年11月27日作出一审判决,判处被告人郑某程犯挪用公款罪,判处有期徒刑6年6个月;犯诈骗罪,判处有期徒刑10年,并处罚金人民币10万元。决定执行有期徒刑15年,并处罚金人民币10万元上缴国库。①

被告人郑某程不服判决,提起上诉。新余市中级人民法院于2019年2月20日作出刑事裁定,裁定撤销一审刑事判决,发回重审。②

江西省新余市渝水区人民法院于2019年3月25日依法另行组成合议庭,公开开庭审理了本案。2019年6月27日新余市渝水区人民检察院以渝检刑变诉〔2019〕9号变更起诉。2019年12月16日,新余市渝水区人民法院作出同原一审同样的判决,判处被告人郑某程犯挪用公款罪、诈骗罪,决定执行有期徒刑15年,并处罚金人民币10万元上缴国库。③

被告人郑某程2019年12月24日再次提起上诉,新余市中级人民法院2020年11月10日作出刑事判决,采纳辩护人提出郑某程不构成挪用公款罪和诈骗罪的辩护意见,但认为郑某程构成滥用职权罪,最终撤销新余市渝水区人民法院刑事判决,判决上诉人郑某程犯滥用职权罪,判处有期徒刑1年。④

【法律分析】

(一)关于公司股东认定的标准,要以《公司法》规定为依据,不能在民事案件中与刑事案件中存在不一致的认定标准

根据法秩序统一原则,要求处理某一案件时,所有的规范秩序不能相互矛盾。

---

① 参见江西省新余市渝水区人民法院刑事判决书,(2017)赣0502刑初447号。

② 参见江西省新余市中级人民法院刑事裁定书,(2019)赣05刑终21号。

③ 参见江西省新余市渝水区人民法院刑事判决书,(2019)赣0502刑初151号。

④ 参见江西省新余市中级人民法院刑事判决书,(2020)赣05刑终50号。

本案中，认定股东资格应依据《公司法》的规定，而不是在刑事案件与民事案件中，依据不同的法律规定。

《公司法》第 32 条和第 34 条规定公司应当将公司股东的姓名或者名称向公司登记机关登记；登记事项发生变更的，应当办理变更登记。首先，方某公司章程中记载了公司的股东为区供销社投资公司和严某某，方某公司将公司股东依法向工商局进行了备案。其次，区供销社投资公司参与了方某公司的股东会及公司章程的重大决策，属于行使了股东权利，故能够证明区供销社投资公司是方某公司的股东。最后，股东可以不参与经营，可以委托他人来经营，即便不参与公司经营，但不能否定公司股东资格。

本案认定区供销社投资公司具有方某公司的股东资格，是排除区供销社投资公司借款给方某公司不构成挪用公款、排除区供销社投资公司推荐方某公司申报国家奖励资金不构成诈骗罪的关键要点。

（二）关于挪用公款共犯的相关法律问题

1. 郑某程是否构成挪用公款的共犯

共谋，是指数人就准备实施的犯罪进行谋议，是二人以上相互的意思联络，共谋者之间相互影响、相互促进、共同启发、共同策划。①

最高人民法院《关于审理挪用公款案件具体应用法律若干问题的解释》第 8 条规定："挪用公款给他人使用，使用人与挪用人共谋，指使或者参与策划取得挪用款的，以挪用公款罪的共犯定罪处罚。"

本案中，郑某程只是向区供销社的袁某提出借款，至于袁某是否召开班子会议，是袁某个人决定的。从袁某的证言中，可以证明袁某在核实情况、考虑风险比较低的情况下决定给方某公司进行借款。上诉人郑某程借款事前、事中都从未与袁某就准备实施的犯罪进行谋议，二人之间也没有互相的意思联络，上诉人与袁某并无共谋；再者，郑某程不是区供销社的内部成员，不知道也不清楚区供销社的议事规则，谈不上指使袁某违背区供销社的议事规则，也谈不上指使和策划，所以郑某程不构成挪用公款的"共犯"。

2. 关于本案中的两笔借款农某公司将 300 万元借给方某公司

区供销社投资公司作为方某公司的股东，将 550 万元借款给方某公司使用，

---

① 参见高憬宏、杨万明主编：《基层人民法院法官培训教材（实务卷·刑事审判篇）》，人民法院出版社 2005 年版，第 13～15 页。

都履行了合法的借款手续，且对550万元借款手续进行了公证，方某公司依约定归还了利息和部分本金，双方有借贷协议及转账记录，该两笔借款属于民间借贷，农某公司和区供销社投资公司完全可以通过民事诉讼的方式来要回这两笔借款，该借款并不涉及刑事犯罪。公诉机关属于用刑事手段插手经济纠纷。

（三）关于诈骗罪的相关法律问题

诈骗的构造为：行为人实施欺骗行为—使对方陷入错误认识—对方基于错误认识而处分财产—行为人或第三人取得财产—被害人遭受财产损失。主观上要求行为人以非法占有为目的。

在分析诈骗罪是否成立时，要根据诈骗罪犯罪构成，从客观到主观进行分析。本案中，没有证据证明郑某程实施了欺骗行为，且项目的实施、验收等都是真实的，区供销社以及省市供销社并未产生错误认识，拨付的132万元资金郑某程本人没有挥霍和使用，且已如数退还，难以认定郑某程个人有非法占有的主观故意，故此，本案的诈骗罪也不成立。

【案件启示】

郑某程因涉嫌挪用公款罪、诈骗罪被新余市渝水区人民检察院立案侦查并公诉，一审法院判处其有期徒刑15年，最终新余市中级人民法院判决郑某程不构成挪用公款罪、诈骗罪，但认为郑某程构成滥用职权罪，最终以滥用职权罪被判处有期徒刑1年。可以说郑某程是幸运的，但是在郑某程被释放时已在看守所关押了3年5个月。

回顾该案的工作历程，笔者是在该案进入了第一个二审程序时介入的（时间为2019年2月），二审法院将该案件发回重审。从案件进入重审一审、重审二审，经过多次会见被告人，对案件材料和法律规定进行充分的研究以及搜集对被告人有利的证据等，直至2020年11月郑某程被释放，这1年9个月的时间，不知往返北京新余多少趟。由于疫情原因，二审采用书面审理，虽提交了辩护词，但为了能更好地同法院说明辩护观点，冒着被感染的风险参与案件审理，努力必有回报，最终当事人得以释放。

对于本案挪用公款罪，由于郑某程不是国家工作人员，在认定其构成挪用公款罪主要依据最高人民法院《关于审理挪用公款案件具体应用法律若干问题的解释》第8条“挪用公款给他人使用，使用人与挪用人共谋，指使或者参与策划取得挪用款的，以挪用公款罪的共犯定罪处罚”。但郑某程只是向另案的一被告人袁某提出借款,且之前也向区供销社投资公司提出过借款,至于袁某是否召开班子会议研究借款事宜,或怎么将款项借给郑某程,郑某程本人是不参与的,郑某程也不清楚区供销社投资公司的议事规则,再者本案无证据证明郑某程指示、参与或策划了借款事宜。故笔者认为郑某程不构成挪用公款罪。

对本案诈骗罪,区供销社投资公司明知道方某公司不符合申报国家补贴资金的条件仍然推荐,其未陷入错误认识;郑某程没有虚构股东股权比例;补贴的资金全部用于项目建设,个人未使用,不具有非法占有目的。笔者认为郑某程不构成诈骗罪,中院采纳了笔者的辩护观点,其认为郑某程的行为虽不构成诈骗罪,但构成滥用职权的共犯,笔者认为还有进一步讨论的空间,也许中院综合考虑了案件以外的因素。

从本案的办案思路来讲,不但要分析犯罪嫌疑人的行为是否符合犯罪构成要件,还要通过案件事实找到适用的法律,依据法律规定查找案件中的证据,再分析证据是否为法律规定所要求的证据,再研究证据所呈现的事实是否为犯罪事实,总之,从事实到法律再到证据,再从证据到法律到事实,三者之间要来回穿梭,并从中找到对犯罪嫌疑人有利的辩护观点。

李某不构成非国家工作人员受贿案

——股东身份能否影响非国家工作人员受贿罪的认定

巩志芳*

【基本案情】

某公司是一家专业搜索网站，李某是该公司影音部门的负责人。2012 年 3 月，为了给用户带来更好的搜索体验，升级优化视频栏目的服务质量，某公司委托李某寻找合作的中小型视频网站。李某把王某做的视频网站（该网站实际上由王某和李某共同经营）推荐给某公司，某公司表示满意并与王某的视频网站达成合作。根据双方合作协议，某公司仅追求提升用户体验、完善产品性能，王某的视频网站在合作过程中产生的收益全部归视频网站自己所有，某公司不参与分配。2012 年 12 月至 2013 年 3 月，李某收到王某控制的两家公司打款约 130 万元。

后因有人向某公司举报，公司对李某进行调查，李某承认了收钱的事实，公司随即报警处理。李某因涉嫌非国家工作人员受贿罪于 2013 年 6 月 8 日被公安机关刑事拘留，2013 年 7 月 15 日被检察院批准逮捕。

【案件焦点】

李某收取款项的性质是贿赂还是股东分红。

【处理结果】

在与律师会见的过程中，李某陈述，与某公司达成合作的视频网站系李某与

---

* 巩志芳：北京衡宁律师事务所主任，北京市律师协会刑民交叉法律事务专业委员会副秘书长。

王某合伙建立，李某是该网站的股东，其所收取王某给其的130万元是视频网站的分红款，两人约定的分红比例是李某85%，王某15%。因某公司有禁止内部员工与他人合伙建立网站在某公司网络平台进行搜索推广的规定，所以在公司调查时，李某没有说明款项性质。承办律师后期收集到李某与王某的QQ聊天记录，这一客观证据印证了李某的说法。随即，承办律师于2013年8月21日向检察院申请羁押必要性审查，8月29日检察院召集公安、辩护人举行羁押必要性审查听证会。在听证会上承办律师通过对QQ聊天记录内容的详细分析，充分论证李某所收款项性质是股东分红款，而非受贿款。

2013年9月12日，李某被取保候审。2014年9月12日，李某被解除取保候审的强制措施，同时，公安机关口头通知尚未撤销案件。但至本书写作时，李某未再因本案受到任何刑事追究。

【法律分析】

实践中刑民交叉案件可大致分为两种：一种是刑民相悖的同一法律关系案件；另一种是刑民两立的不同法律关系案件。本案属于前者，即需要对同一法律关系区分系刑事法律关系或民事法律关系的案件。本案区分刑、民法律关系的核心在于对涉案款的性质的认定，涉案款项到底是股东分红还是贿赂款？《刑法》第163条规定了非国家工作人员受贿罪，该罪是指公司、企业或者其他单位的工作人员利用职务上的便利，索取他人财物或者非法收受他人财物，为他人谋取利益，数额较大的行为。换句话说，非国家工作人员受贿罪的实质仍是“权钱交易”。

承办律师通过会见了解到，因王某在视频网站业内技术口碑良好，所以李某选择与王某合作建立视频网站。合作过程中，李某负责提供网站模板，并且负责技术指导和网站监控，王某负责具体的技术执行工作。这些视频网站产生收益，李某和王某作为合伙人，对该收益按约定比例（分别是85%和15%）进行分配。

其后，承办律师通过对收集到的客观证据，即李某和王某的聊天记录内容进行审查，发现该聊天记录可以反映出视频网站在具体运营过程中的情况，这些情况也印证了李某陈述内容属实。首先，李某是视频网站的主导者，网站的大量工作都是王某向李某汇报，由李某作出明确决定后，安排王某具体实施的；其次，视频网站每个月的账单，王某都要报告给李某；最后，王某多次给李某转账，数额有零有整。根据一般经验法则，受贿款一般都是整数，而涉案款性质为分月计算出的网站收益分红。以上事实证实了在网站运营过程中李某占据主导支配地位，王某主要是配合实施具体工作。涉案款的性质系李某与王某合伙建立的视频网站股东分红,而不是受贿款,李某的行为不构成非国家工作人员受贿罪。

行文至此,有必要回应一个问题,那就是民法上合法、有效的行为能否构成刑法上的犯罪?承办律师认为,根据法秩序统一的基本原理,如果按照行为时的标准,一个行为在前置法上完全合法、有效,那么该行为绝无构成犯罪的可能。据此,本案中李某收受王某股东分红的行为,如果属于民事法律关系上完全合法、有效的法律行为,那么其就不构成犯罪。

李某作为视频网站的股东,分配网站收益的行为不构成刑事犯罪,至多被定性为违反某公司内部禁止性规定和商业操守的行为,不应受到刑事追究。

原因具体分析如下:

第一,在李某与王某进行合伙分红约定时,由于李某与王某股东分红的约定行为发生在某公司与王某公司的合作之前,且李某与王某的约定行为本身并没有违反法律法规的规定,不存在民事法律上约定无效的事由,应当认定为合法有效的行为。

第二,在王某实际分红给李某涉案的130万元时,由于某公司与王某的公司约定了在合作过程中不参与分配,因此王某公司在与某公司合作过程中产生的收益应当全部归属于王某公司所有,属于王某和李某共同经营产生的收益,可作为股东收益进行分红。同时,现有证据也无法证明某公司在这一合作过程中受到损失,虽然李某的行为违反了某公司的禁止性规定,但李某的行为不构成不当得利等民事法律上的不能分红的法律事由,其取得的130万元股东分红时是有效、合法的。

第三,关于李某违反某公司禁止性规定,与其实际经营的公司进行交易的行为如何评价?是否因具有“不法性”而可能遭受刑事追究?对这一问题,涉及公司法规定的“关联交易”问题。一般意义上讲,关联交易的规制目的是避免将公司财产通过关联交易、以损害公司或者股东利益的方式转移给关联方的风险。《公司法》第22条禁止利用关联关系损害公司利益,即以“公司利益”为直接保护对象,规制的主体范围包括基于“出资”(控股股东)、“职位”(董事、监事、高级管理人员)以及其他因素能够支配公司行为的主体(实际控制人等)。本案中,由于李某并非公司法禁止关联交易的人员,因此李某的行为不属于公司法禁止的关联交易行为。其行为仅具有违反公司规章制度的“违法性”,可依据公司内部规定承担相应的责任,并无相关的民事法律责任,更无刑事责任。

但是需要强调的是，不应过于轻易地判定某一行为属于民法上的合法行为。由我国《民法典》第 143 条第 3 项的规定可知，行政法规和公序良俗都是判断民事法律行为合法性的依据，所以不能仅仅因为某一行为不违反民法上的强制性规定，就认为该行为是合法的。只有该行为既不违反民法上的强制性规定，又不违反行政法中的强制性规定，也不违反公序良俗，才能得出该行为具备合法性的结论。例如，我国公民个人可以通过合法渠道收藏文物，并对该文物享有所有权，但根据我国《文物保护法》第 52 条第 3 款的规定，国家禁止出境的文物，不得转让、出租、质押给外国人。所以，公民将自己所有而国家禁止出境的文物转让、出租、质押给外国人的，表面上看是在行使其所有权，但由于违反了法律的强制性规定，仍具备前置法上的违法性并有可能构成我国《刑法》第 325 条非法向外国人出售、赠送珍贵文物罪。从这个意义上来讲，"民事合法性"实际应当被理解为前置法上的合法性或者整体法秩序上的合法性，人们在具体问题的解释过程中也应当注意通盘考量，严格把关，不能片面依据某一具体法律条文就轻易地对某一行为的前置法合法性进行判定。

基于此，本案的处理可以归纳以下几个要点：

第一，充分运用电子证据，准确认定事实。在本案中，李某与王某的 QQ 聊天记录是关键证据，不仅澄清了李某与王某的合作关系，也澄清了涉案款项的法律性质。当前，互联网信息日益发达，通过 QQ 等网络通信方式处理日常工作成为常态。根据《刑事诉讼法》的规定，QQ 聊天记录是一种常见的电子数据，可以作为定罪量刑的证据。不过，QQ 聊天记录依靠相关技术终端，存在伪造、篡改等问题。因此，在运用相关电子证据时，要注重客观性的审查，确保内容的真实性、关联性，避免出现将非原始的电子证据作为案件证据材料使用。目前，最高人民检察院《人民检察院办理网络犯罪案件规定》(2021 年公布)，公安部《公安机关办理刑事案件电子数据取证规则》(2019 年公布)，最高人民法院、最高人民检察院、公安部《关于办理信息网络犯罪案件适用刑事诉讼程序若干问题的意见》(法发〔2022〕23 号)等作了详细的规定，应当依照上述规定予以适用。

第二，正确适用法律，做到不枉不纵。非国家工作人员受贿罪也具有一定的财产犯罪性质，根据《刑法》的规定，一般应当以收受了他人财物为前提，而且与利用公司职务便利直接有关。在本案中，现有证据显示，李某把王某做的视频网站推荐给某公司，其过程是合法、合理的，某公司也是自愿合作的。但是，李某毕竟从上述合作中"获利"。对此，需要注意的是：一是李某的隐瞒以及规避做法，是属于违背一般勤勉义务的行为，还是利用职务便利的行为；二是涉案130万元是否属于合作款项；三是130万元是否属于视频网站的正常合法的营收；四是130万元的分红比例是否事先约定，且一直如此执行；五是李某与王某的合作是否真实，而不是幌子。综合本案的证据，以及从经验法则来看，李某与王某的合作开公司是真实的，但李某违背公司规定，采取规避的做法，与王某的视频网站合作，从中获利。虽然获利与李某在某公司的任职有关，但由于属于李某与王某私下合作款的分红，不是一种权钱交易，本质上不是行贿与受贿，故不是犯罪行为。至于是否违反了其他法律规定以及是否需要承担其他法律责任，在此不论。

第三，做好企业合规管理，积极预防违法犯罪。当前，最高人民检察院正在全面推进企业刑事合规试点改革工作。在本案中，虽然李某最后没有按照犯罪论处，但是，李某作为某公司影音部门的负责人，应当负有勤勉义务。在李某把王某做的视频网站推荐给某公司，李某没有充分尽到勤勉义务，未履行告知义务，并从中获利。这不符合《民法典》《公司法》的相关规定，也由此产生纠纷。如果能够全流程做好企业合规，便可以积极预防李某把王某做的视频网站推荐给某公司，也可能避免本案的纠纷。

【案件启示】

只有学法、知法、懂法，才能维护自身权益。正义可能会迟到，但永远不会缺席。虽然本案最终取得了良好的法律效果，但李某从被刑拘到被批准逮捕再到被释放几经波折。

追根溯源，李某在整个过程中，虽一直配合公司的调查，却由于其不知法、不懂法，未能及时将钱款性质交代清楚，为了规避公司的内部处理，却跳入了刑事犯罪的囹圄，招致了本可避免的无妄之灾。由此可见，每位公民都应学法、知法、懂法，不断提高自身的法律素养。在遇到法律困境时，应当及时咨询或者委托专业律师，用法律的武器维护自身合法权益。

某银行分行与某机场股份有限公司贷款合同无效案

——公司高管涉嫌犯罪的民事责任承担

韩 岱*

【基本案情】

2003年7月，崔某（时任某机场公司总经理、董事会董事，主持某机场公司的日常工作）使用私刻的某机场公司公章与某银行分行签订《基本授信合同》，约定某银行分行向某机场公司提供最高限额为3亿元的基本授信额度，用于解决某机场公司正常的流动资金周转。在某银行分行2.25亿元贷款发放后，李某按照崔某的授意将其中的1.6亿元通过某市机场航空货运有限公司（以下简称某机场航空货运公司）账户偿还某银行分行的1.6亿元借款。余款转入西北亚奥公司等处。截至2004年11月24日，某银行分行收到第三方代某机场公司支付的贷款利息共计667万元。

2005年1月，某银行分行起诉某机场公司要求偿还贷款本金2.25亿元，以及利息、罚息2.1亿余元。某机场公司认为贷款损失系个人犯罪行为导致，银行存在过错，不应由机场公司承担。

2005年2月24日，张某、崔某、李某等人因涉嫌贷款诈骗犯罪被某市公安局逮捕。2007年8月7日，某市中级人民法院对崔某、李某等所涉贷款诈骗罪一案作出（2006）深中法刑二初字第134号刑事判决。其中，张某以犯贷款诈骗、合同

* 韩岱：北京市君泽君律师事务所律师，北京市律协协会刑民交叉法律事务委员会副秘书长。

诈骗罪被判处无期徒刑，崔某以犯贷款诈骗罪被判处有期徒刑6年。

【案件焦点】

(1)某机场公司和某银行分行签订的《基本授信合同》和相关借款合同的效力；

(2)崔某的行为是否构成表见代理；

(3)某机场公司和某银行分行的民事责任承担问题。

【法院裁判】

一审法院认为，崔某是某机场公司的总经理、董事会董事，当时主持某机场公司的日常工作。崔某利用总经理的职务便利，亲自与某银行分行人员商谈贷款事宜，为授信合同、贷款合同签订人李某提供虚假身份（名片、介绍信等），为诈骗案提供了一系列的虚假文件，指使李某以私刻的公章代表某机场公司与某银行分行签订贷款合同骗取贷款，在两份贷款延期合同上亲笔签名，并在某银行分行有关查询函上签字确认。而且，本案所涉两份贷款合同均在崔某的办公室所签订。崔某上述一系列的行为，造成某银行分行有理由相信崔某是在履行职务行为。崔某在两年多时间里多次以某机场公司名义骗取巨额贷款而不为某机场公司所知，某机场公司董事会严重失职，负有对公司高管人员失察、放任管理的重大过错责任。又因为某机场公司董事会的这一重大过错责任与某银行分行的贷款损失具有直接的因果关系，因此，某机场公司应当对某银行分行贷款损失承担与其过错相适应的民事责任。一审法院判决：(1)确认本案所涉的授信合同、贷款合同全部无效；(2)某机场公司赔偿某银行分行贷款损失本息1.9亿元。

某机场公司和某银行分行均不服原审法院上述民事判决向二审法院提起上诉。

二审法院认为，本案之所以能够发生，崔某利用其特殊的身份参与骗贷活动固然系主要原因，但也与某机场公司规章制度不健全、用人失察、对公司高级管理人员监管不力密不可分，故某机场公司在本案中具有明显过错，应依法对某银行分行的损失承担主要的赔偿责任。某银行分行在签订和履行本案2.25亿元贷款合同的过程当中，未尽审慎注意义务，对私刻的某机场公司公章、伪造的证明文件和董事会决议未进行必要的鉴别和核实，在贷款的审查、发放、贷后跟踪检查等环节具有明显疏漏。某机场公司作为上市公司，在长达两年时间内未在上市公司半年报和年报中披露本案所涉贷款,某银行对此亦未能察觉并采取相应措施,反而与其签订了借新还旧的新合同。故某银行分行在本案中也存在一定过错,对本案的损失应承担相应的民事责任。最终二审判决维持一审判决。

【法律分析】

第一,本案所涉贷款系崔某等人通过伪造文件、虚构贷款用途、私刻公章的方式,以机场公司的名义与银行签订借款合同诈骗而来,所骗款项全部由张某控制的公司非法占有,张某、崔某等已接受国家司法机关的刑事追究。崔某等人的真实目的是骗取银行信贷资产,签订本案所涉基本授信合同及相关贷款合同只是诈骗银行信贷资产的形式和手段。上述行为符合《合同法》第52条第3项规定的以合法形式掩盖非法目的导致合同无效情形。①

第二,崔某等人以某机场公司的名义诈骗贷款已造成某银行分行2.25亿元贷款及相关利息的损失。崔某等人诈骗贷款的行为与基于本案《基本授信合同》、贷款合同所产生的民事赔偿关系,是分别适用刑事法律和民事法律审理的两种不同法律关系。本案某机场公司是否对崔某等人诈骗贷款造成某银行分行2.25亿元贷款及相关利息的损失承担责任,应当根据某机场公司对崔某的行为是否存在明显过错,且该过错行为与某银行分行的贷款损失之间是否具有因果关系而认定。

在本案中,崔某利用其特殊的身份参与骗贷活动固然是产生损失的主要原因,但也与某机场公司规章制度不健全、用人失察、对公司高级管理人员监管不力密不可分,故某机场公司在本案中具有明显过错,应依法对某银行分行的损失承担主要的赔偿责任。

第三,根据《民法典》的规定,表见代理是指行为人没有代理权、超越代理权或代理权终止后仍以代理人名义订立合同,而善意相对人客观上有充分理由相信行为人有代理权的,该代理行为有效,被代理人应按合同约定承担其与相对人之间民事责任。

在相对方有过错的场合,无论该种过错是故意还是过失,无表见代理适用之余地。因本案《基本授信合同》及相关贷款合同均为以合法的形式掩盖非法目的的无效合同,且某银行分行在本案所涉贷款过程中具有过错,故本案不适用合同

---

① 案件审理时适用《合同法》,相关规定参见《民法典》第146条。

法中关于表见代理的规定，某机场公司和某银行分行应根据各自的过错程度承担相应的民事责任。

【案件启示】

在此类案件中，同一公民、法人或其他经济组织因不同的法律事实，分别涉及经济纠纷和经济犯罪嫌疑的，经济纠纷案件和经济犯罪嫌疑案件应当分开审理。

对民事案件，法院注重审查其法律关系；对刑事案件，法院注重突破法律关系，探究其法律实质。在本案中，崔某系私刻公章，以合法形式掩盖非法目的，因此其贷款合同应为无效。在此基础上，亦无表见代理适用之余地。

“蛇有七寸，在头之下，腹之上，觑得清，击得重，制其要害之处，得之矣。”在处理涉及刑事犯罪的经济纠纷中，律师亦应如此，一定要主动“破开”法律文件所显示的表面法律关系，深挖其法律本质，从而抓住案件的“七寸”，协助法院查明事实，才能准确适用法律。

田某敲诈勒索案

——正当维权与敲诈勒索罪的界限

郑小英*

【基本案情】

2009年1月至2019年5月间，被告人田某原工作单位B公司、C公司、D公司、A公司未缴、少缴被告人田某社会保险费及住房公积金共计33万余元。A公司、B公司、C公司、D公司实际控制人均为严某某，田某在2009年1月至2019年5月一直跟随被害人严某某在其实际控制的公司工作。

2019年3月，被告人田某因感觉被严某某在工作上排挤，且严某某对其承诺办理的北京市居住证没办下来，于是田某决定从A公司离职。2019年6月4日至6日，被告人田某在A公司内，以举报该公司在社会保险、住房公积金、纳税及业务上存在违法违规行为，让公司受到严厉处罚、让公司负责人受到应有刑罚等方式，威胁公司负责人严某某并索要补偿款50万元。后A公司向被告人田某银行账户转账10万元、被害人严某某给付被告人田某现金40万元。

【案件焦点】

（1）正当维权与敲诈勒索罪的界限；

（2）本案涉案金额如何认定。

* 郑小英：北京市炜衡律师事务所律师，北京市律师协会刑民交叉法律事务专委会副秘书长。

【法院裁判】

法院认为,被告人田某敲诈勒索公私财物,数额巨大,其行为已构成敲诈勒索罪,依法应予惩处。检察院指控被告人田某犯敲诈勒索罪的事实清楚,证据确实、充分,指控罪名成立,但是指控犯罪数额有误,法院予以更正。被告人田某因认为工作上受排挤、公司未能为其成功办理北京市工作居住证导致其孩子无法在北京上学等原因决定离职后,应当通过友好协商的方式或依法通过正当途径维护自己的合法权利,但被告人田某以不满足其要求就举报公司存在违法违规为由要挟被害人严某某给付其入职 10 余年社会保险、住房公积金的补偿款及孩子无法上学等权益损失补偿款共计 50 万元。根据现有证据,被告人田某在 B 公司、C 公司、D 公司、A 公司等工作期间,四公司确实存在未缴、少缴被告人田某社会保险费及住房公积金的事实且差额达 30 余万元,被告人田某针对该差额部分享有合法权利,但被告人田某索要 50 万元明显超出了其合法权利的覆盖范围,故被告人田某的行为符合敲诈勒索罪的构成要件,构成敲诈勒索罪。

【法律分析】

本案系一起典型的刑民交叉案件,其基本法律关系是劳动者与用人单位的劳动纠纷,但由于田某的过度维权,导致其角色由本该享有正当权利的劳动者转化为了构成敲诈勒索罪的犯罪人。田某所在公司未缴、少缴被告人的社会保险费及住房公积金并且差额达 30 余万元是客观存在的事实,田某若对此以合法方式主张权利应认定属于正当行使民事权利的范畴。但田某以举报公司存在违法违规为由,强行索要较大数额的公私财物,超出了正当维权的范围,侵犯刑法所保护的社会利益,构成敲诈勒索罪。

本案主要涉及合法行使权利与敲诈勒索罪的界限的厘清。敲诈勒索罪,是指行为人以非法占有为目的,采取威胁或者要挟的方式,强行索要较大数额的公私财物或者多次敲诈勒索的行为。其基本结构为:行为人以非法占有为目的对他人实施威胁→对方(被害人)产生恐惧心理→对方(被害人)基于恐惧心理而处分财产→行为人或第三人取得财产→被害人遭受财产损失。而正当的合法行使权利行为一般是在自身权益受侵害的情况下,以合法手段实施的维权行为。二者都可能使对方产生恐惧心理,进而处分财产,行为人取得财产。区分二者的关键在于行为人的主观目的和客观行为,可以从行为人目的的合法性和手段的合法性两方面予以考量,如行为人的目的合法、手段合法,则不应认定其构成敲诈勒索罪,而应作为民法上的维权行为进行处理。笔者对本案具体分析如下。

(一)目的合法的考量因素:是否具有非法占有目的

敲诈勒索罪与正当行使权利在主观方面的区别在于,敲诈勒索罪是行为人以非法占有目的对他人实施威胁,从而取得财产使被害人遭受损失。而正当行使权利要求行为人目的合法,目的合法性的前提是存在行为事实或权利依据。在无权利基础的情况下,行为人向他人索取财物,当然应当认定为具有非法占有的目的;如同时又采取威胁或者要挟的方式强行索要财物,则构成敲诈勒索罪。

就本案而言,田某主张其索要款项是社保公积金的补偿款及孩子无法上学、车牌无法摇号权益损失的补偿。在案证据可以证明,田某的公司确实存在欠缴、少缴其社保公积金的事实。因此,田某的行为具有维权性质,其作为劳动者,存在行使权力的事实依据。但其索要的巨额"补偿款"已经超出其所能主张的合法权益的范围,对于超出部分,可以推定其具有"非法占有目的"。而在数额认定上,认定其敲诈勒索罪的数额也并非其索要的全额,而应将其没有合法依据的部分认定为"犯罪数额"。

(二)手段合法的考量因素

合理行使权利不仅需要具有权利基础,同时要求权利行使的手段、方式合法。敲诈勒索罪的行为方式主要是采取"威胁或者要挟"的方式,使被害人基于恐惧心理而处分财产,具备以下特征:

第一,行为的不正当性,即对被害人及其亲属精神上实施了非法的强制行为,使其在心理上造成恐惧,产生压力,如以将要实行暴力、揭发隐私、毁坏名誉相威胁等。如果实施的行为并不被法律所禁止,则不构成本罪。

第二,后果的不正当性,即被害人要么被迫交付财物,要么正当利益受到损害,而这种两种后果的选择都会使被害人受到损害。交付财物,则侵犯了被害人财产权利,不交付财物,则被害人的人身、名誉等正当权利将受到损害。

第三,行为与后果之间存在必然的因果关系,即被害人基于犯罪人的威胁或要挟,而被迫交付财物,否则自己的人身、名誉等正当权利将受到损害。被害人为了自己的正当权利,在没有其他选择的情况下,必须满足犯罪人的要求。

本案中,田某虽然是出于维护自身合法权益的考虑索要赔偿金,但其采取的手段、索取的数额都超出正当行使权利的适当范围,其以举报该公司在社会保险、住房公积金、纳税及业务上存在违法违规行为,让公司受到严厉处罚、让公司负责人受到应有刑罚等方式对被害人严某某进行恐吓,使被害人严某某基于恐惧交付了数额较大的财物。田某的行为具有不正当性,同时也造成了不正当的后果,因此满足敲诈勒索罪的客观构成要件。其维权实质上已经超出了适当的范围,达到了侵害刑法所保护的法益的程度,符合敲诈勒索罪的构成要件。

(三)数额对认定行为性质的影响

本案在认定田某是否具有非法占有目的时,进行界定的根据是行为人田某索要的款项远超出其实际应当行使权利的范围,因此认定其符合敲诈勒索罪的构成要件。如果单以数额来认定主观上具有非法占有目的过于僵化,对维权者也要求过高,不够公平。“讨价还价”是民事主体的一项正当民事权利,既然是合法权利,就不能对此进行过多的限制,否则会不利于当事人权利的行使。综合而言,数额是认定正当行使权利与敲诈勒索罪的一个相对明确的界限,但不能唯数额论,以免法律适用的僵化。

(四)受害人存在过错的情况下敲诈勒索罪的认定

本案中,公司少缴、欠缴田某社保费在先,事情确因被害人过错引起,与其他敲诈勒索的主观恶性和客观危害确实有所区别,不宜机械地根据数额、情节定罪处罚。受害人过错要作为行为人主观恶性及量刑情节的考量因素。

本案中,被告人作为劳动者,在用人单位少缴、欠缴社保费有过错的前提下,以向相关部门举报相威胁,利用被害人的恐惧心理,索要高额的赔偿,其行为具有一定“威胁或要挟”的成分。揭发犯罪、检举违法的权利不等同于财产权利,以揭发犯罪、检举违法为由逼取财物,原则上属于敲诈勒索行为。行为人的维权行为是法律赋予公民的权利,但权利的行使不是毫无限制的,本案中被告人田某就因为维权不当,其行为侵犯了刑法所保护的法益,构成敲诈勒索罪。

【案件启示】

2020年12月7日,全国检察机关贯彻实施民法典工作会议指出,要妥善处理刑民交叉案件,在办理涉及民事法律关系的刑事案件时,全面分析案件不同法律关系、司法政策导向等因素,准确把握罪与非罪的界限,防止机械司法。最高人民检察院原检察长张军在会议上也强调,要妥善处理刑民交叉案件,防止通过刑事追诉插手民事纠纷。要注意刑法的谦抑性,防止刑法的滥用。

本案是过度维权导致构成敲诈勒索罪的典型案例,敲诈勒索的刑民交叉,多发生在维权类纠纷中,特别是在过度维权案件中。过度维权一般是指当事人发生违约或侵权纠纷时，利益受损方为维护自身权益采用过激的手段、方式或提出过高赔偿数额的维权行为。在实践中，因行为人难以把握维护合法权益的界限，极易由正当维权走向违法犯罪。合理行使权利和敲诈勒索罪二者之间的划分，涉及当事人是否承担相应的刑事责任的问题。作为一种典型的民刑交叉的案件类型，在实践中和学理上都值得进行研究。

针对上述案件，正当维权与敲诈勒索罪之间的界限明晰，对司法机关办案及普通民众维权都有一定的借鉴意义，办案过程中笔者有以下心得：

(一)明确正当维权与敲诈勒索罪的界限

对过度维权行为的处理，司法实践多以非法占有目的的有无作为切入点，而刑法理论的关注点则集中于财产法益损害的判断，刑民关系观的差异是产生不同处理结论的根源。民事维权和刑事敲诈的区分认定，需要从敲诈勒索罪的构成要件上予以剖析。对于敲诈勒索罪，主观方面要求有非法占有目的，客观方面要求行为人实施了威胁或要挟的行为。

1. 主观方面：非法占有目的的认定

合法的行为可能因其目的非法而失去其合法性，即使手段行为合法，但通过合法的手段行为是为实现非法目的，或将合法行为作为要挟他人的工具，都可能构成敲诈勒索罪。敲诈勒索罪与正当维权的本质区别就是前者行为人具有非法占有目的。非法占有目的的认定首先应当判定行为的事实或权利依据是否存在，在无权利基础的情况下，行为人向他人索取财物，当然应当认定为具有非法占有的目的。

在存在权利基础的情况下，主观方面非法占有目的的认定，在实务中的判断标准是行为人所要求的赔偿数额是否明显超过应当赔偿数额。索赔数额可以作为认定行为人是否具有非法占有目的的一个考量因素，但不应成为决定性因素。因为法律并没有对索赔数额作限制，协商赔偿数额本质上属于民法范畴，本就是平等主体的一项权利，遵循意思自治原则即可，不能作为判定罪与非罪的界限。

行为人是否具有非法占有目的，应当结合个案事实具体认定，可以在数额的基础上，结合行为人行使权利的行为与意图维护的基础权利是否存在关联性来综合判断。例如，行为人行使权利的行为与其意图维护的权利之间具有关联性，其行使权利的行为可以看作行为人最大化争取自身民事权利的方法和手段，则不应认定行为人的行为具有非法占有的目的。反之，如行为人提出高额索赔，其行使权利的行为与其意图维护的权利之间缺乏关联性，如以检举揭发的方式索取财物，则应当认定其具有非法占有目的，可能构成敲诈勒索罪。

2. 客观方面：是不是采取威胁或要挟的方式使被害人基于恐惧处分财产

如何行使权利，虽属于私人自治的范畴，但私权并非特权，并不意味着权利的行使不受任何制约和限制。权利的行使不仅要具备目的正当性，而且还应具备手段合法性。客观上的威胁或者要挟行为是敲诈勒索罪的行为方式，某一行为只需能够对对方造成精神上的压力，对方因该行为而产生恐惧心理，进而违背其真实意思表示交付财物，就可以认定该行为属于敲诈勒索中的威胁或要挟行为。因此，合法行为和非法行为均可能被认定为威胁或要挟行为，也因此导致合理维权与敲诈勒索罪在实践中的认定存在更大的困惑。

具体而言，揭发犯罪、检举违法的权利不等同于财产权利，以揭发犯罪、检举违法为由逼取财物，完全符合敲诈勒索罪的客观构成要件，也即以威胁或要挟的方式使被害人基于恐惧处分财产，原则上属于敲诈勒索行为，只在少数例外情况下应予出罪。在行为人知晓对方犯罪事实，以向司法机关举报为要挟索取财物，也成立敲诈勒索罪。

（二）劳动者追索劳动报酬的特殊情形

本案就属于劳动者因与用人单位产生纠纷而不当维权导致走向犯罪的典型案例。实践中，劳动者追索劳动报酬过程中的不当行为不宜轻易被定性为犯罪行为，尤其是对于以举报用人单位存在违反劳动法律法规为要挟索取劳动报酬的行为，在认定该行为是否构成敲诈勒索罪时应审慎对待。劳动者与用人单位产生劳动争议时，劳动者一方处于相对弱势地位，其获取证据的能力也相对较弱。因此，劳动者易产生言语或行动上的过激行为，其往往会以举报用人单位存在违反劳动法律法规的情况作为谈判协商的筹码，以获取足额甚至是高额的劳动补偿。如果劳动者提出的赔偿数额有一定的计算依据，只要赔偿数额未明显过分高于其实际损失，则不宜认定劳动者具有非法占有的目的，进而认定其构成敲诈勒索罪。否则会使劳动者的维权之路更为艰难，不利于弘扬法律所倡导的社会价值。

（三）消费者维权的特殊情形

过度维权与敲诈勒索罪难以区分的另一个典型的行为方式是“天价”维权，即消费者权益受到侵害后采取不当的方式维权，可能构成敲诈勒索罪。对于消费者维权的案件，不能对作为受害方的消费者要求过高，如果消费者是基于基础法律关系提出的合理诉求，只要不明显超出合理范围，就不应当动用整个法律体系中具有最后保护性与谦抑性的刑法来处理。消费者采取向媒体曝光或向相关部门揭发产品问题的方式也不应直接认定是敲诈勒索罪中的胁迫行为。但如果消费者为了获得一笔高昂的赔偿费而来要挟商家时，所谓“赔偿”就不再是赔偿，其据以提出的赔偿数额所依据的也不是对方的过错、己方的损失以及法律的规定等客观标准，而是依据自己握有向媒体曝光的主动权，这样的赔偿就变成了一种交易。这时就应当根据敲诈勒索罪的构成要件合理地对该行为的性质进行界定，考虑刑法的社会保障机能，对行为人的行为进行适当的评价。

在对过度维权相关的刑民交叉案件性质进行认定时，只要权利人的主张在其财产权利的覆盖范围之内，即使使用了胁迫手段以追求权利的实现，也不宜认定敲诈勒索罪。如果其主张超出了权利的覆盖范围，一旦附加了诉讼、举报、媒体或网络曝光等以外的不正当逼迫手段，则有可能入罪。

综上所述，要注意正当维权与敲诈勒索罪的区别，厘清敲诈勒索与权利行使的界限。希望本案的裁判能够引起更多关于敲诈勒索与权利行使界限的思考，并进一步明晰二者的不同之处。对过度维权型的刑民交叉案件的正确认定，不仅可以防止刑法不当地扩大惩罚范围，同时也能给民事关系中的行为人在维护权利时发出审慎行为的信号。因此，要正确对合理维权行为与敲诈勒索行为的区别，使司法机关能够正确地处理案件，也让普通民众明确正当维权的界限，以免因过激行为导致走上违法犯罪的道路。

郭某某敲诈勒索无罪案

——合同未认定无效前的收费行为不构成犯罪

万大强　郭红杏*

【基本案情】

本案发生在全国范围内开展扫黑除恶、严厉打击违法犯罪的大环境下，该案件的违法线索系由×市扫黑办移送×区公安局，且该案涉嫌敲诈勒索罪，涉案金额巨大，一旦被认定将对行为人进行从重处罚。

郭某某为城镇户口非农牧民，2011年5月1日，郭某某与市政府签订《草原承包经营使用协议》，协议中明确写道："根据《草原法》、《×省草原管理条例》，结合我市天然草原所有权为国有性质，牧业户均为城镇户籍特点，经市政府研究，决定对全市天然草原进行承包使用"，"如乙方（承包方）不配合甲方（市人民政府）各项草原管理工作，甲方有权停发其补奖资金，并取消乙方享受补奖政策资格"。

2015年起，芦某等五家采石场需临时占用郭某某承包经营的草场进行采石，根据相关规定，临时占地手续的办理需要取得草原承包经营者同意并签署补偿协议后方可办理，芦某等五人分别与郭某某签订草原补偿协议，并向郭某某支付草原占用费，郭某某协助五家采石场办理了采矿证等手续。

由于五家采石场并未严格按照协议约定时间进行补偿款的支付，郭某某据此向其追索债务，在此过程中有谩骂性语言。

2019年8月，芦某等五家采石场经营者向市扫黑办举报郭某某涉嫌违法犯

* 万大强：北京市中同律师事务所律师。
郭红杏：北京声驰律师事务所律师。

罪——2015 年起至今，郭某某以采石场占用其承包的草场，采石场经营者如果不与其签订补偿协议并支付补偿款，就拒绝在采石场需要办理的草原占用手续上签字，致使采石场无法正常办理相关手续和正常经营为由，迫使芦某等五家采石场经营者与郭某某签订协议并每年支付补偿款，至今郭某某已累计获利 95 万元。

2019 年 8 月 29 日，× 市"扫黑办"将该线索移送区公安局，× 区公安局以涉嫌敲诈勒索罪予以立案侦查，后移送 × 区检察院审查起诉，× 区检察院对本案提起公诉，公诉机关建议在有期徒刑 10 年至 11 年之间量刑，并处罚金，× 区法院对本案进行了审理。

【案件焦点】

本案除对行为人的行为定性存在争议外，法律的理解与适用也有一定争议，焦点如下：

（1）郭某某是否具有收取草原占用补偿款的主体资格；

（2）郭某某的行为是否构成犯罪。

【法院裁判】

（一）郭某某是否具有收取草原占用补偿款的主体资格

无论从郭某某与市政府签署的《草原承包经营协议》内容上看，还是从法律关系上看，尤其是合同中还明确写明"结合我市天然草原所有权为国有性质，牧业户均为城镇户籍特点，经市政府研究，决定对全市天然草原进行承包使用"，这份协议都是承包经营合同。市政府作为发包方、合同签订一方主体，没有任何法律赋予市政府有单方变更合同内容和合同性质的权利。市政府不能既作为参与者又作为裁判者，这有违行政公平原则。行政机关的行政行为应当遵循信赖利益保护原则，郭某某等承包户有理由相信其在 2011 年签署的承包合同中已经获得了承包经营权。而且，在实际履行《草原承包经营协议》过程中，行政机关一直要求郭某某按照承包经营者的身份根据《草原法》、《 × 省草原管理条例》、《草原征占用审核审批管理办法》（已失效）履行各项义务，包括但不限于办理各项行政手续、缴纳各项费用。行政机关不能一方面要求郭某某必须按照承包经营者的身份履行《 × 省草原管理条例》、《草原征占用审核审批管理办法》（已失效）中相应的义务；另一方面又强调郭某某不具有农牧民身份、不具有承包经营权，不能享受《 × 省草原管理条例》、《草原征占用审核审批管理办法》（已失效）中所享受的权利，这种行为不但严重损害了郭某某合法权利,而且是不公平的,甚至是违法的。

综上所述,郭某某与×市政府签订有草原承包经营合同,是合法的草原承包经营权人,其享有草原承包经营权,同时亦履行了承包经营权人应履行的义务,郭某某具有牧民的身份,其有权收取草原占用补偿款。

(二)郭某某收取补偿款主观上是否具有非法占有他人财物之目的

首先,由于采石场占用草原需要办理临时占地手续,而根据法律规定,临时占地手续的办理需要取得草原承包经营者同意并签署补偿协议才可以,采石场经营者完全可以不占用郭某某承包经营的草场。在法律法规以及行政机关审批手续的要求下,是采石场经营者主动找到郭某某协商占地补偿之事宜,并非郭某某找到采石场经营者索要补偿款。其次,芦某等五家采石场经营者找到郭某某协商占地补偿款时,郭某某询问过×区农牧局及草原工作站,并与×市草原站站长、×区农牧局副局长、律师、采石场代表一起到上级草原监督管理局询问其是否应当收取补偿款,得到了肯定回答后,其才收取本就有权收取的补偿款,其主观上不具有敲诈勒索的故意。

(三)郭某某追索补偿款中采用的过激言语等行为是否属于敲诈勒索

虽然郭某某在沟通过程中存在"说话很难听""骂人"等行为,但这些行为都没有严重到足以使采石场经营者产生恐惧、恐慌等心理。而五家采石场负责人所说的郭某某其他行为,无论是否真实存在,也都不足以让采石场经营者产生恐惧、恐慌等心理。

事实上,根据五家采石场负责人的陈述,最终愿意与郭某某达成补偿协议,是因为采石场作为市场中的"买方"必须要满足"卖方"郭某某提出的条件,否则郭某某拒绝同采石场达成协议。采石场最终愿意支付补偿款,还是因为希望与郭某某达成占地的协议。双方达成协议是协商、谈判的结果,而不是因为郭某某有敲诈勒索的行为,也不是因为采石场屈服于郭某某。

综上所述,郭某某的行为不属于敲诈勒索。

(四)郭某某收取的五家采石场经营者的款项是不是违法所得

笔者认为,采石场经营者与郭某某签署补偿协议是其双方真实意思表示,且未违反法律、行政法规的强制性规定,协议合法有效。协议签署后,郭某某即按照约定协助其办理了临时用地手续,保障其能够合法用地,但采石场经营者拿到用地手续后,却未按照约定履行协议,未能给付郭某某双方协商好的补偿款,在此情况下,郭某某作为权利受侵害一方,不得不向采石场经营者追要原本早就应该给付的占地补偿款，这是郭某某的自我救济行为，且这些行为并未超越法律允许的范围。郭某某从芦某等五家采石场经营者处收取补偿款系其依据双方签署的协议所应享有的权利。

【法律分析】

首先，针对查明的事实，被告人郭某某不具有主观非法索要他人财物的目的，被告人是涉案草原的合法使用权人，其有权利收取补偿款。被告人拥有该片草原的合法经营权，具有收取补偿款的主体资格。郭某某作为案涉草原的承包经营权人，虽不属于农村户籍，但其承包国有草原并无法律禁止，2011 年 × 市人民政府与郭某某签署的草原承包经营协议双方之间的法律关系为发包与承包草原的法律关系，2019 年 × 区草原管理站给付了被告人郭某某 2016 年至 2019 年的草原补贴，可见，其有权获得草原补贴。

其次，被告人与芦某等五人签订协议的前提系五人为采石场经营者，其经营的采石场需要占用被告人经营的草原，办理采矿许可证等审批手续，行政机关需要采石场经营者与草原使用权人即被告人达成协议，方可办理行政审批手续，为此芦某等五人才与被告人达成协议，对此芦某等五人是有自身利益的需求的。签订协议前，被告人及当时的 × 市、区草原管理部门的负责人到上级草原监督管理站进行询问，得到了肯定答复后，才签订的协议。签订协议后，被告人协助采石场经营者办理了采矿许可证，该五人自动履行了协议内容，可以看出是采石场经营者占用被告人经营的草原并支付给被告人补偿款的行为系双方合议后的结果，关于协议如何履行属于民法调整的范畴。后芦某等五人不履行协议内容，被告人在追索债务时，虽然采用了过激的语言，但根据法律规定，如债权人为讨还债务而使用带有一定威胁成分的语言，催促债务人加快偿还等，则不构成敲诈勒索。同时，被告人上述行为根据社会一般观念不能使被害人产生畏惧、恐惧心理，被害人尚有相当程度的意志自由，不符合“被害人因恐惧心理交付财物”的罪名特点。

故被告人郭某某的行为不构成敲诈勒索罪，公诉机关指控被告人犯有敲诈勒索者罪名不能成立，辩护人的辩护意见法院予以采纳。

【案件启示】

针对这个案件，笔者有以下心得：

一个案件事实中，如果既涉及刑事法律规范的领域，又涉及民事法律规范的领域,这就是刑民交叉案件。本案是一起典型的刑民交叉案件,究竟是应纳入民事调整范围还是应由刑法来惩戒,结果大相径庭。

辩护律师在办理涉及民事法律关系的刑事案件时,应全面分析案件不同法律关系、司法政策导向等因素,准确把握罪与非罪的界限,对于民事欺诈行为、合同等债权纠纷案件,要实质性研析涉案法律关系、当事人法律行为及其主观故意,不能简单化认定或不认定“敲诈勒索”“合同诈骗”,防止通过刑事追诉插手民事纠纷,违法进行公权干预而损害当事人合法权利,减损、限制公民的民事权益。

刑民交叉案件既不是单纯的刑事法律关系,也不是单纯的民事法律关系;它可能是一个事实中同时涉及刑事法律规范及民事法律规范(竞合类刑民交叉),也可能是彼此牵连但相互独立的事实分别涉及刑事法律规范和民事法律规范(牵连类刑民交叉),复杂性由此而生。

在本案办理中,笔者经过多次会见、与办案机关充分沟通,提交了多份律师意见,并依法申请证人出庭作证,在罪与非罪之间进行了充分论证。笔者认为,入罪需要有法律规定,出罪无须法律规定,这是完全符合罪刑法定原则的。在处理刑民交叉案件时,要看某一行为在民事上是否合法,如果民事上合法,则可以排除刑事犯罪的成立。

刘某某虚假诉讼案

——民间借贷中虚假诉讼的认定及转化

王朝勇*

【基本案情】

李某某系某市某纸业有限公司的法定代表人兼总经理。2015年2月,适逢农历年末,李某某的公司面临工资发放及银行还贷之资金压力。同年2月10日,一位自称是小额贷款公司员工的姚某某来到李某某的公司,称自己能帮李某某办理小额贷款。2015年2月12日,李某某因急需用钱便打电话给姚某某,提出借款13万元的请求。姚某某当即表示借款,当日即可到账。后李某某当日即收到了银行汇款13万元。2月14日,姚某某带领7个身上文龙画虎的人来到李某某的公司,声称该笔借款为其朋友刘某某所有,要求李某某找一些抵押物进行抵押,这伙人在办公楼内四处找寻,最后选定了一套李某某早年收藏的座椅和一套紫檀家具作为抵押物。同时,他们拿出了一份事先准备好的《借款抵顶协议》要求李某某签字。李某某发现协议中约定借款金额为30万元,当场拒绝签字,这伙人便以暴力相威胁,此时,姚某某称自己愿担任李某某与刘某某的保证人,将抵押物存放自己处,自己与李某某签订协议书,承诺下个月底前帮助李某某办理大额贷款,以贷款还刘某某的30万元,如贷不出来则由自己还刘某某的30万元。李某某出于畏惧,便在《借款抵顶协议》及姚某某手写的协议书上签上了字。

此后不久,这伙人经常到李某某的公司暴力催收,堵住厂门,强行拉下车间的

* 王朝勇:北京市京师律师事务所律师,北京市律师协会刑民交叉法律事务委员会委员。

电闸，强行收取厂内承租人的租金，到厂内盗窃等。2015 年 4 月 1 日，刘某某以虚增的 30 万元债务向蓬莱市人民法院提起民事诉讼。在庭审中，刘某某向法庭出示了《借款抵顶协议》、银行转账 13 万元的凭证，虚假陈述了自己向李某某交付现金 17 万元的经过，申请证人姚某某出庭证明 30 万元借款的来源并出示了自己的银行取款证明。李某某主张借款本金只有 13 万元，17 万元为虚增债务，且借款有抵押物抵押，还有刘某某到公司强行拉走数件收藏品的证明。2016 年 1 月 12 日，某市法院出具了民事判决书，支持了刘某某的诉求，至此虚假债务变成合法化债务。①

此时，李某某的公司已无力运转，刘某某拿到法院的胜诉判决之后更是把李某某的公司当成了自己的家，三天两头到李某某的公司里拿取物品，并与当地民警玩起“躲猫猫”的游戏。此时，李某某苦不堪言，丈夫也与其离了婚，原本夫妻二人以厂为家，因不堪刘某某团伙的骚扰，二人各自离开一起经营了 15 年的工厂。2018 年 1 月，李某某在登上客轮时被当地民警刑拘，这才知道原来自己公司的设备在被法院查封期间遭到盗窃，某市公安局怀疑是李某某伙同其前夫处置的，于是以拒不执行判决、裁定罪上网通缉了二人。李某某的前夫孙某某得知此事后，委托笔者在第一时间会见了李某某，了解基本案情并到某人民法院调取了李某某与刘某某的卷宗材料。在经过一番调查后，笔者锁定了证人姚某某的银行取款凭证是伪造的，经过调查比对，确认该凭证为虚假证据材料。于是，笔者果断启动了申诉程序。

【案件焦点】

(1)民商事纠纷中如何准确把握借贷纠纷中借条的证明力；

(2)民间借贷中涉嫌虚假诉讼犯罪的认定和处理。

【处理结果】

2019 年 4 月 28 日，蓬莱市人民法院出具了民事裁定书，载明：原审原告刘某某与原审被告李某某、孙某某、某纸业有限公司民间借贷纠纷一案，于 2016 年 1 月 12 日作出民事判决书，已发生法律效力。经某市法院院长提交审委会讨论认

① 参见山东省蓬莱市人民法院民事判决书，(2015)蓬北民初字第 120 号。

为，该判决确有错误，应予再审，裁定本案由某市法院再审。[①]

某市公安局于2019年4月26日出具撤销案件决定书，因没有李某某、孙某某犯罪事实决定撤销此案。

【法律分析】

证据应当具有真实性、合法性和关联性，符合上述要件才能作为有效的证据。通常情况下，借条是证明债权债务关系存在最直接的证据。但若借条的存在与其他证据发生了矛盾和冲突，则不能直接认定该借条具有较高的证明力，而是应当将证据规则的规定作为依据，结合其他证据，全面、准确地对借条的证明效力进行分析。司法实践中，分析借条的证明力应当注意以下几点：(1)借条本身具有较强的证明力，只有条件充分才能否定借条的证明力。一般来说，借条是一种证明借贷关系成立的直接有效和有力的证据，在其他证据不充分的情形下，不能否定借条在民间借贷中的基础作用。(2)在出借人提供借条主张权利，而借款人否认借贷关系或辩称借贷关系与借条所载事实不符的情况下，人民法院不能简单地适用举证责任判断案件事实，而应当围绕借条的形成过程、记载内容依职权查明事实。在案件事实确实无法查清的情况下，再判定由出借人承担举证不利的后果。(3)根据借款金额的大小适用不同规则分析借条的证明力。借款金额较小的，可以直接认定借条的证明效力；借款金额较大的，应当审慎审查借条的证明力，结合银行凭证及其他辅助证据综合认定。其中，对于借款金额大小的区分标准，应结合借贷双方的资金能力、交易习惯、地方经济发展水平等综合分析。

最高人民法院《关于依法妥善审理民间借贷纠纷案件促进经济发展维护社会稳定的通知》第7条明确规定，“人民法院在审理民间借贷纠纷案件过程中，要依法全面、客观地审核双方当事人提交的全部证据，从各证据与案件事实的关联程度、各证据之间的联系等方面进行综合审查判断。对形式有瑕疵的‘欠条’或者‘收条’，要结合其他证据认定是否存在借贷关系；对现金交付的借贷，可根据交付凭证、支付能力、交易习惯、借贷金额的大小、当事人间关系以及当事人陈述的交易细节经过等因素综合判断。发现有虚假诉讼嫌疑的，要及时依职权或者提请有关部门调查取证，查清事实真相。经查证确属虚假诉讼的，驳回其诉讼请求，并对其妨害民事诉讼的行为依法予以制裁；对于以骗取财物、逃废债务为目的实施虚

---

① 参见山东省蓬莱市人民法院民事裁定书，(2019)鲁0684民监8号。

假诉讼,构成犯罪的,依法追究刑事责任”。

本案中原告提交的证据材料欠缺证据的形式要件,不具有证据的真实性、关联性和合法性,不能有效地证明其与被告之间具有债权债务关系,人民法院应当判决驳回原审原告的诉讼请求,并对其妨害民事诉讼的行为依法予以制裁。

在诉讼过程中,刘某某以虚高的协议金额提起诉讼,提交虚假银行流水,导致法院作出错误判决。刘某某的行为涉嫌虚假诉讼罪、伪造证据罪、伪造公司印章罪、妨害作证罪、帮助伪造证据罪、寻衅滋事罪、诈骗罪等。姚某某向法庭作虚假陈述、出示虚假银行流水,姚某某的行为涉嫌妨害作证罪、伪造公司印章罪等。

【案件启示】

2018 年 9 月,最高人民法院、最高人民检察院联合发布《关于办理虚假诉讼刑事案件适用法律若干问题的解释》,该解释共 12 个条文,从虚假诉讼犯罪行为的界定、定罪量刑标准、数罪竞合的处罚原则、刑事政策的把握、地域管辖的确定等方面作出了规定。该解释对于实践中综合运用民事、刑事等多种手段,依法惩治发生在民商事案件审判、执行程序中的虚假诉讼违法犯罪行为,维护正常司法秩序,保护公民、法人和其他组织的合法权益,具有重要意义。

2021 年 3 月,最高人民法院、最高人民检察院、公安部、司法部又发布了《关于进一步加强虚假诉讼犯罪惩治工作的意见》,要求人民法院、人民检察院、公安机关、司法行政机关要相互配合,按照法定职责分工负责、配合协作,加强沟通协调,在履行职责过程中发现可能存在虚假诉讼犯罪的,应当及时相互通报情况,共同防范和惩治虚假诉讼犯罪,并要求人民法院、人民检察院在履行职责过程中应当予以重点关注民间借贷纠纷案件。该意见为民间借贷中涉嫌虚假诉讼犯罪的控告与惩治提供了理论依据。

作为办案律师,首先要熟练掌握有关虚假诉讼的法律、法规、司法解释和其他政策性文件,其次要从细节着手,善于发现疑点,并抽丝剥茧,由表及里,查清案件事实的本质,正确分析所涉法律关系的性质,综合运用刑、民手段,有效维护当事人的合法权益。

区某等合同诈骗无罪案

——公章虽系伪造但为双方真实意思表示，不构成合同诈骗罪

石敬会*

【基本案情】

2009年7月29日，区某经周某介绍，与云南某经贸有限公司（以下简称经贸公司）签订挂靠协议。周某为该经贸公司股东代表（其妻为登记股东之一）、董事、总经理。

同日，区某以经贸公司名义参与竞争性谈判成功中标，以经贸公司名义与昆明市某投资开发有限责任公司（以下简称投资公司）签订《合作协议》，约定：双方合作开发某农贸市场升级改造项目，总建筑面积7636平方米，经贸公司承担项目所有费用，项目完工后，将不少于1200平方米作为永久性农贸市场，产权人为投资公司，其余面积产权归经贸公司，经贸公司给予投资公司1100万元作为补偿。项目施工过程中，王某经区某的合伙人的书面授权，有权签署协议、进行项目融资。

2011年5月16日，王某就项目房屋与买受人张某协商，先由张某签署《房屋买卖合同》，约定项目6281.5平方米的产权以7000万元转让给张某。

2011年5月18日，张某提出以上事项需由投资公司同意，经贸公司（王某签字）、张某签订《补充协议》，约定由经贸公司负责投资公司的盖章确认事宜。后王

* 石敬会：北京慎衡律师事务所律师，北京市律师协会刑民交叉法律事务专业委员会委员。

某将盖有经贸公司和投资公司公章的《房屋买卖合同》交给张某。

2011年9月22日，区某、王某以经贸公司名义向投资公司报请函件征求意见。同日，投资公司出具回复函件：同意经贸公司将属于其资产的房屋产权证办理到公司名下后，处置给买受人张某的意见。

2011年5月17日至12月，张某向王某或王某指定收款账户转账汇款共计2295万元（其中300万元转至经贸公司账户，该账户系区某为项目新设账户），另主张交付给王某现金合计940万元。王某签字出具共计3235万元的12笔收条均盖有经贸公司公章。

2012年后，张某了解到项目进度缓慢可能存在风险，未再继续支付房款。

2013年2月6日，项目竣工，昆明市建设工程质量安全监督管理部门对项目出具了《竣工验收备案证明书》。

因经贸公司未能按合同约定办理相关房屋产权给投资公司，也未能交付房屋给张某，2014年5月17日，张某首先向昆明市中级人民法院起诉经贸公司，要求该公司交付房产并办理产权登记。经贸公司法定代表人出庭抗辩从未签署过《房屋买卖合同》，合同中使用的公章为伪造，其不认识王某；主张在另案中有案外人起诉公司，涉及项目中使用的公司公章经鉴定系伪造，并向法庭提交了司法鉴定报告及胜诉判决书。2015年8月12日，张某申请撤诉，法院裁定准许。

2015年5月14日，投资公司以经贸公司未办理产权登记、未支付补偿费用为由起诉经贸公司。区某以第三人申请加入诉讼，向法庭陈述公章及投标所需手续是经贸公司经理周某所给。经贸公司法定代表人对项目不感兴趣，投资公司不允许更换主体，区某自行筹款继续以经贸公司名义投资项目。2015年10月20日，投资公司申请撤诉，法院裁定准许。

2015年9月16日，张某与经贸公司（授权人王某）、区某达成《和解协议》《支付协议》并经公证处公证。三方确认：张某已经支付3235万元，尚欠3765万元，并就后续继续履行协议及房款支付进度达成协议。

2016年1月5日，张某向昆明市公安局盘龙分局控告被王某合同诈骗。

2016年2月4日，昆明市公安局盘龙分局立案侦查。

2016年2月21日、2月22日、3月2日，王某、区某、周某因涉嫌合同诈骗罪分别被昆明市公安局盘龙分局刑事拘留。2016年7月14日，王某、区某、周某经盘龙区人民检察院批准被执行逮捕。

侦查期间，公安机关委托第三方鉴定，涉案《房屋买卖合同》上经贸公司印章非备案公章，投资公司公章非备案公章。区某供述经贸公司公章系由周某提供；经贸公司法定代表人及周某均否认刻制公章给区某使用。另查，王某收取的款项部分用于了涉案项目，部分用于了王某与区某等人的其他合作项目。区某向涉案项目施工建筑商支付了大部分工程款。

2016 年 10 月 13 日，昆明市公安局盘龙分局侦查终结，以区某、王某、周某涉嫌合同诈骗罪移送盘龙区人民检察院审查起诉，2016 年 10 月 14 日，盘龙区人民检察院将案件报送昆明市人民检察院审查起诉。

【案件焦点】

（1）经贸公司公章虚假，是否可以否定区某涉案项目实际施工人的法律地位；

（2）王某在与张某房屋买卖合同履行过程中的法律地位；

（3）区某、王某是否有真实出售项目房屋给买受人张某的意思，是否有非法占有钱款的目的及行为；

（4）本案是否具有交付给买受人张某房屋的现实基础及条件。

【处理结果】

2017 年 4 月 25 日，昆明市人民检察院经审查认为，本案事实不清，证据不足，对王某、区某、周某作出《不起诉决定书》；张某提起申诉，2018 年 9 月 7 日，云南省人民检察院出具《刑事申诉复查决定书》，维持不予起诉意见。

【法律分析】

（一）区某实际享有涉案项目的权利义务，是实际施工人

区某无私刻经贸公司公章动机，周某否认提供公章及资料不具有客观真实性。本案应合理判断经贸公司法定代表人在民事案件以及在公安机关否认以公司名义施工的初衷及动机，其为避免公司承担过多的民事责任或刑事责任，态度选择显而易见。张某在案陈述证实，周某多次表示自己保证可以将项目房屋过户至张某的名下，周某在公安机关作笔录时否认参与项目，显然不具有客观真实性。否则，区某无法提供竞争性谈判投标所用的其他公司的必要资料，更没有理由找一个毫不知情的企业挂靠。区某借用经贸公司名义，实际参与了项目投标，出资施工，参与工程结算，是项目实际施工人。

（二）王某具有项目代理人合法身份及法律地位

在周某让区某以经贸公司名义参与投资公司竞争性谈判并中标后，即使经贸公司及其法定代表人不同意继续参与，但周某及经贸公司均未向投资公司及相关外界人员发出任何通知。在案证据已证实周某多次从经贸公司领取公司手续，无论投资公司，还是施工单位，在项目施工期间，均认为经贸公司是项目的合作方。

周某作为经贸公司高管，可以合法取得经贸公司的相关材料，在周某让区某、王某等人继续以经贸公司的名义参与涉案项目的情况下。周某的行为完全符合表见代理。王某在该案中，接受区某合伙人的书面授权，参与了张某购买房屋的谈判、合同的签订及部分款项的收取，权利源于区某合伙人的书面授权，具有民事代理人身份及法律地位。

（三）区某、王某有真实出售项目房屋给买受人张某的意思，主观及客观无非法占有钱款目的

区某、王某积极促成房屋买卖合同履行。《房屋买卖合同》上投资公司及经贸公司公章虽经鉴定为伪造公章，但王某在与张某签订合同后，与区某一同以经贸公司名义请示投资公司，投资公司2011年9月22日回函，同意经贸公司将属于其资产的房屋产权证办理到公司名下后，处置给买受人张某。经查，该意见为投资公司真实意思表示。张某民事起诉经贸公司后，区某、王某（作为经贸公司代理人）、张某积极协商，三方达成《和解协议》《支付协议》并经公证，各方真实意思是继续履行合同。

（四）涉案项目已竣工，具备交付条件，各方利益完全可以通过民事途径救济

项目已经竣工备案验收，具备使用条件，投资公司已同意将房屋产权过户给买受人张某，先决条件是经贸公司作为项目名义合作方，需要先将房屋产权过户到经贸公司名下，再过户至张某名下。在张某履行支付协议前提下，房屋具有现实交付条件，各方利益诉求均可以通过民事途径予以解决。

【案件启示】

针对这个案件，笔者有以下心得：律师在代理案件过程中，应根据在案证据，分析研究当事人行为是否符合犯罪构成要件，及时与司法机关沟通，提出辩护意见；严格区分经济纠纷与刑事犯罪，坚决防止把经济纠纷认定为刑事犯罪，坚决防止利用刑事手段干预经济纠纷。

中国民航第一人、前湖南首富兰某某合同诈骗无罪案

——合同履约纠纷与刑事诈骗的区别

孙建章*

【基本案情】

2015年3月23日，兰某某和李某为了合作收购泰国东方航空有限公司（以下简称泰东方），双方共同在中国香港通过中介成立了6家注册地在塞舌尔的公司，包括进兴公司、兴亚控股公司、鼎亿公司等。

3月27日，兰某某、李某在泰国同时签订了两份合同。第一份合同是兰某某、李某签订的收购泰东方的《合同书》，主要内容有：(1)兰某某以某暹罗公司和广州东星公司各100%的股权打包作价2亿元外加现金1亿元，李某以现金出资3亿元收购泰东方公司的全部股权；(2)双方成立控股平台公司，李某向控股平台提供5000万元贷款，兰某某出任控股平台的总裁，控股平台的日常经营管理由总裁负责；(3)李某和兰某某各占泰东方、某暹罗公司、广州东星公司50%的股权。

第二份合同是兰某某、李某与泰东方实控人王女士签订的《股份及资产转让协议》，主要内容有：(1)收购总价款9亿元，其中6亿元用于收购泰东方100%的股权和16架飞机，3亿元用于泰东方可能的债务。(2)第一期，合同签订后，支付1亿元，变更60%股权。第二期，支付1.6亿元到泰东方广州代表处账户，过户9架飞机。第三期，支付1亿元到指定账户，过户5架飞机。第四期，管理权交割后

* 孙建章：北京市京师律师事务所律师，北京市律师协会刑民交叉法律事务委员会委员。

6个月内支付2.4亿元，变更40%股份。在此期间，如泰东方存在债务影响到正常经营，经兰某某一方确认，可以从2.4亿元中取出部分代为支付，金额从总额里扣除。第五期，管理权交割10个月内支付3亿元，如有债务，可从3亿元中扣除。

2015年3月30日，兰某某个人和泰东方实控人王女士的弟弟王某签订了《补充协议》，约定买方未支付前三期3.6亿元，卖方归还款项，买方归还股份等。

合同履行过程中，兰某某与李氏兄弟因出资、某暹罗公司和广州东星公司股权变更、泰东方经营管理等发生争议。

2016年2月23日，李某以兰某某涉嫌合同诈骗3.34亿元向广州市公安局报案。3月3日，兰某某被传唤，4日被刑事拘留，20日被提请批准逮捕。4月8日，广州市人民检察院以“事实不清，证据不足”不批准逮捕，同日，兰某某被变更强制措施为指定居所“监视居住”。7月9日，兰某某逃跑到新加坡。8月3日，广州市人民检察院批准对兰某某予以逮捕。9月，国际刑警组织对兰某某发布红色通缉令，公安部将其列为“猎狐”追逃对象。

2019年11月9日，兰某某被移送回国，同日被执行逮捕。2020年10月10日，广州市人民检察院以兰某某涉嫌合同诈骗1.83亿元向广州市中级人民法院提起公诉。

【案件焦点】

(1)兰某某是否存在虚构事实的行为；

(2)兰某某是否有能力履行双方的《合同书》；

(3)兰某某是否存在“以部分履行合同的方法，诱骗李某继续履行合同”的行为；

(4)本案兰某某的行为是合同诈骗还是合同纠纷。

【法院裁判】

2021年12月17日，广州市中级人民法院一审判决兰某某无罪。判决后，广州市人民检察院没有抗诉。

【法律分析】

根据《刑法》第224条的规定，合同诈骗罪，是指以非法占有为目的，在签订、履行合同过程中，骗取对方当事人数额较大的财物的行为。根据上述规定，兰某某的行为不构成合同诈骗罪，理由如下：

第一，兰某某没有虚构事实的行为。李某和兰某某合作之前就已经知道兰某某欲收购泰东方，李某为此也多次到泰国对泰东方进行调查了解情况，和泰东方原股东多次接触，对泰东方当时经营不善、外债较多、难以为继、只有十几架飞机的情况非常了解。正是因为泰东方当时面临的实际情况，兰某某才能通过努力将收购总价确定在9亿元。签订《股份及资产转让协议》时兰某某和李某作为共同的一方当事人与泰东方的股东等人对合同条款也进行了详细的研究，在确定无误后才签字认可。特别是在兰某某和李某当天签订的《合同书》中，之所以约定兰某某现金出资1亿元，其余的2亿元以转让自己控股的两个公司各50%的股权予以充抵，恰恰说明兰某某没有隐瞒缺少资金的情况。对比两份合同内容，收购泰东方的资金需要9亿元，而兰某某和李某一共出资才4亿元，资产缺口达5亿元之多。也就是说，针对收购泰东方而言，兰某某和李某必然面临着资金短缺的问题。

第二，兰某某的首期1亿元出资在合同签订当天即通过香港银行转账到泰东方股东的账户，按照《合同书》的约定出资义务已经全部履行，不存在“部分履行”的问题。而针对兰某某将自己控制公司50%的股权变更为李某事宜，兰某某已经将某暹罗公司24.5%的股权变更为李某。其他股权未变更，并不是兰某某没有履行能力，而是因为李某的外籍身份限制了股权变更，以及后期由于双方产生争议，使股权变更事宜搁置；也就是说，按照《合同书》的约定，兰某某已经履行完毕自己的出资义务，不存在“部分履行”情况，针对所控制的两个公司各变更股权50%为李某，是客观不能，而非“没能力履行”。

第三，根据在案客观证据，兰某某已经支付给泰东方股东3.6亿元，泰东方的股权已经变更了60%，14架飞机也全部过户到兰某某和李某控制的公司名下，兰某某接管泰东方后，为了使泰东方能正常运营，又四处筹集资金为泰东方支付了约3亿元的外债，兰某某的实际出资并不比李某少。

第四，本案是一起典型的刑民交叉类案件中的合同纠纷。首先，兰某某出资的1亿元已经转化为兰某某和李某共同持有的泰东方60%的股权。关于李某出资的3.43亿元，兰某某将其中的2.6亿元转给了泰东方股东，完成第二期收购计划，相应地，泰东方14架飞机变更到兰某某和李某共同控制的公司名下。剩余的8300万元中有5000万元是兰某某和李某共同设立的控股平台运营资金；特别是截止到案发，兰某某除支付第一期1亿元外，另替泰东方支付了债务3亿多元，双方实际出资基本相同。其次，兰某某没有将某暹罗公司和广州东星公司各50%的股权变更为李某,以及兰某某将泰东方股东进行变更事宜,也仅能证明兰某某存在民事违约的嫌疑,并不能证明兰某某具有主观占有的目的。关键的是,这些矛盾都是因为兰某某和李某签订的《合同书》对出资款的约定以及对泰东方的管理权约定不明造成的。最后,基于兰某某和李某的背景,李某根本没有民航经营管理的任何经验。双方的合作,完全是兰某某的资源、民航管理经验同李某的资金相结合。由于合作中存在的管理权、收购资金等方面的矛盾,使李某渐生不满,最后通过刑事手段达到自己控制公司的目的。兰某某被采取强制措施后,李某将泰东方的全部股东换成了自己控制的公司,既没有任何损失,又获得了泰东方的实控权,恰恰反证了李某"以刑促民"的真实目的。

【案件启示】

第一,针对合同诈骗类犯罪,作为辩护律师,必须紧紧围绕犯罪构成,结合在案证据、犯罪嫌疑人实施的行为、目的等要素对案情进行仔细分析。

第二,要仔细分析合同签订的内容、理由以及重视案件的背景。本案中,将合同签订的内容结合案件背景,如兰某某为什么多年以来一直想收购航空公司,为什么在资金严重不足的情况下也要匆忙收购等问题,从另一个角度证明了兰某某收购的目的并不是诈骗谁,而只是实现其航空梦想。

第三,作为民营企业家,在签订合同时,条款、内容必须严谨、详细。本案的发生,就是因为双方签订的《合同书》内容存在重大失误,如出资款及方式约定不清、泰东方管理权约定不明等,造成了后期履行过程中双方发生争议。

第四,作为企业家,应当有风险防范意识。在日常经营管理过程中,要有意识地保留相关证据,以备不时之需。

李某某涉嫌合同诈骗不起诉案

——主观上是否具有“非法占有目的”，为区分合同诈骗罪罪与非罪的重要界限

董尚润*

【基本案情】

2014 年 3 月，李某某与胡某某、田某某、戈某某四人共同出资 1000 万元在某市筹建万平混凝土搅拌站，由李某某分管购销业务。同年 11 月，万平混凝土搅拌站开始投产销售。2015 年戈某某因故退出合伙，其余投资人继续经营。2017 年 3 月，万平混凝土搅拌站因无证照经营及环境污染等原因，被当地政府责令停产停业。

王某某经营散装大罐车运输业务，负责给混凝土搅拌站供应水泥等原材料。

李某某等开办的万平混凝土搅拌站未经国家批准设立，无工商登记手续。为方便对外联系开展业务，李某某使用邻县万顺混凝土搅拌站的名义于 2014 年 10 月与王某某分别签订煤灰原材料采购合同和矿粉原材料采购合同，约定王某某向万平混凝土搅拌站供应煤灰和矿粉，单价分别为每吨 140 元、170 元，两份合同都约定货款金额达到 10 万元后开始付款。

与此同时，王某某又与李某某谈好了购买水泥的合同，王某某用某市水泥厂的名义与李某某签订水泥销售合同，约定由某市水泥厂以每吨 275 元的单价向万平混凝土搅拌站供应 P.032.5 普通硅酸盐水泥，由王某某送货，供货每满 1000 吨

* 董尚润：北京市瑞得律师事务所律师。

开始结款，两天内付清，否则水泥厂有权停止供货。合同签订后，王某某为万平混凝土搅拌站供应水泥并向某市水泥厂支付货款，万平混凝土搅拌站收到水泥后向王某某出具收货单并支付水泥款。

2016 年 7 月，王某某在万平混凝土搅拌站与该站会计张某某结算货款，近三年时间内，王某某供应给万平混凝土搅拌站的货物价值 75 余万元，王某某先后 10 次收到万平混凝土搅拌站支付货款近 10 万元，万平混凝土搅拌站财务张某某向王某某出具了欠付 65 余万元的欠条。双方在欠条空白处注明“本站出具收据已收回，另附各年度进料明细表”文字，欠条落款是“万平混凝土搅拌站张某某”。

2018 年 12 月，王某某向某市公安机关报案，称其 2014 年 11 月至 2016 年 4 月向万平混凝土搅拌站李某某供应水泥、矿粉、煤灰等，李某某冒用万顺混凝土搅拌站名义签订合同，共欠其货款 60 余万元不付，涉嫌犯罪。某市公安机关按照合同诈骗罪立案侦查，刑拘了李某某，并向检察机关移送起诉。某市公安机关在起诉意见书中认定，犯罪嫌疑人李某某冒用万顺混凝土搅拌站的名义，且使用假冒万顺混凝土搅拌站的公章与王某某签订原材料采购合同，约定由王某某向李某某供应水泥、煤灰、矿粉等原材料，且供应量达到 10 万元货款后开始付款，供货至 2016 年 4 月，李某某只付了一小部分货款，剩余 60 余万元货款未付。犯罪嫌疑人李某某的行为已触犯《刑法》第 224 条之规定，涉嫌合同诈骗罪。

李某某被采取刑事拘留措施后，其家属聘请了辩护律师。通过会见李某某了解有关案情，辩护人认为，李某某的行为属于民事纠纷，不构成合同诈骗罪，对李某某在侦查阶段应当撤销案件、不批准逮捕，在审查起诉阶段应当不起诉。因此，辩护人先后向公安和检察机关提出上述律师意见。

【案件焦点】

李某某因万平混凝土搅拌站没有取得营业执照，而以万顺混凝土搅拌站的名义与王某某签订原材料买卖合同，后因李某某未能收回货款导致欠付王某某原材料款，案件性质是民事纠纷还是合同诈骗？

【处理结果】

某市检察院以证据不足为由，决定不予批捕李某某，在审查起诉时决定对李某某合同诈骗案不起诉。

【法律分析】

李某某与王某某买卖合同纠纷案,是基于同一法律事实和相同法律主体产生的竞合型刑民交叉案件。李某某冒用万顺混凝土搅拌站的名义,且使用假冒的公章与王某某签订原材料采购合同,约定由王某某向李某某供应水泥、煤灰、矿粉等原材料,但李某某只付了一小部分货款,剩余60余万元货款未付。是合同纠纷还是合同诈骗?争议核心实质是非法占有目的是否存在,存在非法占有目的是合同诈骗罪,不存在的则是合同纠纷。

第一,李某某未按合同约定付款,属于民事违约,应当承担民事责任。本案李某某与王某某签订合同后,王某某在近三年的时间内向万平混凝土搅拌站供应煤灰、矿粉、水泥等,履行了出售方的合同义务,李某某在享有合同买受人权益的同时,应当遵守合同约定,及时给付货款。李某某长期拖欠货款的行为明显违反合同的义务,违反法律的规定,应当承担相应的民事违约责任。王某某有权依据我国《民法典》第577条、第579条之规定向法院提起民事诉讼,以保护供货方的合法权益。

第二,李某某在主观上没有非法占有王某某水泥、煤灰、矿粉等混凝土原材料货款的目的,客观上以万顺混凝土搅拌站的名义与王某某签订合同,用万平混凝土搅拌站履行合同、结算货款,没有虚构事实、隐瞒真相,不存在王某某因受到欺骗陷入错误认识而与李某某签订、履行销售合同的事实,李某某不构成合同诈骗罪。李某某等人开办的万平混凝土搅拌站总投资近1000万元,这些投资款是几位投资人筹集的,其中还包括高息借款,李某某等人筹巨资建设混凝土搅拌站的目的显而易见是通过生产、经营商品混凝土获利,而不是非法占有王某某的60余万元货款。

万平混凝土搅拌站占地近5000平方米,有库房、水、电和投资数百万元的水泥罐等设备、设施,雇工数十人,是生产、加工实体单位,王某某供应的水泥等原材料是万平混凝土搅拌站生产混凝土必不可少的,生产和销售混凝土产品是万平混凝土搅拌站的主要业务,混凝土搅拌站生产车间建在室外,站在远处就能看到搅拌站中高耸的混凝土罐,到了现场更是一览无余。王某某作为万平混凝土搅拌站水泥、煤灰、矿粉的供应商,销售合同约定由其送货上门,合同的履行地是万平混凝土搅拌站,无论白天还是黑夜,只要王某某送货到搅拌站,他几乎都能看到搅拌站的全貌。前后三年时间里,王某某多次到过万平混凝土搅拌站,对于万平混凝土搅拌站的情况了如指掌。退一步讲，即使李某某等人想对王某某隐瞒，也是隐瞒不了的。

并且，王某某自签订销售合同后一直向万平混凝土搅拌站供货，没有向万顺混凝土搅拌站供货，王某某供应的煤灰等原材料的使用人是万平混凝土搅拌站不是万顺混凝土搅拌站，王某某收到的近 10 万元货款是万平混凝土搅拌站给付的而不是万顺混凝土搅拌站给付的，王某某提供给侦查机关的 2016 年 7 月万平混凝土搅拌站会计张某某对王某某出具的欠条落款是“万平混凝土搅拌站财务张某某”。以上事实充分证明，王某某对与万平混凝土搅拌站履行合同、结算货款并接受万平混凝土搅拌站出具欠条的事实是认可和接受的。因此，李某某没有以欺骗手段使王某某陷入错误认识而签订、履行销售合同。

第三，万平混凝土搅拌站未按合同约定付款期限支付王某某货款的原因是混凝土销售货款没有及时收回，以至于暂时无力支付，并非有钱不付，更不是为了非法占有王某某货款。截至公安机关对李某某采取刑事强制措施之日，万平混凝土搅拌站应收混凝土货款仍多达 400 余万元，仅债务人付某某一人就欠货款达 100 余万元，如果这些欠款能够收回，足以支付万平混凝土搅拌站欠付王某某的货款。

第四，万平混凝土搅拌站没有办理工商登记，违反的是《行政许可法》，该违法行为不是合同诈骗罪的构成要件。

【案件启示】

针对这个案件，笔者有以下启示：

首先，应坚持刑民整体协调原则。刑民整体协调原则，是指对于刑民交叉案件，无论是事实认定还是法律归责，均应将刑事与民事两个部分作为整体观察考量，作出相互照应、彼此相宜的认定与裁判。就本案而言，虽然民事合同违约行为与刑事合同诈骗犯罪在行为方式上有交叉之处，但两者有着本质的区别，是民事合同违约还是合同诈骗，必须以证据形式予以澄清，回归事物本质，利用法秩序统一原则，以民事合法行为是出罪的事由提出无罪意见。

其次，选择程序，及时合理救济。律师接受委托后，应当及时介入案件，展开工作，尽快形成辩护观点，并依据了解的事实结合现行有效的法律和司法解释之规定向公安、检察机关提出无罪法律意见。

最后，依法参与市场经济活动才能避免人身和财产损失。如果李某某等人严格按照我国《环境保护法》等法律法规的要求取得工商行政主管部门颁发的营业执照，依法经营，2017 年被强制停产停业的命运就可以避免，搅拌站的生产、销售业务正常进行，资金回笼、支付货款顺畅，必然可以减少或避免此次与供货商的纠纷。

本案李某某等人因冒用他人名义进行不规范经营，又没有做好法律防控，不但亏掉巨额本钱，还差点因此成了阶下囚，教训深刻，发人深省。

第二章　程序部分

黄某明、胡某庭、黄某虎等人诈骗、贷款诈骗案

——在民间借贷纠纷的民事判决生效后，公安机关还能否进行刑事立案

毛亚斌　刘　巍*

【基本案情】

2013年9月6日，黄某明、胡某庭、黄某虎与被害人李某签订了借款合同，黄某明、胡某庭借款150万元，黄某虎借款80万元，黄某明向李某交付胡某庭名下产权证号00××××83的房产证作抵押，黄某虎向李某交付其名下产权证号10××××95的房产证作抵押，黄某明、胡某庭、黄某虎将上述款项用于归还银行贷款。黄某明、胡某庭系夫妻关系，黄某明与黄某虎系兄弟关系。

2014年1月27日，黄某虎向南昌市某小额贷款股份有限公司（以下简称贷款公司）借款40万元，并交付黄某虎名下产权证号为10××××95的房产证作为抵押。同日，黄某明、胡某庭向贷款公司借款50万元，并交付胡某庭名下产权证号00××××57的房产证作为抵押。

黄某明、胡某庭、黄某虎未按期归还借款和利息，且于2014年6月后失去联系。2014年8月，李某以民间借贷纠纷案由向南昌市东湖区人民法院起诉了黄某明等三人，2015年4月法院作出民事判决书，判决黄某明等三人还款。之后，李某得知黄某明等三人交付抵押的房产证是伪造的，便向公安机关报案。

贷款公司先向法院起诉黄某明等三人借款合同纠纷，后发现黄某明等三人交

---

* 毛亚斌：全国优秀律师，北京普盈律师事务所主任，北京市律师协会刑民交叉法律专业委员会主任。刘巍：北京普盈律师事务所律师。

付用于抵押的房产证是伪造的，遂向公安机关报案。

经南昌市公安司法鉴定中心鉴定，上述涉案房产证均为假房产证。

【案件焦点】

(1)针对黄某明、胡某庭、黄某虎三人借款不还的行为，在民事判决生效后，是否还能由公安机关刑事立案处理；

(2)民间借贷纠纷与诈骗、贷款诈骗的认定与区别。

【法院裁判】

李某诉黄某明、胡某庭、黄某虎民间借贷纠纷一案，一审法院认为，黄某明、胡某庭、黄某虎分别与李某签订的《借款合同》，均系双方真实意思表示，且形式及内容均未违反相关法律的禁止性规定，双方之间民间借贷关系依法成立。原告李某按约履行合同义务后，被告黄某明等三人未按期归还借款，构成违约。民事法院判决被告黄某明等三人归还借款本金并支付逾期利息。

被害人李某、贷款公司发现黄某明等三人交付的房产证是伪造的之后，分别向公安机关报案，认为三人借款不还的行为系诈骗行为。

关于黄某明、胡某庭、黄某虎诈骗、贷款诈骗案，一审法院认为，被告人黄某明、胡某庭、黄某虎以非法占有为目的，明知自己欠有巨额债务、没有偿还能力，虚构事实，隐瞒真相，使用伪造的房产证作抵押，骗取他人的借款，又虚构事实、隐瞒真相，使用伪造的房产证作重复抵押，骗取其他金融机构的贷款，之后失去联系，借款、贷款至今未还，其行为均构成诈骗罪和贷款诈骗罪，依法数罪并罚。

三人均不服刑事判决，上诉至二审法院，并且提出黄某明借款时并未失去偿还能力，未偿还借款，最主要原因是他人以各种非法手段让黄某明的公司失去了持续盈利能力，黄某明未实施诈骗行为。二审法院认为，黄某明借款时有无偿还能力，并不影响本案证据足以证实的黄某明所实施的诈骗、贷款诈骗犯罪行为。上诉人黄某明、胡某庭、黄某虎以非法占有为目的，以虚假的房产证骗取他人借款，数额特别巨大，其行为均已构成诈骗罪；骗取其他金融机构的贷款，数额特别巨大，其行为均已构成贷款诈骗罪。综上，二审法院判决驳回上诉，维持原判。

【法律分析】

随着我国经济快速发展，经济主体日益多元化，各类经济模式层出不穷，刑民交叉案件呈现增长趋势。对于同一事实或存在关联的事实,既涉及民事责任又涉嫌刑事犯罪,二者并不能完全独立,刑事和民事两种法律事实是交叉并存、紧密关联的,两种诉讼程序也需要彼此协调、相辅相成,充分保护当事人合法权益和社会整体利益。

(一)已生效的民事判决是否可以排除刑事犯罪的可能

本案第一个争议焦点问题是,已经生效的民事判决认定为民间纠纷的行为是否可以排除刑事犯罪的可能?被告人的辩解和辩护意见指出,第一,本案相关法律事实经生效民事判决明确具体界定为民间借贷纠纷,系民事行为,不属于刑事诈骗行为。第二,根据最高人民检察院、公安部《关于公安机关办理经济犯罪案件的若干规定》第20条规定的立案情形,借款行为在已经起诉并判决生效后,不应再刑事立案处理,其与被害人之间的纠纷仅属于一般的民间借款纠纷,不构成犯罪。但是,法院经审查认为,被害人李某、贷款公司分别对黄某明、胡某庭、黄某虎提起过民事诉讼,之后发现用于抵押的房产证是伪造的,分别向公安机关报案。这属于案件出现了新的证据事实,案件的性质发生了变化,与民事借贷纠纷案件不属于同一法律事实。公安机关据此立案侦查,并不违反最高人民检察院、公安部《关于公安机关办理经济犯罪案件的若干规定》之规定。

经济类犯罪行为往往会产生责任竞合,司法审理中既要保护公民、法人和其他组织的合法权益,同时又要维护我国社会主义市场经济秩序、经济管理制度等,刑事、民事程序分工负责、互相配合,才能保证准确有效地执行法律。所以,民事判决认定为民事纠纷的案件,并不能当然排除刑事犯罪的可能性,在有新证据的情况下,存在被认定为刑事犯罪并承担刑事责任的问题。

(二)经济纠纷与经济犯罪的界限问题

本案另一焦点问题在于经济纠纷与经济犯罪如何准确区分及处理。问题的实质在于如何准确把握经济犯罪的界限,刑法具有谦抑性,司法机关应当谨慎把握民间借贷、合同纠纷等与诈骗罪、贷款诈骗罪的界限,严格依据法律规定、犯罪构成要件等标准进行审理。三名被告均提出,自己主观上没有非法占有目的,没有主观诈骗故意,更无诈骗行为,借款均用于实际经营中,未恶意侵占据为己有,不存在虚构事实或隐瞒事实真相的情形,不构成诈骗罪、贷款诈骗罪。

从诈骗罪的犯罪构成看,诈骗罪是用虚构事实或者隐瞒真相的方法,骗取公私财物的行为,具有主观诈骗故意,并且具有非法占有目的。贷款诈骗罪是用虚构事实或者隐瞒真相的方法，骗取银行或者其他金融机构的贷款，具有主观诈骗故意，并且具有非法占有目的。因此，诈骗罪、贷款诈骗罪与经济纠纷的主要区别在于行为人是否具有非法占有目的。

根据法律规定的客观行为，《刑法》第193条列举了五种具体的贷款诈骗情形：(1)编造引进资金、项目等虚假理由的；(2)使用虚假的经济合同的；(3)使用虚假的证明文件的；(4)使用虚假的产权证明作担保或者超出抵押物价值重复担保的；(5)以其他方法诈骗贷款的。三名被告用伪造的房产证作为抵押，属于虚构事实或隐瞒真相，使被害人产生错误认识交付财物，具有因果关系。用伪造的房产证作抵押向李某、贷款公司借款，用借款"拆东墙补西墙"偿还银行到期贷款，所借款项至今未还，证明三名被告主观上有非法占有的目的，客观上有虚构事实、隐瞒真相的行为。被告在借款时有无偿还能力，并不影响本案证据证实的其具有非法占有目的及客观上实施的诈骗、贷款诈骗犯罪行为。

（三）刑民交叉案件的被害人双重受偿问题

在经济犯罪中，被害人受到财产损失，刑事法律规定的退赃退赔制度以及民事法律规定中的损害赔偿制度均可以作为被害人的救济途径。由此引发关于被害人是否能够同时通过刑事、民事两种途径维权，是否存在双重受偿问题。本案中，被害人李某到底应当如何追回自己的损失，维护自己的合法权益？

在分析这个问题时，我们应该认识到刑事退赃退赔与民事侵权责任两者在证明标准、保护力度等方面是存在差异的。经济犯罪在认定犯罪数额时一般限于本金部分，即直接经济损失，因此在退赃退赔时也仅限于本金部分，但是在民事诉讼领域一般都会认可本金之外的违约金、利息、预期利益等间接损失。

因此，我们应该允许被害人在合法范围内充分行使救济权，直接损失可以通过刑事退赃退赔进行处理，对于未足额受偿的本金部分及本金之外的利益、属于被害人合法权益的，则仍可以通过单独提起民事诉讼来主张。被害人即使主张双重受偿，只要最终的受偿数额不超过其合理损失，法律就应当允许，不应该阻却被害人寻求合法救济的途径，确保被害人的合法权益获得完全的救济。在本案中，被害人李某既可以通过刑事退赃退赔取回被诈骗的款项，也可以通过民事诉讼主张自己的其他损失，维护自己的合法权益。

【案件启示】

针对这个案件，笔者有以下心得体会可以进行交流。

（一）民间借贷纠纷与诈骗罪、贷款诈骗罪的区分问题

区分民间借贷纠纷与诈骗罪、贷款诈骗罪，主要在于行为人是否具有非法占有目的，是否在发生借款行为时即具有非法占有目的。大多数犯罪嫌疑人都会提出辩解，认为自己的行为属于民间借贷纠纷，系民事行为，自己没有主观诈骗故意，更无诈骗行为，不承认自己具有非法占有目的。

行为人的主观思想、行为目的在实践中很难认定，此时法院往往会依据客观行为进行判断，如认定贷款诈骗罪时，《刑法》明确列举了五种客观行为属于贷款诈骗：(1)编造引进资金、项目等虚假理由的；(2)使用虚假的经济合同的；(3)使用虚假的证明文件的；(4)使用虚假的产权证明作担保或者超出抵押物价值重复担保的；(5)以其他方法诈骗贷款的。此外，还要综合考虑其他因素，如行为人的履约能力、借款后的行为、是否为履约作出积极的和实质性的努力。本案中，三被告使用虚假的产权证明作为担保骗取借款，将借款用于填补之前贷款的漏洞，明显缺乏偿债能力，并且既不支付利息、按期还款，又失去联系、逃避责任。法院综合被告人客观行为，认定其具有非法占有目的，成立诈骗罪和贷款诈骗罪。

（二）刑民交叉案件的程序问题

程序问题是刑民交叉案件的典型问题之一，也是司法实践中的突出问题，目前并未形成统一的明确规定或观点。

根据最高人民法院《关于审理民间借贷案件适用法律若干问题的规定》，民间借贷行为本身涉嫌非法集资等犯罪的，裁定驳回民事起诉；与民间借贷纠纷案件虽有关联但不是同一事实的涉嫌非法集资等犯罪的线索、材料的，将线索、材料移送公安机关侦查，继续审理民间借贷纠纷案件；民间借贷纠纷的基本案件事实必须以刑事案件的审理结果为依据的，裁定中止民事诉讼。

根据最高人民检察院、公安部《关于公安机关办理经济犯罪案件的若干规定》，涉嫌经济犯罪的案件与已经作出生效裁判文书的民事案件属于同一法律事实或者有牵连关系的，符合条件情况下应当立案进行刑事侦查，并将相关情况及时抄送民事案件审理法院。

根据最高人民法院、最高人民检察院、公安部《关于办理非法集资刑事案件适用法律若干问题的意见》，对于正在侦查、起诉、审理的非法集资刑事案件，同时提起民事诉讼或者申请执行涉案财物的，法院应当不予受理，并将有关材料移送公安机关或者检察机关；法院在审理民事案件或者执行过程中，发现有非法集资犯罪嫌疑的，裁定驳回起诉或者中止执行，并及时将有关材料移送公安机关或者检

察机关。

鉴于近年来刑民交叉案件频发，相关法律和司法解释也在逐步完善，但是暂未形成统一的程序性规定，在我国司法实践中针对刑民交叉案件，程序处理存在三种方式：先刑后民、刑民并列、先民后刑。现阶段，仍需要根据案件实质情况适用不同程序，适用标准不能一概而论。

（三）严格依法办理刑民交叉案件的重要意义

在办理刑民交叉案件时，律师如果作为被害人的代理人，应当考虑案件是否涉及刑事犯罪，查找犯罪证据，通过刑事报案程序，对被告人进行惩罚，促进民事纠纷的解决，维护受害人的合法权益；律师如果作为被告人的辩护人，应当根据双方的经济合同、履约情况、主观态度等各方面证据，根据《刑法》，最高人民检察院、公安部《关于公安机关办理经济犯罪案件的若干规定》，《全国法院民商事审判工作会议纪要》，《民法典》等的规定，处理好罪与非罪的问题，并努力促使被告人尽量履行民事义务，征得受害人的谅解，依法维护被告人的合法权益。

司法机关在办理经济犯罪案件时，应当坚持以事实为根据、以法律为准绳的原则，依法办案。严格区分刑事犯罪与经济纠纷的界限，对于打击犯罪、保护公民合法权益以及保障市场经济正常生产经营活动顺利进行等具有重要意义。

A 公司与 B 公司买卖合同纠纷案

——涉及经济犯罪案件是否必然适用先刑后民的原则

焦景收*

【基本案情】

2014 年 10 月,A 公司、B 公司签订《买卖合同书》(以下简称合同)一份。合同约定,B 公司从 A 公司处采购货物,货款总价 600 余万元,B 公司应于合同签订后 7 日内向 A 公司支付合同总价的 20% 作为首期款,余款应于货物交付后 60 日内付清。A 公司称,其按约定向 B 公司发货后,虽经多次催促,但 B 公司均未付款。

2015 年 7 月 16 日,A 公司以买卖合同纠纷为案由第一次起诉 B 公司。案件审理过程中,B 公司申请就合同印章进行司法鉴定。司法鉴定认定 B 公司出具的合同印章为假。后 B 公司就假印章事宜向公安机关报案。

2016 年 2 月 3 日,北京市公安局某分局出具《立案告知书》,记载"B 公司被伪造印章一案,符合立案条件,予以立案侦查"。

2016 年 7 月 15 日,法院认为该案件涉嫌经济犯罪,故作出民事裁定书,裁定驳回 A 公司的起诉。

北京市公安局某分局就 B 公司被伪造印章一案立案后,至今未结案。

2018 年,A 公司再次以买卖合同纠纷为案由起诉 B 公司,其认为 B 公司的行为严重侵犯 A 公司利益,B 公司的业务人员有权代表 B 公司从事涉案业务,属于

* 焦景收:北京汇祥律师事务所律师,北京市律师协会刑民交叉法律专业委员会副主任。

职务行为，B 公司应当对此承担相应的民事责任，支付合同约定的货款 600 余万元及违约金并承担诉讼费、公证费。

B 公司则认为，本案涉嫌经济犯罪，刑事案件正在处理，法院不应当受理，或者受理后驳回起诉。且本案案件事实与 2015 年 A 公司起诉 B 公司的案件事实相同，法院曾经就同一事实驳回 A 公司起诉，故本案属于一事不再理的情形，法院应当驳回起诉。

【案件焦点】

(1)民事诉讼因涉嫌经济犯罪而被法院裁定驳回起诉后，在刑事案件未出结果的情况下，人民法院受理原告重新提起的民事诉讼，是否违反一事不再理的原则；

(2)案件涉嫌的刑事案件未终结，人民法院对已经受理的民事诉讼应当继续审理还是中止审理，应否适用先刑后民的惯例。

【法院裁判】

第二次起诉的一审法院认为，在第一次诉讼中，法院对于 A 公司与 B 公司之间的实体权利义务并未进行处理，且本案证据与该案并不完全相同，故本案不违反一事不再理原则。公安机关所立刑事案件为 B 公司被伪造印章一案。立案告知书虽未明确犯罪嫌疑人为何人，但由于刑事案件的犯罪嫌疑人应为自然人主体，而民事诉讼的被告为法人主体，故民事诉讼和刑事诉讼的法律主体和法律关系并不相同，且刑事诉讼并不解决民事诉讼总被告方的责任承担问题，故权利人需另行提起民事诉讼救济自己的民事权利，民事案件与刑事案件应当分别受理和审理。最终，一审法院支持了 A 公司关于支付货款、违约金的诉讼请求。

二审法院认为，根据本案现已查明的事实，在 A 公司提交的其与 B 公司签订的买卖合同中，合同中 B 公司所盖印章并非该公司实际使用的印章，B 公司与 A 公司之间是否确实存在买卖合同关系，交易是否涉及案外人等需进一步审查和认定。鉴于上述问题，二审法院不宜直接处理，故发回一审法院对本案重新进行审查，依法进行处理。

二审法院发回重审后，原审法院再次做出判决，认为依据提交的证据以及签署有关已结案的案件，显示民事诉讼与刑事诉讼法律主体和法律关系并不相同，该刑事案件并不足以影响本案买卖合同关系的审理，并最终作出支持 A 公司诉请的民事判决。

【法律分析】

第一,民事诉讼因涉嫌经济犯罪而被法院裁定驳回起诉后,在刑事案件未出结果的情况下,人民法院受理原告重新提起的民事诉讼,是否违反一事不再理的原则?

第一次诉讼中,人民法院曾经就同一事实驳回A公司的起诉,原因是B公司否认买卖合同中带有“B公司”字样的印章印迹与其公司的印章一致并申请司法鉴定。经过鉴定机构鉴定并出具《司法鉴定意见书》,鉴定意见为《软件产品专用买卖合同书》中带有“B公司”字样的印章,与带有“B公司”字样的日期为2012年4月26日的北京市公安局印章业社会信息采集系统《印鉴留存卡》中印章不是同一枚印章盖印,与带有“B公司”字样的2015年5月4日的《B公司章程》中印章不是同一枚印章盖印,且公安机关已就B公司被伪造印章一案刑事立案,法院认为该案件涉嫌经济犯罪。

笔者认为,人民法院再次受理A公司起诉,应当有新的事实或新的证据,否则与在先生效的裁判文书相悖,也违反一事不再理的原则。事实上,在考虑印章虚假的情况下,人民法院并未认定相应合同的真实性,但依据合同之外的证据能够确定原被告的权利义务。一审法院认为,无论虚假印章刑事案的最终结果是什么,其他证据能够证明买卖合同法律关系成立。因此,人民法院再次受理原告的起诉也并无不妥。然而,二审法院未直接回应虚假印鉴这一刑事案件,而是认为B公司与A公司之间是否确实存在买卖合同关系、交易是否涉及案外人等事项需进一步审查和认定,故二审法院以事实不清为由发回一审法院重新审查。

换句话说,两级人民法院对该民事案件的受理和审理保持一致意见,即刑事案件虽与在审的民事案件存在牵连关系,但如果二者不是同一法律关系,人民法院可以受理。

第二,案件涉嫌犯罪的刑事案件未终结,人民法院对已经受理的民事诉讼应当继续审理还是中止审理,应否适用先刑后民的惯例?

1998年4月9日,最高人民法院审判委员会第974次会议通过了最高人民法院《关于在审理经济纠纷案件中涉及经济犯罪嫌疑若干问题的规定》。其中,第11条规定,人民法院作为经济纠纷受理的案件,经审理认为不属经济纠纷案件而有经济犯罪嫌疑的,应当裁定驳回起诉,将有关材料移送公安机关或检察机关。

2020年12月23日,最高人民法院审判委员会第1823次会议通过了最高人民法院《关于修改〈最高人民法院关于在民事审判工作中适用《中华人民共和国工会法》若干问题的解释〉等二十七件民事类司法解释的决定》,涉及最高人民法院《关于在审理经济纠纷案件中涉及经济犯罪嫌疑若干问题的规定》的名称和内容均未做大的调整。其中,第10条规定,"人民法院在审理经济纠纷案件中,发现与本案有牵连,但与本案不是同一法律关系的经济犯罪嫌疑线索、材料,应将犯罪嫌疑线索、材料移送有关公安机关或检察机关查处,经济纠纷案件继续审理"。而第11条则规定,"人民法院作为经济纠纷受理的案件,经审理认为不属经济纠纷案件而有经济犯罪嫌疑的,应当裁定驳回起诉,将有关材料移送公安机关或检察机关"。

本案为民事诉讼案件,虚假印章案则为刑事案件。刑事案件的结果,存在影响民事诉讼案件基本事实认定的可能。《民事诉讼法》第153条亦规定,"本案必须以另一案的审理结果为依据,而另一案尚未审结的",应中止审理。所以,在刑事案件未终结的情况下,本案中止审理看似也能找到法律依据。

但是,本案只是和虚假印章这一刑事案件存在牵连,而伪造印章形成的法律文书,人民法院并未作为定案依据。笔者认为,如果根据相关证据能够查明案件事实并确定原、被告间的权利义务,人民法院可以径行审理并作出判决。

【案件启示】

笔者结合本案的代理情况,有以下心得:

最高人民法院《关于在审理经济纠纷案件中涉及经济犯罪嫌疑若干问题的规定》第1条规定,同一自然人、法人或非法人组织因不同的法律事实,分别涉及经济纠纷和经济犯罪嫌疑的,经济纠纷案件和经济犯罪嫌疑案件应当分开审理。因此,无论是通过民事诉讼程序中印鉴的真实性鉴定,还是通过刑事控告方式确定虚假印鉴涉嫌刑事犯罪,能否直接阻断民事诉讼程序的进行,能否否认某种法律关系的存在,人民法院还要审查其他证据,考量是否构成表见代理。

最高人民法院《关于在审理经济纠纷案件中涉及经济犯罪嫌疑若干问题的规定》第5条第2款规定,行为人私刻单位公章或者擅自使用单位公章、业务介绍信、盖有公章的空白合同书以签订经济合同的方法进行的犯罪行为,单位有明显过错,且该过错行为与被害人的经济损失之间具有因果关系的,单位对该犯罪行为所造成的经济损失,依法应当承担赔偿责任。因此,如果通过其他证据证明存在表见代理的事实，相关民事上的权利义务也能确定，则承担民事责任无法避免。

所以，如果因不同的法律关系、不同的法律事实，分别涉及经济纠纷和刑事犯罪嫌疑的，人民法院不会针对民事案件径行驳回起诉或中止审理。

基于本案的代理，笔者也深刻认识到，律师在为委托人提供案件代理方案时，务必结合法律规范、案件事实、已然存在的证据以及类案检索报告进行综合研判，将案件可能出现的不同结果与当事人进行充分讨论，基于当事人的合法权益和现实诉求，最终提供高效务实的工作方案。

程某诉李某买卖合同纠纷案

——在民事审判期间发现涉嫌刑事犯罪的，在程序上应如何处理

陈笔魁*

【基本案情】

李某经人介绍与程某相识，程某称自己有三尊佛像都是翡翠仔料整体的立体圆雕，工艺精湛、价值巨大，并向李某出示了带有编号的三份亚洲某鉴定评估有限公司出具的《天然翡翠玉雕摆件评估报告书》，双方达成口头买卖协议。程某在双方未签订书面协议的情况下，将三尊佛像运抵李某的公司。3个月后，双方签订了《协议书》，约定三尊佛像总价格为1200万美元，年底前李某逐步分批付清。之后，李某先后向程某支付人民币共计2500万元。后李某得知上述三份评估报告是伪造的，并发现该三尊佛像有人为镶嵌的痕迹和造假现象，市场价值至多为人民币1500万元，便要求解除协议，退回三尊佛像，返还已付货款。程某称所收价款已支付雕工、抛光等工费，无法退款。因李某没有继续支付剩余货款，程某起诉至法院，要求李某继续支付剩余货款人民币5600万元。李某答辩要求驳回程某的诉讼请求。一审法院判决李某支付剩余货款，李某提起上诉。

二审期间，李某向公安机关报案，要求追究程某合同诈骗罪的刑事责任。公安机关立案侦查，认定程某涉嫌合同诈骗，并对程某采取刑事拘留强制措施。二审法院接到公安机关立案侦查及对程某强制措施的函后，经审判委员会讨论决

---

* 陈笔魁：北京市一法律师事务所律师，北京市律师协会刑民交叉法律专业委员会副主任。

定，作出裁定对本案中止诉讼。其间，双方就民事部分达成调解协议。

【案件焦点】

在民事审判期间发现涉嫌刑事犯罪的，在程序上应如何处理。

【法院裁判】

一审法院认为，双方签订的《协议书》系双方真实意思表示，不违反法律、行政法规效力性规定，应为合法有效。李某主张程某交付的三尊翡翠佛质量不符合标准，请求鉴定，没有事实及法律依据，本院不予支持。根据《协议书》的约定，李某应将剩余货款人民币5600万元在年底前逐步分批付清，现李某未按照约定付清剩余尾款，构成违约，应依约向程某支付剩余货款人民币5600万元。李某主张在签订买卖协议时，程某曾向其提供了三份伪造的《天然翡翠玉雕摆件评估报告书》，使其对交易标的物产生错误认知。一审法院认为，在程某否认的情况下，李某至今不能证明此三份评估报告出自程某，一审法院对此不予采信。

一审法院判决：(1)被告李某于本判决生效之日起10日内支付原告程某货款人民币5600万元；(2)驳回原告程某的其他诉讼请求。

二审法院认为，在审理本案过程中，侦查机关向二审法院发来《关于某市公安局对程某涉嫌合同诈骗立案侦查的函》称本案与某市公安局于同年7月15日立案侦查的程某涉嫌合同诈骗犯罪案系同一当事人和同一法律事实。9月10日，二审法院再次收到某市公安局经济犯罪侦查总队来函，称某市公安局已对程某采取刑事拘留强制措施。二审法院认为，某市公安局以同一法律事实和同一当事人立案侦查的程某涉嫌合同诈骗犯罪案件，其处理结果对本案有关事实认定和最终处理有重大影响。经审判委员会讨论决定，二审法院依照《民事诉讼法》之规定，裁定本案中止诉讼。其间，双方自行达成民事调解协议：(1)程某放弃在一审中提出的全部诉讼请求；(2)程某不再向李某返还已支付的货款人民币2500万元，李某不再向程某返还案涉三尊雕刻佛像及千手观音摆件。二审法院出具民事调解书，确认了上述协议。

【法律分析】

本案程某与李某买卖合同纠纷案件事实中，既涉及民事法律规范，又涉及刑事法律规范，是典型的民刑交叉案件。民事案件与刑事案件在法律事实、法律主体方面存在完全重合，导致案件的刑事、民事部分在程序处理、责任承担等方面相互交叉。本案存在两个情形：一是民刑交叉案件涉及同一事实，且民事案件先行进入审理程序；二是民事案件审理必须以刑事案件的审理结果为依据，应当采取先刑后民的处理方式。

《民事诉讼法》第153条规定，有下列情形之一的，中止诉讼："……（五）本案必须以另一案的审理结果为依据，而另一案尚未审结的"。

最高人民法院《关于在审理经济纠纷案件中涉及经济犯罪嫌疑若干问题的规定》（法释〔1998〕7号，2020年12月进行了修改）规定了"先刑后民"的适用条件：（1）人民法院在审理经济纠纷案件中，发现与本案有牵连，但与本案不是同一法律关系的经济犯罪嫌疑线索、材料，应将犯罪嫌疑线索、材料移送有关公安机关或检察机关查处，经济纠纷案件继续审理。（2）人民法院作为经济纠纷受理的案件，经审理认为不属经济纠纷案件而有经济犯罪嫌疑的，应当裁定驳回起诉，将有关材料移送公安机关或检察机关。（3）人民法院已立案审理的经济纠纷案件，公安机关或检察机关认为有经济犯罪嫌疑，并说明理由附有关材料函告受理该案的人民法院的，有关人民法院应当认真审查。经过审查，认为确有经济犯罪嫌疑的，应当将案件移送公安机关或检察机关，并书面通知当事人，退还案件受理费；如认为确属经济纠纷案件的，应当依法继续审理，并将结果函告有关公安机关或检察机关。

《全国法院民商事审判工作会议纪要》（法〔2019〕254号）第130条【民刑交叉案件中民商事案件中止审理的条件】规定，人民法院在审理民商事案件时，如果民商事案件必须以相关刑事案件的审理结果为依据，而刑事案件尚未审结的，应当根据《民事诉讼法》第153条第5项的规定裁定中止诉讼。

【案件启示】

笔者在办理本案过程中，总结出以下办案心得：

第一，遵守以事实为根据，以法律为准绳的基本原则，认真、仔细分析案件客观事实与法律事实，摆脱片面认识的局囿，整体全面地分析案件所涉的各种法律关系，查询与之相适用的法律规定，进行类案检索，归纳案件焦点，寻找最优的救济方式，才能最大限度地维护当事人合法权益。

第二，看似简单的合同关系，实则不仅涉及民事侵权（合同欺诈），也涉及刑事犯罪（合同诈骗），代理人在民事诉讼代理过程中，如果发现对方当事人存在以非法占有为目的，虚构事实，涉嫌合同诈骗刑事犯罪的，应当及时向当事人释明，并建议当事人提起刑事控告。

第三,案件办理的成功与否,不仅在于懂得法律程序,还要能够通过法律程序,迅速抓住案件的关键焦点,适时提出程序性问题,尤其是在民刑交叉案件办理过程中,应当依据法律、法规,准确认定法律关系,分清在办案件的属性,是否属于民刑交叉案件。案件在民事审理过程中,当事人提起刑事控告,公安机关立案后,应及时向承办民事案件的法官提出法律意见,要求法院裁定将涉刑事犯罪部分移送侦查机关,并向法院提出中止诉讼申请。

例如,本文所涉案件在二审审理期间,公安机关以程某伪造评估报告,其出售的标的物的佛像存在造假情形,涉嫌诈骗李某上千万元,对程某立案侦查,并以程某涉嫌合同诈骗对其采取刑事拘留强制措施。二审法院在接到侦查机关发来的《关于某市公安局对程某涉嫌合同诈骗立案侦查的函》和某市公安局经济犯罪侦查总队发来的某市公安局已对程某采取刑事拘留强制措施的函后,经审判委员会讨论决定,裁定中止诉讼,完全符合上述最高人民法院《关于在审理经济纠纷案件中涉及经济犯罪嫌疑若干问题的规定》和《全国法院民商事审判工作会议纪要》的精神。

第四,案件之所以获得成功,就在于办案不仅要掌握点,还要注意面,由点及面,再由面到点,总的来说借用一句话来概括:“不谋全局者,不足以谋一域。”笔者将办案经验与大家共享,以此来勉励自己在以后的办案过程中不断学习,也以此文为刚执业的律师们提供借鉴,希望能够激发和拓宽新执业的律师和立志成为律师的人的办案思维。

李某、杨某等合同诈骗案

——刑民交叉案件中“同一事实”的认定及刑民程序的处理

彭素芬[*]

【基本案情】

2016 年 1 月至 2017 年 1 月，李某和曹某（另案处理）等人为骗取他人财物，先后成立上海某实业有限公司（以下简称上海某公司）、北京某实业有限公司（以下简称北京某公司），在无实际履行能力的情况下，骗取某海外工程有限公司（以下简称某海外工程公司）、某进出口有限公司（以下简称某进出口公司）、江苏某进出口有限公司（以下简称江苏某进出口公司）、中国某技术合作公司（以下简称某技术合作公司）、厦门某进出口有限公司（以下简称厦门某进出口公司）等国有公司的信任，委托上述单位采购塑料粒子，私自低价抛售，并将所得用于支付货款、偿还债务等。

其间，李某为实际控制上述被害单位采购的塑料粒子，与北京某货运有限公司（以下简称某货运公司）市场总监、宁波分公司总经理杨某商定，由李某安排人员租用宁波仓库和广州仓库，挂靠于某货运公司，由杨某以某货运公司名义与上述被害单位签订报关、仓储协议，并让被害单位将采购的塑料粒子仓储于李某等人实际控制的上述仓库。在李某等人私自销售上述塑料粒子后，杨某又以某货运公司的名义向被害单位出具虚假的入库单等单证，使被害单位误以为塑料粒子仍

* 彭素芬：北京合川律师事务所合伙人，北京市律师协会刑民交叉专业委员会委员。

存储于某货运公司仓库中。

截至案发，李某、金某、杨某等人通过上述行为造成某海外工程公司等多家公司实际损失共计 80,283 万余元。

因李某等人合同诈骗犯罪案件，被害单位无法提取货物，某货运公司及相关分公司被多家公司以合同纠纷提起诉讼或仲裁，要求其承担相应法律责任。

【案件焦点】

(1)某货运公司与被害单位之间的合同纠纷和李某等人合同诈骗犯罪案件是否"基于同一事实"而具有刑事犯罪嫌疑；

(2)某货运公司与被害单位之间的合同纠纷，和李某等人的合同诈骗犯罪应并行处理，还是应该先刑后民。

【法院裁判】

在某货运公司与被害单位之间的合同纠纷系列案件中，对于该同类型的案件，不同的法院出现了不同的裁判结果：

第一种裁判结果认为，某货运公司与被害单位之间虽然签署了涉案的仓储合同，但相关合同是犯罪嫌疑人李某等人以实现非法占有被害单位的财物为目的，将某货运公司作为犯罪工具的前提下签订的，存在经济纠纷与经济犯罪法律事实同一、当事人有牵连等情形，协议的签订与履行是犯罪团伙整个犯罪过程的个别环节，被包含在犯罪分子的犯罪事实当中，且公安机关已经立案侦查相关经济犯罪行为，相关经济纠纷案件应当由刑事案件吸收，经济纠纷案件应当移送公安机关，作为经济犯罪处理，从而避免被害单位双重受偿的问题，进而裁定驳回被害单位的起诉。

第二种裁判结果认为，案件虽然存在法律事实同一或者存在牵连关系，甚至存在当事人同一的情形，但是民事诉讼与刑事诉讼在价值取向、诉讼目的、诉讼原则、证据认定标准、责任构成要件等方面均存在较大的差异，本案相关当事人承担刑事责任不能替代某货运公司依据合同承担民事责任，某货运公司与被害单位之间存在合同订立和合同履行行为，民商事法律关系客观存在，经济纠纷案件与经济犯罪案件应当分别受理、分别审理，从而判决某货运公司承担相应的民事赔偿责任。

【法律分析】

第一，就某货运公司与被害公司之间仓储合同纠纷是否具有刑事犯罪的嫌疑，判断的关键在于刑事案件与民事案件是否“基于同一事实”。

因本案发生在2016年至2017年，按照当时可依据的1998年4月29日实施的最高人民法院《关于在审理经济纠纷案件中涉及经济犯罪嫌疑若干问题的规定》第1条、第10条、第11条规定，涉及经济犯罪经济纠纷案件，当事人诉称的经济纠纷是否应当作为民事案件受理，关键在于经济纠纷与涉嫌经济犯罪的事实是否属于同一法律事实，如果属于同一法律事实，应当裁定驳回起诉并移交公安机关或检察机关；如果不属于同一法律事实，经济纠纷仅与涉嫌的经济犯罪存在牵连关系，经济纠纷应当继续审理，有确定证据证明案涉法律关系的认定和裁判应以经济犯罪的处理为前提的，可以中止审理。也就是说，是否“同一法律事实”“同一法律关系”为区分民刑交叉案件处理的标准，民事和刑事分属于不同法律事实的，民刑并行；民事和刑事属于同一法律事实的，先刑后民。而在2014年3月25日实施的最高人民法院、最高人民检察院、公安部《关于办理非法集资刑事案件适用法律若干问题的意见》第7条在民刑交叉问题处理的“同一性”标准上，采取了“同一事实”的表述。

笔者认为，“同一事实”作为民事案件与刑事案件的程序选择判断标准更为精准。因为法律事实、法律关系都是法律规范调整下的事实与关系，只要法律规范的性质不同，法律关系或法律事实自然不同。而对于“同一事实”的认定，最高人民法院曾在梅某娇与李某玲、海南鸿凌投资担保有限公司等借款合同纠纷案中予以释明：并非指民事法律规范和刑事法律规范作出规定的要件事实，而应是自然意义上的事实本身。如果民事案件中涉及的事实，对刑事案件的审理、善后处置等有影响，也当属于同一事实。①

具体到本案中，某货运公司和被害单位仓储合同纠纷与李某等人实施的合同诈骗是否是同一事实的问题，应该从以下几个方面认定：

首先，从本案刑民交叉关系涉及的主要事实来看，被害单位与某货运公司签订了关于货物的仓储协议，协议是在李某、金某、杨某等犯罪团伙以实现非法占有被害单位的目的，将某货运公司作为犯罪工具的前提下签订的，协议的签订和履

---

① 参见最高人民法院民事裁定书，(2015)民申字第1778号。

行是犯罪团伙整个犯罪过程中的环节，因此某货运公司仓储合同的事实，是对李某等人实施合同诈骗案件的审理及善后处置有影响的，当属于同一事实。

其次，从本案刑民交叉关系涉及的主体来看，虽然表面上某货运公司与被害公司的合同纠纷的主体为某货运公司和被害公司，李某等人合同诈骗案件中的主体为李某、杨某等人，主体看似不同，但是刑事案件的被害公司亦是民事案件的合同相对方，刑事案件中的杨某系民事案件中的某货运公司实际管理业务的负责人，这种对某货运公司的主导、控制关系是导致刑事案件产生的重要一环，如果杨某没有管理某货运公司业务的权限，李某等人的合同诈骗行为在仓储环节及后续的与向被害单位开具虚假的入库单环节缺少支持，因此杨某与某货运公司这种关联关系对刑事案件的审理和善后亦会产生影响。

最后，从本案刑民交叉关系涉及的财产来看，某货运公司与被害公司合同纠纷所涉的货物与李某等人实施合同诈骗行为的货物具有同一性，即李某等人采取低价抛售的货物恰是某货运公司向被害单位出具虚假入库单所标示的货物。

综上所述，可以认定本案刑民交叉关系涉及的主要事实应属于"同一事实"，基于同一事实，某货运公司与被害公司之间仓储合同纠纷即具有经济犯罪嫌疑。

第二，某货运公司与被害单位之间的合同纠纷，和李某等人的合同诈骗犯罪的程序，是否并行处理还是先刑后民。

本案发生在 2019 年《全国法院民商事审判工作会议纪要》印发之前，司法实务尚未统一民刑交叉案件程序处理意见。因此，笔者在办理本案的过程中，判断民刑交叉案件是否应该分案审理，是以刑事案件对民事案件事实、合同效力及裁判结果的三方面影响来进行判断。

对于刑事裁判认定的事实对民事案件认定的影响，根据最高人民法院《关于适用〈中华人民共和国民事诉讼法〉的解释》第 93 条的规定，已为人民法院发生法律效力的裁判所确认的事实，当事人无须举证证明，但当事人有相反证据足以推翻的除外。一般情况下，在民事案件的审理中，对于刑事裁判认定的事实是可以作为当事人无须举证证明的事实直接予以认定的。结合本案，刑事案件中对于某货运公司在李某、杨某合同诈骗犯罪中的有关事实的认定，直接影响某货运公司在民事案件中责任承担问题，二者之间不可割裂来看，故而应当一并审理。

刑事案件对于民事案件中合同效力的认定，虽然不宜简单以合同涉嫌刑事犯罪一概认定为无效，但应结合具体案件事实，围绕合同是否为各方当事人的真实意思表示、合同标的是否违法或者合同约定的行为是不是法律和行政法规所禁止的行为等多方面综合考虑。在本案中,某货运公司和被害公司之间签订的合同,是李某、杨某等人实施犯罪行为的其中一环,属于利用他人签订合同的形式掩盖非法骗取财物的目的。杨某管理某货运公司业务期间,以某货运公司名义与被害公司之间签订的合同,实质上并不具有真正建立合同关系的目的,也没有履行合同义务的意图,从其向被害公司提供虚假的入库单的行为上可以验证,因此某货运公司与被害公司之间的合同应认定为无效,对某货运公司和被害公司之间不具有法律约束力。因民事合同归于无效,某货运公司和被害公司之间的民事关系就不再属于真正意义上的合同纠纷,而应该被认定为李某、杨某等犯罪行为引发的赔偿问题,因此一并审理更为妥当。

本案所涉刑事裁判结果对民事判决结果的影响,主要体现在法院作出的刑事裁判中确定的退赔款物对民事判决结果的影响。如果刑事裁判确定追缴的被告人违法所得须返还给被害人,则实质上民事判决书中承担民事责任主体与刑事裁判的被告人为同一主体,故双方民事法律关系的处理是以刑事诉讼的处理结果为先决条件的。在本案中,某货运公司是否对被害公司承担赔偿责任,与李某、杨某等合同诈骗行为认定后裁判中追缴被告人犯罪所得的退赔数额直接相关,因而本案中的处理是以刑事案件的处理结果为依据的,应当遵循“先刑后民”的处理原则。

【案件启示】

刑民交叉案件,因兼具有刑事和民事的要素,所以具有复杂、疑难、模糊地带多等特点,办理过程中容易产生千头万绪,却又不知从何下手的感觉。

基于刑事案件的办理与民事案件的办理在办案重点、思路和方法上存在差异,单纯以刑事或民事案件的办案思路和方法办理,会导致处理案件思路的局限性,办案方向出现偏差,不利于民刑交叉案件纠纷的实质解决。针对本案,案件的性质属于经济犯罪还是经济纠纷的认定是关键,而在实务中,经济犯罪与经济纠纷的区别往往在于情节的轻重,并不容易明确予以区分,这就给案件的处理增加了难度。

对于此类案件的办理,要目标明确,思路清晰,厘清案件的事实脉络,特别是对案件涉及民刑交叉部分的事实、相关证据进行细致分析。对于经济犯罪与民事欺诈之间的模糊地带,结合案件具体情况进行定性是关键,对于下一步诉讼程序的参与及诉讼策略的选择有着重要的意义。

要带着整体、融合的观念来办理案件。案件涉及民事和刑事的要素，就需要全面地看待案件事实，整体看问题，不能片面地就事论事，将刑事和民事割裂开来各说各话，要结合案件的具体情况，融合民事和刑事的办案方法，考虑刑事犯罪对于合同效力的影响，通过刑事程序为民事程序争取诉讼利益。

要带着协调的观念来办理案件。刑事诉讼与民事诉讼之间的差异性天然存在，要尊重民事价值观形式合法和形式价值观实质合法的不同，在目前制度框架很难完全一致的情况下，在原则问题的定性上应协调统一。刑事已经认定为犯罪，民事仍认可合同有效，这种相互否定、南辕北辙的处理方式不利于当事人之间纠纷的解决。

要按照实事求是的原则来办理案件。诚如霍尔姆斯大法官所言，法律的生命不在于逻辑而在于经验，要根据案件的具体情况，明确基本立场，即选择有利于保护当事人合法权利，更为公平有效解决问题的思路，基于保护当事人利益的立场，尊重客观事实，遵循客观规律，实事求是解决问题。

必沃公司侵犯商业秘密案

——从最高人民法院典型案例看商业秘密刑民交叉案件的处理

马东晓　方　尧*

【基本案情】

2021年9月27日，最高人民法院发布十起人民法院反垄断和反不正当竞争典型案例，其中的案例之二为宁波必沃纺织机械有限公司（以下简称必沃公司）与宁波慈星股份有限公司（以下简称慈星公司）技术秘密许可使用合同纠纷一案。最高人民法院作出(2019)最高法知民终333号民事裁定书，裁定撤销宁波市中级人民法院作出的驳回案件起诉的一审民事裁定书，并指令一审法院继续审理该案。本案同时入选"最高人民法院知识产权案件年度报告(2019)"典型案例，具有一定指导意义。笔者作为本案中必沃公司的诉讼代理人，就案件法律适用问题，尤其是经济纠纷中刑民交叉案件的处理原则以及商业秘密刑民交叉案件是否应予特殊考量进行了思考与研究。

案件涉及的基本事实为，必沃公司原为慈星公司的纺织横机零部件供应商，后双方供应关系因故终止，慈星公司认为必沃公司违反协议约定的保密义务，利用慈星公司要求保密的技术图纸生产横机零部件及涉案零部件组装的设备，遂以"技术秘密许可使用合同纠纷"为由，诉至宁波市中级人民法院（以下简称一审法院）。

---

* 马东晓：北京市中伦律师事务所律师。
方尧：北京市中伦律师事务所律师。

【案件焦点】

(1)侵犯商业秘密罪与技术秘密许可使用合同纠纷所涉事实是否为同一事实;

(2)刑民交叉案件中的“先刑后民”与“刑民并行”原则的适用。

【法院裁判】

一审法院于2018年12月受理案件后,慈星公司又以“侵害商业秘密罪”为由向宁波市公安局报案,宁波市公安局于2019年5月针对必沃公司涉嫌侵犯商业秘密罪立案侦查,并向一审法院发送了《宁波市公安局关于立案侦查“宁波慈星股份有限公司被侵犯商业秘密案”的函》。一审法院接收函件后,以“宁波市公安局审查的事实涵盖了本案原、被告签订的《采购协议》《保密协议》及相关图纸的内容,与本案审理的案件事实有重合之处”为由,裁定驳回慈星公司的起诉并将案件移送公安机关处理。必沃公司不服这一驳回裁定,向最高人民法院提起上诉。

最高人民法院在二审裁定书中指出,“本案当事人二审争议核心在于判断本案所涉法律关系与必沃公司涉嫌侵犯商业秘密犯罪是否基于同一法律事实”,并最终认定一审法院审理的技术秘密许可使用合同纠纷案件和公安机关立案侦查的涉嫌商业秘密犯罪案件“所涉法律关系不同,并非基于同一法律事实所产生之法律关系,分别涉及经济纠纷和涉嫌经济犯罪,仅仅是二者所涉案件事实具有重合之处”。因此,“原审法院应将与本案有牵连,但与本案不是同一法律关系的犯罪嫌疑线索、材料移送浙江省宁波市公安局,但也应继续审理本案所涉技术秘密许可使用合同纠纷”。故裁定撤销一审裁定,指令一审法院继续审理案件。

【法律分析】

(一)经济纠纷中刑民交叉案件的处理原则

在刑民交叉案件处理上,一向有“先刑后民原则”一说,究其来源,该原则出自1987年最高人民法院、最高人民检察院、公安部《关于在审理经济纠纷案件中发现经济犯罪必须及时移送的通知》(现已失效,以下简称《1987年通知》),该通知规定人民法院在经济纠纷案件中发现经济犯罪时“一般应将经济犯罪与经济纠纷全案移送”且“对于经公安、检察机关侦查,犯罪事实搞清楚后,仍需分案审理的,经济纠纷部分应退回人民法院继续审理”。但《1987年通知》确立的“先刑后民原则”早已被1998年最高人民法院《关于在审理经济纠纷案件中涉及经济犯罪嫌疑若干问题的规定》[①]（以下简称《1998年规定》）所修改。

《1998年规定》在经济纠纷领域对刑民交叉案件的处理规则做了清晰的规定。该规定的第1条开宗明义地明确了：“同一公民、法人或其他经济组织因不同的法律事实，分别涉及经济纠纷和经济犯罪嫌疑的，经济纠纷案件和经济犯罪嫌疑案件应当分开审理。”这一条明晰了经济纠纷案件和经济犯罪嫌疑案件在涉及“不同的法律事实”时，应当分开审理。例外的情况仅在第11条规定“人民法院作为经济纠纷受理的案件，经审理认为不属经济纠纷案件而有经济犯罪嫌疑的”情况下，才应当裁定驳回起诉并将案件移送公安机关处理。

按照《1998年规定》，刑民并行和先刑后民是适用于不同案件情形的两种处理方式，区分前提在于“不同的法律事实”。

规则虽然是清楚的，但在司法实践中，公安机关及部分法院都产生了“先刑后民思维惯性”，在很长一段时间内，不能充分理解和准确适用《1998年规定》，且对于“不同的法律事实”这一判定标准本身也存在不同的认识。最高人民法院在随后的多个判决和司法文件中不同程度地“修改”了这一规则。

例如，在梅某娇与李某玲、海南鸿凌投资担保有限公司等借款合同纠纷案件[②]的民事裁定书中，最高人民法院认为根据《1998年规定》，在刑民交叉涉及同一事实时，应当“先刑后民”，并明确此处的“同一事实”并非法律要件事实，而应是“自然意义上的事实本身”。又如，2019年11月最高人民法院印发的《全国法院民商事审判工作会议纪要》（以下简称《九民会议纪要》）第128条规定“同一当事人因不同事实分别发生民商事纠纷和涉嫌刑事犯罪，民商事案件与刑事案件应当分别审理”，再次用“不同事实”模糊了“不同法律事实”的判断标准。

最终，2020年最高人民法院修订《1998年规定》时对原第1条未予修改，仍旧沿用了原先的“法律事实”的表述，重申了《1998年规定》的原则。而必沃案件中最高人民法院明确以“并非基于同一法律事实”为由作出裁判，并将该案件确定为典型案例，更是对此问题的“正本清源”。即经济纠纷领域的刑民交叉案件，先刑后民仅在“相同的法律事实”情况下适用，涉及“不同的法律事实”时，则应采用刑民并行的处理方式。

---

① 该规定已经于2020年12月23日进行了修正，但本处引用的条款仍为1998年施行、在本案中适用的旧版规定。

② 参见最高人民法院民事裁定书，（2015）民申字第1778号。

(二)商业秘密刑民交叉案件的特殊考量

早在2006年，最高人民法院宋晓明、张雪楳两位法官在《民商事审判若干疑难问题——刑民交叉案件》中提道："在审理侵害商业秘密刑事案件时，需先通过对民商事纠纷案件的审理确定权利主体后，才能进行刑事案件的审理，确定犯罪嫌疑人是否构成犯罪。"最高人民法院对2020年发布的《关于审理侵犯商业秘密民事案件适用法律若干问题的规定》(以下简称《商业秘密司法解释》)进行解读时，也明确提出"侵犯商业秘密案件，尤其是侵犯技术秘密案件的事实查明难度较大，法律适用较为疑难复杂。司法实践中，人民法院在民事案件中认定权利人请求保护的信息不构成商业秘密，或者被诉侵权人不构成侵权，但相关刑事案件中认定被诉侵权人构成犯罪的'倒挂'的现象客观存在"①。商业秘密刑民交叉程序的处理顺序也是商业秘密法律实务中争议已久的议题。事实上，商业秘密案件的刑事侦查程序存在多个方面的"先天不足"，包括侦查机关缺乏相应专业技术能力、过度依赖鉴定意见、刑事案件移送起诉的审理级别过低造成审级倒挂等，一直以来都是颇具争议的问题。

除此之外，笔者在实务经验中有较为深刻认识的问题则是作为商业秘密案件办理起点的"非公知性"的证明，属于对消极事实的证明，事实上无法由主张权利者单方面完成。在民事案件的审理程序中，由于双方平等参与、直接对抗，通过诉辩转换审理者可以逐渐查明该消极事实；但在刑事案件的侦查过程中，由于案件信息对被告人处于保密状态，被告人既不清楚案件中的商业秘密内容具体内容，也不知道侦查机关如何确认该商业秘密的"非公知性"，因此无法质疑商业秘密的"非公知性"，也无法有效发表反驳意见，这将使公安机关仅凭单方面证据认可消极事实，极易出现后续认定和定案结论错误的情况。进而由于专业技术能力不足，在案件中往往过于依赖鉴定机构和鉴定结论"以鉴代审"，出现了错误审理结果的一系列"蝴蝶效应"。

对于商业秘密刑民交叉案件，《商业秘密司法解释》的解读中明确引用了《九民会议纪要》第130条确立的"先决原则"②，阐明了《商业秘密司法解释》第25条

---

① 最高人民法院《关于审理知识产权民事案件司法解释系列解读之一〈最高人民法院关于审理侵犯商业秘密民事案件适用法律若干问题的规定〉的理解与适用》。

② 《九民会议纪要》第130条规定："人民法院在审理民商事案件时，如果民商事案件必须以相关刑事案件的审理结果为依据，而刑事案件尚未审结的，应当根据《民事诉讼法》第150条第5项的规定裁定中止诉讼。待刑事案件审结后，再恢复民商事案件的审理。如果民商事案件不是必须以相关的刑事案件的审理结果为依据，则民商事案件应当继续审理。"

关于“人民法院在听取当事人意见后认为必须以该刑事案件的审理结果为依据的，应予支持”这一规定的原因和考虑。可以说，在现有规定下，商业秘密民事案件应该极少出现因同时存在刑事案件而中止审理的情形，一般情况下都采取“刑民并行”方式处理，但考虑到前述关于刑事侦查阶段缺乏专业能力、过度依赖鉴定以及民事与刑事程序的倒挂等问题，笔者认为，在知识产权专门法庭成立多年，技术调查官制度已经运行有效的情况下，不仅民事案件不应该因刑事案件而当然中止，刑事案件停下脚步等民事案件也未尝不可。毕竟技术秘密民事案件的初审级别为设有知识产权法庭的中级人民法院，二审程序由最高人民法院知识产权法庭审理，其专业审理能力是处理商业秘密刑事案件的基层公安机关、基层人民法院所不具备的，民事诉讼程序在查明权利人主张的商业秘密是否成立、商业秘密的内容和范围等事实问题上，应该发挥更充分的作用。

【案件启示】

目前司法实践中长期存在因对“先刑后民原则”机械适用而导致的刑事立案难的现象，即如果当事人已经向人民法院提起民事诉讼或刑事自诉的，公安机关便对刑事报案不予立案①。笔者曾在案件办理中遇到以下情形：当事人作为商业秘密权利人在民事诉讼中已经获得一审胜诉判决，持该胜诉判决前往某公安机关报案，欲通过刑事侦查进一步查明侵权者的侵权行为并追究其刑事责任，但公安机关对该刑事报案不予立案，并称为保障程序上符合“先刑后民原则”，民事案件必须撤回。最终，当事人不得不在一审胜诉的情况下主动提起上诉，并说服二审法院发回，在发回重审程序中撤回起诉，以此换取刑事侦查程序的立案。

笔者认为，按照目前的刑事司法实践，在涉及刑民交叉案件时仍有公安机关不加区分地采取“先刑后民”的做法，前述情形仍有可能重现。而在知识产权领域，“先民后刑”这一设想并非突发奇想标新立异，对于知识产权案件适用“先民后刑”原则已经在学术探讨中反复提及并逐渐成为很多学者的共识。② 最高人民

① 参见戴蓬：《侵犯商业秘密犯罪案件侦查方略》，载《中国人民公安大学学报（社会科学版）》2010年第2期。

② 类似观点参见刘森、张松：《试论刑民交叉案件的“先刑后民”审理模式》，载《人民司法》2012年第5期；薛进展、刘琪、王志坚：《刑事优先原则适用与限制的具体途径》，载《法学》2006年第2期；江伟、范跃如：《刑民交叉案件处理机制研究》，载《法商研究》2005年第4期；周培芳：《论刑民交叉案件的司法处理方式》，载《湖北经济学院学报（人文社会科学版）》2011年第11期；等等。

法院一直在探索和推进的“三合一”制度也是为了解决在知识产权案件中程序交叉问题的痼疾，本案作为最高人民法院公布的具有指导意义的典型案例，已经推开了“刑民并行”的一扇窗，相信未来有一天还会打开“先民后刑”这扇门。

练达公司国有土地出让合同效力纠纷改判案

——从最高人民法院改判案看刑民交叉案件刑事证据的转化和恶意串通的举证及认定

杨　明*

【基本案情】

2003年练达公司在阳江市投资进行市政道路建设,阳江市政府承诺以向其出让土地使用权的方式进行补偿。后因国家土地政策调整,阳江市政府将原定的协议出让改为招拍挂出让。2007年10月2日,阳江市国土局委托阳江土地交易中心发布了挂牌出让公告,出让高凉路以北面积17万平方米的土地,用途为居住用地,起拍价5548.84万元。练达公司和另一竞买人陈某(曹某、吴某、陈某三名自然人合伙)报名参加竞投,练达公司以5569万元价格竞得土地。之后练达公司办理土地证后用上述土地证分别与当地银行办理了借款抵押担保。

2009年12月15日,阳江市检察院出具阳检函〔2009〕42号文,述明练达公司在上述土地竞买过程中,利用阮某等黑恶势力,威胁利诱曹某等人退出竞拍,事后练达公司法定代表人支付了20万元给阮某私分,其父先后付给曹某等人300万元。请政府督促国土部门依法撤销上述土地的拍卖成交确认书,对土地重新公开拍卖。2011年5月13日,阳江市国土局向广东省高级人民法院提起诉讼,要求法院判决确认《土地使用权交易成交确认书》和《国有土地使用权出让合同》无效,由练达公司将土地返还。

* 杨明:北京市炜衡律师事务所律师。

一审判决认为：虽然练达公司和陈某均辩称是误以为受到黑社会的威胁而支付或收取相关款项，但其并没有对此提供足够的证据予以证明，故应承担举证不能的不利后果，可以确认练达公司和陈某存在恶意串通的行为。我国《拍卖法》第37条、第65条规定，竞买人之间、竞买人和拍卖人之间不得恶意串通、损害他人利益，否则拍卖无效，应当依法承担赔偿责任。据此，一审法院依据《拍卖法》的上述规定，认定阳江市国土局与练达公司签订的《土地使用权交易成交确认书》和《国有土地使用权出让合同》无效。

练达公司对此判决结果不服，委托笔者和其他律师代理其向最高人民法院提出上诉。

【案件焦点】

笔者代理该案后，注意到一审判决认定的案涉土地是拍卖出让，而当事人叙述的却是挂牌出让。带着对这一问题的疑惑，在查阅了判决主文后，凭借20多年先后从事检察官和律师职业的丰富诉讼经验，笔者对本案做出了初步判断：这个案件的一审判决首先在法律适用上有问题。除此之外，一审法院认定恶意串通的主要依据是另一刑事案件的证据材料，但笔者认为，除非是生效刑事判决所载明的事实，否则，另案刑事判决所涉证据并不当然能够直接作为民事判决的依据。要解决本案是否存在恶意串通，涉及举证责任分配和刑民交叉案件的证据规则问题。为此，笔者围绕上述核心问题进行详细分析、论证，将本案的争议焦点概括为：

(1)案涉土地出让方式究竟是挂牌还是拍卖；

(2)土地招拍挂的效力判断是否适用拍卖法；

(3)否认恶意串通的消极行为人是否要承担举证责任；

(4)刑事案件中的证据材料能否直接转化为民事证据。

【法院裁判】

2015年12月最高人民法院第一巡回法庭对该案作出民事判决书①，该判决书全面采纳了练达公司提出的上诉观点，撤销了一审判决，改判土地出让合同有效。

① 参见最高人民法院民事判决书，(2015)民一终字第143号。

因该案对我国房地产市场的土地招拍挂过程中的法律适用产生了重大影响，该案入选了《最高人民法院第一巡回法庭精选案例》。

【法律分析】

(一)案涉土地出让方式究竟是挂牌还是拍卖

笔者认为，招标、拍卖、挂牌方式是出让国有土地使用权的三种不同方式，三种出让方式程序不同，不能将挂牌中的现场竞价等同于独立的拍卖。根据案件当时适用的《招标拍卖挂牌出让国有土地使用权规定》[①]（原国土资源部发布，以下简称《招拍挂规定》），招标、拍卖、挂牌方式是出让国有土地使用权的三种不同方式，三种出让方式程序不同，不能将挂牌与拍卖混为一谈。

拍卖出让国有土地使用权，是指出让人发布拍卖公告，由竞买人在指定时间、地点进行公开竞价，根据出价结果确定土地使用者的行为。而挂牌出让国有土地使用权，是指出让人发布挂牌公告，按公告规定的期限将拟出让宗地的交易条件在指定的土地交易场所挂牌公布，接受竞买人的报价申请并更新挂牌价格，根据挂牌期限截止时的出价结果确定土地使用者的行为。因此，拍卖出让与挂牌出让体现了不同的竞价程序，不容混淆。

根据案涉土地使用权的挂牌公告，涉案土地出让程序显然为挂牌而非拍卖。另外，在本案土地挂牌过程中出现了现场竞价，那么挂牌中的现场竞价是否就是拍卖？

对此，笔者认为，挂牌中的现场竞价仍是挂牌程序的组成部分，而非独立的拍卖出让方式。因为，无论是招拍挂的规定，还是阳江市土地交易中心的挂牌公告，都明确了“在挂牌期限截止时仍有两个或者两个以上的竞买人要求报价的，出让人应当对挂牌宗地进行现场竞价，出价最高者为竞得人”。显然，在本案中 2007 年 10 月 31 日在阳江市国土局进行的现场竞价会是挂牌程序的组成部分，而非独立的拍卖行为。

另外，2007 年 10 月 31 日的现场竞价会中的参与人数也印证了当时是挂牌中的现场竞价程序而非独立的拍卖出让土地方式。如果强行认定 2007 年 10 月 31 日的现场竞价会是独立于挂牌的拍卖程序，则按照《招拍挂规定》第 16 条第 1 款关于拍卖中“竞买人不足三人，或者竞买人的最高应价未达到底价时，主持人应当

---

① 本规定经由 2007 年 9 月 28 日公布的《招标拍卖挂牌出让国有土地使用权规定》修订。

终止拍卖”的规定，基于当日仅有练达公司和陈某两名竞买人的事实，当日的拍卖是无法进行的，竞价结果仍应以此前的挂牌报价为准。而按照阳江国土局提交的《国有土地使用权竞买报价表》，2007 年 10 月 30 日 11 时，陈某提交的竞买报价为 5558.84 万元，当日 11 时 48 分练达公司提交的竞买报价为 5569 万元。在此情况下，仍然是练达公司在挂牌竞价中成交。反过来说，如果是独立的拍卖出让方式，则基于当日竞买人人数为 2 人，拍卖会无法进行的客观情况，当天是否存在串通行为都不会对此前的挂牌竞价结果产生实质性影响，更谈不上损害国家利益。

（二）土地招拍挂的效力判断是否适用《拍卖法》

对此，笔者认为，虽然土地使用权挂牌出让与拍卖出让两种方式在部分操作程序上有近似之处，但在交易的主体资格、竞买人人数要求、竞报价方式、成交条件等方面存在重大差异；而拍卖法约束和规范的只是拍卖行为。《拍卖法》第 2 条明确规定，该法只适用于由拍卖企业所组织实施的拍卖活动。国家市场监督管理部门在执法实践中，不但对于土地使用权的挂牌出让行为不适用拍卖法，而且对于不属于拍卖企业的土地管理部门组织实施的土地使用权拍卖行为，亦明确强调不适用该法。

本案中，《土地使用权交易成交确认书》及《国有土地使用权出让合同》是基于土地使用权的挂牌出让而非拍卖出让行为而签署，并且其组织实施的主体是当地土地管理部门设立的土地使用权交易机构，该机构属于专门的事业单位而非拍卖企业，故对于本案所涉土地使用权挂牌出让行为，不应适用《拍卖法》的规定，而应依据原《合同法》的相关规定进行审查认定。①

（三）否认恶意串通的消极行为人是否要承担举证责任

一审判决认定“练达公司和陈某在本案均辩称是受胁迫支付收取相关款项”，但又认为双方“并未对此提供足够的证据予以证明，显然，练达公司与陈某的举证无法推翻刑事判决认定的违法事实”。笔者认为，一审判决的这一认定存在一个明显的逻辑错误，即假定刑事判决已认定练达公司和陈某存在恶意串通行为，而事实上，另案刑事判决并不存在这样的事实认定，其仅认定了阮某、阮某秋非法干扰涉案土地拍卖的违法事实。但是，阮某、阮某秋非法干扰涉案土地拍卖的违法事实与练达公司和陈某存在恶意串通行为不能直接画上等号。按照“谁主张，谁举证”的民事诉讼基本原则，在练达公司和陈某等人均否认恶意串通的情况下，练

① 本案审理时适用《合同法》。

达公司对该消极事实并不承担举证责任。该举证责任在于原告,而原告依据的仅仅是阳江市人民检察院阳检函〔2009〕42 号《关于对高凉路北侧三幅国有土地重新拍卖处理的意见函》,但在该函已被上级检察机关所否定了的情况下,一审法院将此消极事实的举证责任分配给练达公司显然是错误的。这种情况下要求练达公司对没有恶意串通这一消极事实进行举证,显然属于举证责任分配不当。

(四)刑事案件中的证据材料能否直接转化为民事证据

对此,笔者认为,刑事案件中的证据材料不同于刑事生效判决所载明的事实。恶意串通并非另案生效刑事判决所载明的事实。在另案一审刑事判决书中,主要对三名犯罪嫌疑人对三块土地的非法干扰拍卖的行为进行了集中评判,重点是阐明其不构成犯罪的理由,既没有区别是挂牌出让还是拍卖出让,也没有载明练达公司、陈某恶意串通的事实。而一审判决采用另案刑事判决书中的部分证据时加入了其主观推理,且其推断出本案当事人存在恶意串通的结论与本案大量证据和生效法律文书相悖。在此情况下,刑事案件的证据材料不能直接转化为民事诉讼的证据材料。

该案二审判决后,部分知名法官和法学专家结合本案对这一问题也纷纷发表了看法。如最高人民法院第一巡回法庭副庭长周帆指出,本案中"支持构成恶意串通的证据主要是另一刑事案件中的材料,包括刑事判决书,有关涉案人员的供述、陈述以及公诉机关的起诉书和检察建议函等。民事诉讼过程中对于相关联的刑事案件中侦查、起诉、审判过程中所形成的材料以及刑事案件的处理结果如何对待,在相关的民事诉讼程序中,这些证据材料是否可以当然地作为认定民事争议事实的证据采信、哪些材料还需要通过举证、质证活动以确定其证明力等问题,在所谓民刑交叉的案件中是常常遇到并且难以掌握的问题,也是本案审理过程中要重点解决的基础性问题"①。中国人民大学法学院陈卫东教授认为:"在刑事案件的证据并未得到刑事判决审查确认的情况下,如果诉讼当事人一方主张刑事诉讼活动取得的证据材料能够证明民事案件中的待证事实,则必须适用相应的民事证据规则,经过法庭调查或者法庭辩论特别是相应证人证言的质证等以后,由法院最终裁判确定是否采信。因此,最高人民法院第一巡回法庭做出的(2015)民一

① 刘贵祥主编:《最高人民法院第一巡回法庭精选案例裁判思路解析(一)》,法律出版社 2016 年版,第 111 页。

终字第143号民事判决书对于这一证据材料等评定是非常正确的。”①

中国人民大学法学院姚辉教授指出：“审判实践中多习惯于倾向于较大程度将刑事证据直接转化为民事证据，但检察机关起诉书中的指控意见在未经法院审理认定的情况下是否能够直接作为民事证据使用应当加以甄别考量。”他认为：“在民事审判中对于公安机关、检察机关在另案刑事诉讼过程中形成的调查笔录、公诉意见等证据材料，如果人民法院的刑事判决书中对相关事实未予审理或认定，在有关民事案件的诉讼中有被调查人亦未出庭作证或参加质证的情况下，不能作为认定民事案件争议事实的证据采信。”②

【案件启示】

本案不仅涉及法律的正确适用，还涉及刑民交叉案件中的证据转化规则与证明标准。因此，围绕本案的争议焦点确定诉讼策略至关重要。

本案在一审认定土地出让合同无效且土地挂牌竞价环节确实出现练达公司人员支付另一竞买人300万元的情况下，需确定精准的上诉策略扭转乾坤。

笔者采取先破后立、攻防结合的策略，即先采取层层递进论证方式，得出了本案的合同效力不适用《拍卖法》的结论；然后，要围绕招拍挂的效力判断不适用《拍卖法》而适用《合同法》这一前提做好防守工作，因为在原《合同法》具体规范条文中，因恶意串通导致合同无效的一个重要结果要件是损害国家、集体或者第三人利益。因此，法院必然要对当事人行为后果进行审查判断。于是，围绕后者，笔者首先从民刑交叉案件具体的证据规则入手，论证现有证据不足以得出本案存在恶意串通的结论，进而证明当事人的行为并未损害国家利益。

在具体论证过程中，代理人通过图表的方式对本案涉及的一些事实和法律问题进行了富有说服力的分析，即

一是从挂牌公告和具体操作流程上得出了案涉土地出让方式为挂牌的结论；

二是从挂牌中的现场竞价与拍卖的区别上分析，得出了现场竞价不改变挂牌出让方式的结论；

三是从《拍卖法》的规定入手，得出了土地招拍挂不适用拍卖法的结论；

---

① 刘贵祥主编：《最高人民法院第一巡回法庭精选案例裁判思路解析（一）》，法律出版社2016年版，第142页。

② 刘贵祥主编：《最高人民法院第一巡回法庭精选案例裁判思路解析（一）》，法律出版社2016年版，第153、154页。

四是从刑事案件中的证据到民事案件证据的转化与采信规则入手，得出了本案认定恶意串通证据不足的结论；

五是从本案涉及政府与社会资本合作的大前提入手，论证练达公司取得土地是基于政府的土地补偿，并未损害国家利益。

通过层层递进论证，最高人民法院采纳了笔者的代理意见，认定土地招拍挂不适用拍卖法，本案一审认定恶意串通属于举证责任分配不当、证据不足，且并未损害国家利益，从而撤销一审判决，改判土地出让合同有效。在个案胜诉的同时，该案的处理对于规范土地招拍挂流程中的法律适用、对于刑民交叉案件中的证据转化规则和证明标准均具有普遍性的示范意义。

某能源公司破产债权确认案

——先前裁判对后续案件的影响分析及职务行为的认定

刘锦玉*

【基本案情】

2014年6月,某燃料有限公司(以下简称某燃料公司)法定代表人董某国与某集团有限公司(以下简称某集团公司)徐某等人串通,以伪造某集团公司印文,与某能源有限公司(以下简称某能源公司)签订连环买卖合同的方式(从合同内容看,某能源公司从某燃料公司购买58,000吨煤炭,转卖给某集团公司),骗取某能源公司向某燃料公司支付所谓购买煤炭的货款1500万元。该款被某燃料公司非法占有。同一基本事实引发一个合同诈骗刑事案件,一个买卖合同纠纷案件,一个破产债权确认纠纷案件。

(一)合同诈骗刑事案件

2015年,某集团公司收到某能源公司催收煤炭货款3422万元本金及违约金债务的邮件,并附有2014年6月11日某能源公司与某集团公司签订的《煤炭购销合同》复印件及结算单复印件。某集团公司认为是有人诈骗,向某集团公司所在地的某市公安机关报案,举报某燃料公司董某国等人诈骗。公安司法机关以合同诈骗罪对本案进行侦查,后某区人民检察院提起公诉,某区人民法院对案件进行了审理。

* 刘锦玉:北京市鼎恒律师事务所律师。

2018 年 12 月 25 日,某区人民法院作出刑事判决书,认定在本案煤炭买卖交易中,徐某、王某峰明知某燃料公司董某国诈骗而帮助其诈骗,以合同诈骗罪判处董某国有期徒刑 14 年,判处徐某(原某集团公司人员)有期徒刑 5 年,判处王某峰(原某集团公司人员)有期徒刑 5 年。上述被告人不服一审判决,提起上诉,某市中级人民法院于 2019 年 3 月 8 日作出二审刑事裁定书,驳回上诉,维持原判。

(二)买卖合同纠纷案件

在某市有关司法机关处理董某国等人合同诈骗案件期间,某能源公司于 2018 年 6 月向 A 市中级人民法院提起民事诉讼,请求判令某集团公司支付货款 3422 万元,并支付违约金 2800 余万元。笔者代理被告某集团公司参加诉讼。

本案争议的焦点事实为:有关印文是否伪造,是否有真实的煤炭货物交易,程序上是否应当驳回某能源公司的起诉。

法院审理认为:本案所涉事实已经被某区人民检察院提起对董某国等人的合同诈骗一案所包含,法院在审理期间基于当事人申请对煤炭购销合同等相关材料进行鉴定,其印文与被告提供的真实印文不是同一印章盖印,《货权转移函》中的印文系转印形成(不是盖章形成的印文),根据最高人民法院《关于审理经济纠纷案件中涉及经济犯罪嫌疑若干问题的规定》第 11 条的规定,2018 年 12 月 24 日,裁定驳回某能源公司的起诉。某能源公司没有上诉,裁定书发生法律效力。

(三)确认破产债权的案件

2019 年 7 月 25 日,某市中级人民法院裁定受理某集团公司申请破产案件,某能源公司以在 A 市中级人民法院买卖合同纠纷民事诉讼案件基本相同的事实,申报债权,破产管理人未予确认债权,亦未列入破产债权清单。某能源公司以此为理由,于 2020 年 1 月向某市中级人民法院提起民事诉讼,请求确认债权 32,561,980 元(请求主张的交易事实与在 A 市中级人民法院诉讼主张的事实为同一事实。但是本次请求本金 1556.5 万元,而不是向 A 市中级人民法院起诉主张的本金 3422 万元)。

【案件焦点】

某能源公司诉请确认其对某集团公司享有债权是否有事实和法律依据,是否应予支持。

【法院裁判】

某市中级人民法院于 2021 年 1 月 12 日作出民事判决书,认定董某国、徐某、王某峰已经被生效刑事裁判认定构成合同诈骗罪，其行为是个人行为，某能源公司被董某国等人诈骗 1500 万元，某集团公司没有故意或过错，某集团公司亦未获得实际利益，判决驳回某能源公司的诉讼请求。某能源公司上诉，某高级人民法院于 2021 年 8 月 20 日作出二审判决，认定徐某、王某峰在发生本案事实时是某集团公司贸易部负责人，其行为是职务行为，即便某集团公司对徐某、王某峰的业务范围进行限制，也不得对抗善意相对人，某能源公司有理由相信本案交易及印章的真实性，某能源公司已经履行了合同义务，某集团公司未依约定履行付款义务，应赔偿某能源公司煤款并承担逾期付款违约金。二审法院判决撤销一审判决，确认某能源公司对某集团公司享有 31,380,000 元普通债权。

【法律分析】

A 市中级人民法院裁定驳回起诉后，对确认破产债权纠纷案件应当有拘束。A 市中级人民法院裁定驳回起诉的案件，在三个案件中，是首先作出民事裁定的案件，作出的民事裁定书也是最先生效的法律文书。笔者认为，某高级人民法院做出的确认债权之判决值得商榷，原因如下：

第一，从程序角度分析，该案受《民事诉讼法》的约束，依照该法及有关司法解释的规定，应不予受理或驳回起诉。

确认破产债权纠纷属于民事诉讼案件，《企业破产法》没有规定这类案件不受《民事诉讼法》关于起诉与受理条件的约束。

《民事诉讼法》第 127 条第 5 项规定："对判决、裁定、调解书已经发生法律效力的案件，当事人又起诉的，告知原告申请再审。"最高人民法院《关于适用〈中华人民共和国民事诉讼法〉的解释》第 208 条规定："人民法院接到当事人提交的民事起诉状时，对符合民事诉讼法第一百二十二条的规定，且不属于第一百二十七条规定情形的，应当登记立案……立案后发现不符合起诉条件或者属于民事诉讼法第一百二十七条规定情形的，裁定驳回起诉。"

《企业破产法》第 58 条第 3 款规定，"债务人、债权人对债权表记载的债权有异议的，可以向受理破产申请的人民法院提起诉讼"。

2020 年 12 月 29 日修正后最高人民法院《关于适用〈中华人民共和国企业破产法〉若干问题的规定（三）》第 7 条规定："已经生效法律文书确定的债权，管理人应当予以确认。管理人认为债权人据以申报债权的生效法律文书确定的债权错误，或者有证据证明债权人与债务人恶意通过诉讼、仲裁或者公证机关赋予强制执行力公证文书的形式虚构债权债务的，应当依法通过审判监督程序向作出该判决、裁定、调解书的人民法院或者上一级人民法院申请撤销生效法律文书，或者向受理破产申请的人民法院申请撤销或者不予执行仲裁裁决、不予执行公证债权文书后，重新确定债权。”

依据上述法律与司法解释规定的精神，确认破产债权的民事诉讼案件的起诉与受理，也应当受先诉生效民事裁判的拘束。

某能源公司请求确认破产债权纠纷案件，原告与被告均与A市中级人民法院审理的买卖合同纠纷案件相同；原告起诉的法律关系实质仍然是买卖合同关系，提供的基本证据仍然是在A市中级人民法院买卖合同纠纷案件中的煤炭购销合同，货权转移函、煤款结算单及A市中级人民法院委托鉴定的文件等；诉讼请求金额本金1556.5万元也被上述案件所包含，明显属于相同的民事诉讼案件在其他法院驳回起诉后再次提起民事诉讼。依据2021年修正的《民事诉讼法》第124条第5项及最高人民法院《关于适用〈中华人民共和国民事诉讼法〉的解释》第208条的规定，法院应当不予受理，告知当事人对A市中级人民法院民事裁定申请再审，已经受理的，也应当驳回起诉。

第二，从实体角度分析，后诉确认破产债权案件没有证据足以推翻前案裁判认定的基本事实的，也不应当确认债权。

最高人民法院《关于在审理经济纠纷案件中涉及经济犯罪嫌疑若干问题的规定》第11条规定：“人民法院作为经济纠纷受理的案件，经审理认为不属经济纠纷案件而有经济犯罪嫌疑的，应当裁定驳回起诉，将有关材料移送公安机关或检察机关。”如果A市中级人民法院对案件事实仅仅是存疑，应当中止诉讼；如果认为本案事实与刑事诉讼为不同事实，依据上述司法解释第1条“同一自然人、法人或非法人组织因不同的法律事实，分别涉及经济纠纷和经济犯罪嫌疑的，经济纠纷案件和经济犯罪嫌疑案件应当分开审理”的规定，应当继续审理并做出裁判，而不能裁定驳回起诉。由此，裁定驳回起诉必须是法院对案件事实审查之后，确认不属于民事纠纷才能做出。继续推论，即便是没有真实的煤炭货物交易，有关印章也是伪造形成，如果能够认定徐某、王某峰参与商谈交易等行为构成表见代理或者表见代表，某能源公司的民事权益也应当由法院依法作出民事判决予以保护，即便是只有部分事实成立，或者认定买卖合同无效，某集团公司也应当承担一定的民事法律后果，而不应直接裁定驳回起诉。

A市中级人民法院驳回裁定的理由为：“本院经审查认为，原告在本案中所签订的《煤炭购销合同》,已被某区人民检察院提起对董某国、徐某、王某峰涉嫌合同诈骗罪一案所包含,本院在审理期间基于当事人申请对煤炭购销合同等相关材料进行鉴定,其印文与被告提供的真实印文不是同一印章盖印,《货权转移函》中的印文系转印形成。鉴于此,根据《最高人民法院关于审理经济纠纷案件中涉及经济犯罪嫌疑若干问题的规定》第十一条之规定,本案应裁定驳回起诉。”该案中,承办法官在审理中很细致地审查了涉及的全部基本事实证据,进行了开庭审理,委托鉴定机构对原告举证的所有书面文件中某集团公司印文进行鉴定,出具了《律师调查令》(由笔者到镇江港务集团有限公司商务中心对某能源公司举证的《货权转移函》记载交付58,000吨煤炭是否真实进行调查);某集团公司针对鉴定机构的鉴定,由权威鉴定专家出庭进行质证。开庭审理已经查明,原告举证书证中所有关于某集团公司的印文都与某集团公司真实使用印章不符,《货权转移函》也是伪造的,不存在任何煤炭货物交易。

最高人民法院《关于适用〈中华人民共和国民事诉讼法〉的解释》第93条规定:“下列事实,当事人无须举证证明……(五)已为人民法院发生法律效力的裁判所确认的事实……第五项至第七项规定的事实,当事人有相反证据足以推翻的除外。”笔者认为,在破产债权确认案件中,并无相反证据足以推翻A市中级人民法院民事裁定书认定的事实。

某高级人民法院对破产债权确认纠纷案件进行二审时,尚未考虑不具有真实的煤炭货物,即某能源公司没有从某燃料公司购买到煤炭转卖给某集团公司这一事实;并认为徐某、王某峰在签订合同的当时是某集团公司贸易部负责人,实施了职务行为,某能源公司已经履行合同义务,从而某集团公司应当依照合同履行付款义务。

第三,认定职务行为不能过于宽泛。

笔者认为,认定企业人员的职务行为不能过于宽泛,不能把任何员工的以单位名义进行的经营活动都认定为职务行为;要根据企业具体经营事项、经营方式、企业人员的具体职务岗位等判断是否职务行为。例如,零售业单位站柜台的售货员,通常其售货行为是职务行为,但在柜台之外以单位名义签订数额巨大的买卖合同行为,如果没有单位授权(包括追认),就不应当认定为是售货员的职务行为。一般经营人员与他人签订金额巨大的买卖合同行为,也应当区别对待,具体分析。因为通常情况下,普通现场交易之外的巨大交易,需要单位法定代表人或者单位规定有职权的负责人授权或签字盖章。

笔者认为,"职务"行为的判断依据一般应该是:(1)有依法依规登记的职务,或者有单位任职文件中列明的职务身份及职权范围,如法定代表人、有明确规定的单位负责人;(2)如果不是法定代表人或其他公司高级管理人员职务,就具体交易事务,必须有特定的单位给予明确授权范围;(3)行为目的是本单位;(4)行为结果归属于单位,即取得财产的,利益交付于单位。

笔者认为,徐某、王某峰的行为不是职务行为。某能源公司所称某集团公司设立的煤炭运销公司,不但没有办理工商机关登记,也没有某集团公司文件,没有对徐某、王某峰的职务任命及职权范围,没有对徐某、王某峰特别授权进行所谓本案中的交易。徐某、王某峰纯粹是帮助董某国进行诈骗,某能源公司被骗取的1500万元也是由该公司直接交付给董某国任法定代表人(也是实际控制公司的股东)的某燃料公司。

第四,应当注意区分职务行为与表见代理或者表见代表。

笔者这里所说职务行为是单位人员真正代表单位进行经营活动的行为。单位人员的职务行为由单位承担法律后果,这没有疑问。当不能认定职务行为时,才有研究是否构成表见代理或者表见代表的必要。笔者省略关于表见代理或者表见代表的认定条件的论述,重点说明不同的法律后果。

在保护善意相对人利益上,无论是构成职务行为还是表见代理或者表见代表,依法都应当由行为人行为时所用名义的单位对相对人承担履行合同等民事责任。但是两者在其他法律后果上却大有不同。表见代理或者表见代表实质是无权代理、无权代表,行为人可以构成对单位的侵权行为,单位对善意相对人承担民事责任后,有权追究行为人的民事赔偿责任。而职务行为则不存在这种法律后果。以本案为例,如果某高级人民法院不认定徐某、王某峰是职务行为,而认定是表见代理或者表见代表行为,某集团公司对某能源公司清偿了债务后,有权对董某国、徐某、王某峰进行追偿,但是认定为职务行为,就不存在这种追偿了。

实际上,徐某、王某峰行为也明显不能构成表见代理或者表见代表。理由如下:

(1)徐某、王某峰并无某集团公司负责人的外观,没有企业登记材料证明,也没有某集团公司文件或者介绍信、其他书面文件证明其职务与权限;

(2)所谓港口交付58,000吨煤炭货物的船只及《货权转移函》明显是虚假的,某能源公司未尽一般的审查义务,未进行识别;

(3)从某能源公司在两个民事案件中差别巨大的诉求金额就可以看出,某能源公司明知并无58,000吨煤炭交易,某能源公司显然不是善意相对人。

【案件启示】

代理律师应当积极主动取得律师调查令。笔者在代理某集团公司诉讼中,意识到是否有真实的煤炭货物交易,《货权转移函》是否伪造,是最关键的事实。笔者持A市中级人民法院的律师调查令,用两天时间取得有关港口出具的书面文件,证明没有煤炭货物交易,《货权转移函》是伪造的。结合其他证据,足以说服A市中级人民法院做出驳回起诉的裁定。

一般法官审理案件,很容易忽略与自己审理的案件相关的其他案件和其他裁判可能带来的其他法律后果,代理律师要特别注意避免后续可能造成的不利后果,最大程度维护委托人的利益。

另外,基于同一事实的不同民事诉讼案件,最好由相同的律师代理诉讼。上述案件中,某能源公司的两个民事案件均由同一律师代理,基于对案情的熟悉和全面把握,律师知道如何把握和处理案件之间的关系。而某集团公司是分别由不同的律师代理诉讼,参加确认破产债权诉讼的律师,相对不熟悉A市中级人民法院审理案件的情况,可能会影响代理效果。

北京京房不动产投资有限公司委托合同纠纷执行案

——刑民交叉案件中"刑民并行"原则解析

杨荣宽*

【基本案情】

中国邮电器材集团公司(以下简称中邮器材集团)与安捷联科技发展有限公司(以下简称安捷联公司)、北京京房不动产投资有限公司(以下简称京房公司)委托合同纠纷执行案中,法院判决安捷联公司向中邮器材集团给付欠款1.2亿余元,安捷联公司不履行该给付义务时,中邮器材集团对京房公司提供的京房他证市其字第009061号《房屋他项权证》载明的抵押物折价或者拍卖、变卖该抵押物的价款享有优先受偿权。

判决生效后,由于安捷联公司、京房公司未履行判决所确定的义务,中邮器材集团向北京市第二中级人民法院申请执行。执行过程中,北京市第二中级人民法院查封了京房公司所提供的抵押房产。京房公司对此提出异议,称其因受中邮器材集团与安捷联公司共同诈骗才提供上述房产为安捷联公司担保,现公安机关已对该诈骗行为立案侦查。按照"先刑后民"的原则,法院应当中止对本案的执行,解除对上述房产的查封,由公安机关侦查本案涉及的犯罪行为及财产。

【案件焦点】

同一法律事实既涉及民事纠纷又涉嫌刑事犯罪的,若民事案件在刑事立案前

* 杨荣宽:北京市康达律师事务所律师。

已经作出生效判决，则该判决的执行程序是否应当正常进行。

【法院裁判】

一审执行法院北京市第二中级人民法院认为，京房公司未履行生效判决确定的法律义务，法院查封京房公司提供抵押担保的房产，符合法律规定。在生效判决作出后，京房公司以本案涉嫌刑事犯罪为由，要求解除对其房产的查封，缺乏事实与法律依据。京房公司的异议请求，应当通过审判监督程序解决，故裁定予以驳回。京房公司不服，向北京市高级人民法院申请复议。北京市高级人民法院认为，京房公司以其提供担保系受欺骗，有关行为人涉及犯罪公安机关已立案侦查为由，要求中止执行、解除对担保房产的查封的请求没有法律依据，不予支持。执行法院依据生效判决所采取的查封措施符合法律规定。故北京市高级人民法院裁定驳回京房公司的复议申请，维持原裁定。

【法律分析】

刑民交叉案件，通常是指既涉及刑事法律关系，又涉及民事法律关系，且相互存在交叉、牵连、影响的案件，其通常关涉一个完整的案件事实过程所包含的当事人合法权益，需要经由分别提起刑事和民事两种诉讼才能给予充分保护或救济。刑民交叉案件包括“一因多果”型、“多因一果”型以及“行为延伸”型三个类别。[①] 刑民交叉案件中，主要存在两种基本的处理原则：一是“先刑后民”；二是“刑民并行”（分别审理）。司法实践中，认定刑事案件与民事案件是否应当分别受理，其核心要点在于判断是否为“同一事实”，属于“同一事实”，则按照“先刑后民”的原则处理；反之，则应当分别受理。同时亦涉及行为人行为是否存在被重复评价问题，即从行为重复评价的角度，如民事案件被刑事案件吸收，则可能涉及重复评价的问题，故而受害人应通过刑事案件实现权利救济；相反，如民事案件未完全被刑事案件所吸收，未牵连部分因非属刑事案件审查范围而未被处理，则受害人还需通过民事案件主张权利，法院应据此予以受理。从被害人充分救济的角度来考虑，如受害人通过刑事追赃或责令退赔程序仍无法填平全部损失，则仍须通过民事诉

---

① 参见詹文沁、张冰玢：《刑民交叉案件程序问题的审理思路和裁判要点》，载微信公众号“法律逻辑”2023 年 5 月 19 日，https://mp.weixin.qq.com/s/g7Suj7RRK5_07Fa1pIcAyw。

讼追究相关主体的民事责任，法院也应当进行受理。[①]

刑民交叉案件的处理原则在刑民交叉案件中具有重要且关键的意义，其直接关乎刑民交叉案件中在先判决的既判力问题，刑民交叉案件中刑事追缴、退赔与民事诉讼冲突问题，以及刑民交叉案件中的执行问题。[②] 相关判例充分说明，“先刑后民”的原则并非适用于所有刑民交叉的案件，应当视具体情况而定：同一法律事实既涉及民事纠纷又涉嫌刑事犯罪的，若民事案件在刑事立案后尚未审理终结，应当中止审理，等待刑事案件的处理结果；若民事案件在刑事立案前已经作出生效判决，则该判决的执行程序应当正常进行。如果刑事案件最终认定行为人构成犯罪的，受害人可通过审判监督程序撤销已生效的民事判决以获得救济。

在中国铁路物资沈阳有限公司（以下简称沈阳公司）与天津市长芦盐业总公司（以下简称长芦公司）买卖合同纠纷上诉案[③]中，最高人民法院同样认为，在审判实践中，无论是先刑后民还是先民后刑都不应当绝对化和扩大化，有些民事案件的审理确实需要以刑事案件的结果为前提，而有些刑事案件却必须以民事案件为依据，也有些民事案件与刑事案件的审理可以各自独立，互不干涉。在民商事案件审理中，重要的是运用民事审判规则分析相关证据进而认定相关事实，如果能够依据相关事实和法律进行审理的，并非一定要等待刑事案件的处理结果。因此，在审理刑民交叉案件时，应当坚持具体案件具体分析的实事求是的态度予以判定。该案长芦公司作为原告，以买卖合同纠纷为由起诉沈阳公司，要求支付4900万元货款，故该案应当围绕沈阳公司应否支付货款以及是否支付了货款为核心。经法院查明，虽然张某涉嫌构成票据诈骗罪已经被公安机关立案侦查，但有关本案4900万元汇票背书、收取、再背书等独立事实已经在本案查清，无须再以该刑事案件的结果为依据。对于冷某涉嫌的国有公司工作人员失职罪一案，是因包括本案4900万元在内共计8400万元的货款问题而被沈阳公司举报形成，冷某所涉刑事犯罪不仅不影响本案民事案件的审理；反之，本案的审理结果将有利于刑事案件的处理。因此，本案不存在中止审理的情形。据此，对于上诉人当庭放弃的以上请求法院予以准许。因此，不难得出的结论是：虽然涉嫌构成犯罪已经

---

① 参见何四为、程园园：《民商事纠纷中涉及刑民交叉问题的处理》，载汇业律师事务所网2021年7月30日，https://www.huiyelaw.com/news-2423.html。

② 参见郭永旺：《刑民交叉案件相关问题解析》，载张掖法院网2020年10月29日，http://zhangye.chinagscourt.gov.cn/Show/58997。

③ 参见最高人民法院民事判决书，(2015)民二终字第335号。

被公安机关立案侦查,但民事诉讼有关独立事实已经在本案查清,无须再以该刑事案件的结果为依据时,民事诉讼不宜中止审理。

刑法规范调整的领域是公法范畴,而民事权利却属于私法调整的范畴,二者有明确的分工,所以,刑法的强制性规定不能当然作为民事案件审理的依据。对民事案件事实的认定应该由民事法律进行调整,而行为人的行为构成刑事犯罪的,则按刑法的规定承担刑事责任。因此,刑事犯罪的成立并不会必然对民事行为产生阻却,只具有相对影响。① 在吴某军诉陈某富、王某祥及德清县中建房地产开发有限公司民间借贷、担保合同纠纷二审案中,法院认为:"原告吴某军根据借款协议给被告陈某富200万元后,其对陈某富的债权即告成立。至于陈某富可能涉及非法吸收公众存款的犯罪,与本案合同纠纷属于两个法律关系,公安部门立案侦查、检察院起诉以及法院判决构成刑事犯罪,并不影响法院依据民事诉讼法审理本案当事人间的民事合同纠纷。对合同效力进行判断和认定属于民商事审判的范围,判断和认定的标准也应当是民事法律规范。非法吸收公众存款罪和合同的效力问题是两个截然不同的法律问题。判定一个合同的效力问题,应从民事法律的角度去考虑,从有效合同的三个要件来考察,即:1. 行为人是否具有相应的民事行为能力;2. 意思表示是否真实;3. 是否违反法律或者社会公共利益。且本案涉嫌的是非法吸收公众存款罪,涉嫌犯罪的当事人单个的借贷行为不构成犯罪,只有达到一定量后才发生质变,构成犯罪,即犯罪行为与合同行为不重合,故其民事行为应该有效。鉴于此,法院受理、审理可以'刑民并行'。'先刑后民原则'并非法定原则,任何一部法律并未对这一原则作出明确规定。实行'先刑后民'有一个条件:只有符合《民事诉讼法》(备注2017版)第136条规定,即'本案必须以另一案的审理结果为依据。而另一案尚未审结的',才'先刑后民'。不符合《民事诉讼法》第136条规定的,应'刑民并行'审理。据此,对于被告王某祥和被告中建公司提出本案在未确定本案借款的性质时应该中止审理的诉讼主张,法院不予支持。因此,本案原告、被告之间的民间借贷法律关系明确,被告对该借款应当予以归还,王某祥和中建公司自愿为陈某富借款提供担保,应承担本案连带清偿责任。"②在陈某香、施某杨与李某飞、姚某花、景德镇市久源陶瓷有限公司民

---

① 参见刘伟:《刑民交叉案件民事责任承担问题探讨——以合同诈骗类刑民交叉案件为例》,载四川省乐山市井研县人民法院网,http://www.jyxrmfy.gov.cn/lilunyantao/20191215164521.html。

② 吴某军诉陈某富、王某祥及德清县中建房地产开发有限公司借贷、担保合同纠纷案,载《最高人民法院公报》2011年第11期。

间借贷纠纷案中，法院认为："关于本案是否应当中止审理的问题。陈某香、施某杨上诉主张，由于景德镇市公安局昌江分局于2014年7月29日对陈某香以涉嫌非法吸收公众存款罪立案侦查，其后公安部门在查封、扣押的资料中又发现了陈某香向李某飞还款的新凭证，该凭证证明的是原审判决双方已确认的还款金额之外的还款事实，这说明本案事实未查清，而且还未穷尽所有资料，故根据实际情况和相关法律规定，本案应当中止审理。本院认为，虽然景德镇市公安局昌江分局于2014年7月29日对陈某香以涉嫌非法吸收公众存款罪立案侦查，本案出借人李某飞也曾配合公安部门对于其与陈某香、施某杨、景德镇市久源陶瓷有限公司的借贷事宜进行过询问调查，但现有的证据不能证明李某飞与陈某香、施某杨、景德镇市久源陶瓷有限公司之间的民间借贷行为本身涉嫌犯罪，且本案证据比较充分，当事人陈述基本一致，案件事实可以较为清楚地查明，无须以陈某香涉嫌非法吸收公众存款刑事案件的审理结果为依据，故陈某香、施某杨上诉提出本案民间借贷纠纷应中止审理的主张，无事实与法律依据，不予支持。"①

【案件启示】

民法和刑法中都存在形式判断和实质判断，当然，民法更为注重形式判断，而刑法更为注重实质判断。② 刑民交织、刑民互涉，既涉及刑事法律关系判断，又涉及民事法律关系考量，且相互直接存在交叉、牵连、影响。③ 对于市场经济中的正常民事、商事纠纷，如果通过民事诉讼方式可以获得司法救济的，就应当指引当事人双方通过民事诉讼中平等的举证、质证、辩论来实现权利、平衡利益，而不应动用刑罚这一最后救济手段。刑法必须具有谦抑性（最后手段性），必须在民事、行政等其他制裁手段的保护力度不充分或不足以保护法益时，才能加以使用。当然，在理解刑法谦抑性时还应当注意，对谦抑性并不能简单地理解为定罪越少越好。在罪刑法定原则的指导下，对于符合犯罪构成要件的行为，就应当以犯罪论处，尤其是在民事侵权和刑事犯罪竞合的场合，不能以某种行为属于民事调整范围为由而否认该行为构成犯罪；在被害人难以向人民法院通过民事途径挽回自己财产损失的情形下，刑罚应当成为保护法益时不可缺位的手段。④ 律师在具体办

---

① 江西省高级人民法院民事判决书，(2015)赣民一终字第210号。

② 参见陈兴良：《刑民交叉案件的刑法适用》，载《法律科学（西北政法大学学报）》2019年第2期。

③ 参见陈兴良：《刑民交叉案件的刑法适用》，载《法律科学（西北政法大学学报）》2019年第2期。

④ 参见周光权：《"刑民交叉"案件的判断逻辑》，载《中国刑事法杂志》2020年第3期。

案过程中，应充分认识到，先刑后民并非审理民刑交叉案件的基本原则，而只是审理民刑交叉案件的处理方式之一，尤其不能简单绝对化，以刑事规范取代民事法律进行调整。民事案件的基本事实不以刑事案件的审理结果为依据的，不应中止审理。刑事程序可以弥补民事程序之强制力缺乏问题，民事程序同时可以辅助刑事程序补偿范围一维性问题，正是有了两者的结合，笔者最终成功帮助当事人挽回损失。刑事诉讼和民事诉讼的差异性是天然的，但是一旦刑事或者民事判决作出，应当充分尊重判决结果，不能轻易地以刑事否定民事或者以民事否定刑事。事实上，刑事判决和民事判决之间也不存在法律地位及效力孰高孰低的问题，均为人民法院作出的判决，都应当予以尊重、一体执行。①

① 参见于同志：《重构刑民交叉案件的办理机制》，载《法律适用》2019 年第 16 期。

曾某股权转让协议纠纷案

——浅谈涉港澳台刑民交叉案件处理规则

梁宏刚*

【基本案情】

北京某科技有限公司系一家台资企业,也是家族企业,股东、董事、监事均为家族成员,其股东成员均为中国台湾籍,平常也居住于台湾。公司设立之初,均由曾某出资,由原告(曾某长子)担任董事长,曾某次子担任总经理,儿媳担任监事,而实际控制人系曾某。2009年,原告因罹患重病回台湾治疗,在此期间,公司董事长、法定代表人更换为曾某,股权变更至曾某名下,其后,曾某次子也回台湾,股权也变更至曾某名下,曾某又将部分股权转让给现任妻子。2019年,曾某因病在台湾去世,未留下书面遗嘱,进而遗产之争演变成股权之争。因公司位于北京,据此,原告将弟弟等其他人列为被告,以股权转让协议书并非其本人签字,股权转让协议无效为由提起诉讼,并诉请返还目标公司的30%股权,该案由北京第四中级人民法院立案审理。

诉讼过程中,原告又在我国台湾地区提起刑事控告,指控其弟弟等其他股东侵占其股权,由台中检察机关立案调查。

此时,就同一股权纠纷事宜,境内民事案件与境外刑事案件先后启动,如该两案均发生于境内,则必然会遵守先刑后民原则审理,并无异议,然则一刑事案件发生于境外,境内民事案件该如何审理呢?

---

* 梁宏刚:北京天斗律师事务所律师,北京市律师协会刑民交叉专业委员会委员。

【案件焦点】

(1)股权转让协议是否为原告真实意思表示,该协议是否有效;

(2)本案股权转让纠纷案件的审理是否以涉港澳台刑事案件处理结果为依据。

【法院裁判】

在本案中,一审、二审法院均没有中止审理,原告(控告人)也未向法院提出中止审理申请,虽然法院知晓涉外刑事案件,但仍然依据民事诉讼案件中的证据作出了判决,认定股权转让有效,驳回原告诉讼请求。二审法院维持原判。另须关注的一点是,就刑事部分,台湾地区司法机构在审理过程中,将北京法院查明的事实以及法院认定的意见作为刑事案件处理的依据之一,最终驳回了控告人(原告)提起的侵占股权、伪造文书的指控。

【法律分析】

(一)股权纠纷案涉外刑民交叉处理规则分析

对于本案的程序处理,一种观点认为,该案应当适用先刑后民审判原则,理由如下:

首先,刑法属于公法范畴,而民法属于私法范畴,本民事案件中,原被告均为中国台湾籍,根据属人法的国际法原理,他们受其本地区刑事司法管辖范畴,如构成犯罪,则予以追究刑事责任,民事纠纷可以在刑事司法程序中予以处理。

其次,该刑事案件结果会影响民事案件的审判,根据《民事诉讼法》的规定,本案必须以另一案的审理结果为依据,而另一案尚未审结的,应当中止审理。如民事案件的被告被采取刑事措施,并最终刑事判决或附带民事判决返还侵占财产,则境内民事案件实无审理之必要。

另一种观点认为不适用先刑后民原则,两个程序可以并行,理由如下:

首先,本案中,刑事案件与民事案件由不同法域之下的司法机构审查,而不是同一个法域,同一法域是先刑后民司法原则适用的前提。

其次,刑事案件由台湾地区司法机构立案调查,对于刑事结果是否认可,还需要基于对台的相关司法政策来确定,即经过一定的法律程序,才能予以认可或不予认可,而不是当然认定台湾地区司法机构的判决。本案中,大陆法院的判决并不需要以台湾地区刑事案件判决结果为依据,因此台湾地区刑事程序与大陆的民事程序可以并行。

就本案而言,笔者赞同第二种观点。

假设某一刑事案件发生于国外,且涉外刑事案件判决生效,如果其中一方当事人为国内公民或法人单位,则涉及对刑事案件重新审理,在重新审理或审查阶段,如存在刑民交叉,则民事审理应当中止,遵循先刑后民原则。

假设某一刑事案件发生于国外,且涉外刑事案件判决生效,并认定被告构成了侵占,忽略被告刑罚部分,仅就国外法院查明的事实,是否可以作为民事判决的依据呢?同样,基于刑事管辖主权原则,法院不应引用外国法院查明的事实作为裁判依据。但如果其中一方当事人将判决作为证据使用,国内法院可以从证据角度予以审查,而不是基于外国法院的既判力,该涉外判决不会产生当然的法律效力。

(二)不同法域司法机构对于涉外刑民交叉案件的处理程序及处理规则比较

因该案涉及证据复杂,人员较多,又存在跨境情形,审判周期较长,在一审法院立案之后,原告(控告人)又在台湾地区司法机构发起刑事控告并立案,一时刑民案件相互交叉缠绕进行,现笔者梳理如下,便于理解针对该案不同法域司法机构的观点及处理规则。

(1)北京法院民事一审阶段:本案一审审理期间,虽然原告在台湾地区提起侵占股权、伪造文书刑事控告,且司法机构就同一事实已经刑事立案,但原告未提交书面证据材料,法官也仅做简单了解,未中止审理,也未对刑事案件做评判。刑事案件尚未结案,一审法院就已作出民事判决。

(2)台中检察机关刑事审查阶段:原告在北京提起民事诉讼,立案之后,又向台中检察机关提起刑事控告,在北京一审法院判决之后,台中检察机关作出了不予处分的决定,且台中检察机关引用了北京法院民事判决查明的事实以及法院判决内容:"有该院民事判决书1份附卷可稽,亦同此认定,益徵明确。告诉人犹陈词认被告2人伪造其签名侵占其股份云云,实有瑕疵所指,委无足采。"

(3)北京高院民事二审阶段:原告不服,向北京高院提起上诉,二审期间,被上诉人将台中检察机关的不予处分决定作为证据提交二审法院,法院将该证据交由诉讼双方进行了交换,并听取了双方的质证意见,其中上诉人(一审原告)对该证据的证明目的及关联性不予认可,二审法院对该证据予以认定:"本院对该证据的真实性予以确认,对证据的关联性及证明目的,在判决书本院认为部分一并阐述。"二审法院最终驳回上诉,维持原判。

(4)台湾地区检察机关复查阶段:控告人(原告)不服台中检察机关不予处分的决定,提起了复查,经过台湾地区检察机关的审查,最终全部采纳了原刑事司法机关的意见及结论,同时对于原刑事机关采纳北京法院查明的事实以及认定部分,并无异议。

【案件启示】

从程序角度分析,就涉外及涉港澳台刑民交叉案件,如刑事案件发生在域外,即便基于同一法律事实,存在同样的请求事项,但因涉及不同法域,涉及刑事程序的公法属性,域内民事审判程序不会中止审理。

从证据角度分析,无论涉外及涉港澳台部分系刑事案件,还是民事案件,域外司法机关查明的事实以及判决结果可以作为证据使用,以供域内法院审判时查明事实,并作为判决的依据。基于同一争议事实,如果域外刑事案件的判决结果对域内民事案件审判存在重大影响,法院是否应当中止审理呢?笔者认为,为便于法院查明事实,公正判决,有必要中止审判。

笔者认为,一般而言,两个不同法域的刑民交叉案件可以在司法程序上并行;两个不同司法机构认定的事实,经过法官审查后,可以互为引用,作为判决的依据。

贾某等与刘某抵押合同纠纷案

——可能涉嫌犯罪的民商事案件中,如何认定是否为同一法律事实并遵循正确的处理原则

姜　亮*

【基本案情】

2015 年 12 月,贾某、朱某、吴某与刘某签订了借款合同,约定三人向刘某借款 280 万元,后刘某如约将 280 万元借款提供给朱某;当月底,朱某将 270 万元还至刘某指定的杜某账户。

2016 年 4 月,贾某向范某借款 60 万元,并约定以贾某妻子周某名下房屋作为抵押,委托杜某办理抵押事宜,同时贾某、周某在内容不完整的抵押合同上签字。

2016 年 5 月,贾某向刘某借款 40 万元。

以上三份借款合同的签订过程均进行了公证,并依法赋予其强制执行效力。贾某、周某委托杜某办理借款抵押事宜的委托书也进行了公证。

2016 年下半年,因刘某无法联系朱某,且朱某债务尚未还清,刘某以 280 万元未偿还为由向公证处申请出具执行公证文书,并向法院申请强制执行。后贾某去建委咨询得知,周某名下房屋被抵押给刘某,抵押金额 320 万元(前文所述的 280 万元和 40 万元)。贾某发现抵押合同等文件正是当初签字后交给杜某准备用来为范某的 60 万元借款办理抵押的文件,而非为刘某借款办理抵押的。贾某、周某认为抵押合同等文件并非二人的真实意思表示,遂起诉刘某,请求法院判决抵押

* 姜亮:北京有间律师事务所主任,北京市律师协会刑民交叉专业委员会委员。

合同等一系列文件不成立，对二人不产生拘束力，并提出应移送公安机关处理。刘某辩称在借款280万元时，因贾某另提出借款40万元，所以要求贾某提供担保；2016年4月25日，贾某、周某签署了抵押合同等相关文件；因40万元借款尚未发生，贾某、周某授权刘某补记相关内容和落款日期。

【案件焦点】

（1）抵押合同等文件是否为贾某、周某的真实意思表示，是否已成立并对贾某、周某产生拘束力；

（2）本案是否应移送公安机关处理。

【法院裁判】

一审法院认为，贾某、周某和刘某对抵押合同等文件的订立目的和签订情形各执一词。贾某和周某称上述抵押文件是为范某的债权设立抵押权，出于对刘某的信任在上述空白文件上签字捺手印，在对范某债权进行公证的当天公证委托杜某代为办理抵押登记手续。刘某称因贾某尚未清偿280万元借款合同的债务，贾某拟再向刘某借款40万元，故刘某以对二债权设立担保物权作为出借40万元的条件，三方在公证处拟订了抵押合同和附随文件，并对周某委托杜某办理抵押登记手续进行了公证。因40万元的借款尚未发生，故贾某和周某授权刘某在出借40万元后在上述文件上补记公证书编号，各文件的落款日期亦为补记。抵押合同和附随文件的文本样式为主债权种类、数额、债务履行期限、抵押担保范围、抵押物名称均为空白的制式文本。双方当事人阐述的签订情形均有可能发生，而民事诉讼遵循盖然性证明标准和证据优势原则，即在证据对某一事实的证明无法达到事实清楚、确凿的情况下，应当对当事人提交的证据的证明力进行衡量，并认定证明力较大的证据支持的事实具有高度盖然性，依据该事实进行裁判。在贾某和周某不能提供证据的情况下，法院对贾某和周某对抵押合同以及附随文件签订的情形不予采信。贾某和周某作为完全民事行为能力人，应当预见到在空白制式文件上签字可能引发的法律后果，并对此承担相应的民事责任。当事人采用合同书形式订立合同的，自双方当事人签字或盖章时合同成立。刘某和周某签订的抵押合同实质上是为两个主债权设定的两个抵押担保合同，刘某和周某的签字行为视为对合同条款意思表示一致，合同成立。贾某作为抵押物共有人与周某在抵押合同的附随文件上签字亦视为二人的真实意思表示，故对于贾某、周某的诉讼请求不予支持。

贾某、周某不服一审判决，认为涉案40万元借款形成于2016年5月6日，签订抵押合同当日并不知道后续会有40万元借款，因此不可能会签订320万元的抵押合同，刘某已经承认签订抵押合同时，抵押合同中有关40万元的部分是空白的，是后来填写的，应由刘某就双方于2016年4月25日已经协商一致再借款40万元以及贾某、周某授权或同意其补记进行举证。抵押合同中关于借款期限等多处存在不合理情形。另提供相关录音，证明涉案280万元借款已经由朱某偿还。

二审法院认为，双方均应当对各自主张承担举证证明责任，通过查明事实可知，抵押合同及附随文件签订之时，贾某作为共同借款人的280万元借款合同已经签订，之后向刘某借款40万元的情况亦实际发生，贾某、周某对签订空白抵押合同及附随文件的事实亦予以认可，其作为完全民事行为能力人，应当预见到由此可能引发的法律后果，并承担相应民事责任。贾某和周某亦未提举有效证据证明抵押合同及附随文件系为范某60万元借款而签订，故一审判决并无不当。二审法院判决驳回上诉，维持原判。

贾某、周某不服二审判决，向高院申请再审。高院以二人作为完全民事行为能力人，应当预见到在空白的抵押合同及附随文件上签字的后果并承担相应民事责任，且未提交证据证明抵押合同及附随文件系为范某的60万元借款而签订，裁定驳回再审申请。

2018年10月16日，刘某经法院强制执行，拍卖了周某名下房屋，执行回款427余万元。

后贾某、周某到公安机关报案，经依法侦查、审查起诉，一审法院审理查明，朱某已将270万元偿还至杜某账户，抵押合同及附随文件系为范某的60万元借款所签订，刘某的40万元并未设定房屋抵押，刘某因无法联系朱某，且其债务尚未偿还完毕，刘某、杜某、吴某共谋，在明知朱某已偿还270万元的情况下，将贾某、周某为借款60万元签订的内容不完整的抵押合同进行填充，捏造抵押320万元的事实，最终通过强制执行，取得赃款427余万元。一审法院判决刘某、杜某、吴某犯诈骗罪，判处三人均为有期徒刑13年，剥夺政治权利3年，罚金13万元，并责令三名被告人退赔427余万元。

【法律分析】

我国法律对于人民法院在审理民商事纠纷案件中发现犯罪时的处理原则，经历了原则上全案移送公安机关向区分不同法律事实、区别对待转变的过程，即从先刑后民到刑民共进，如果民商事纠纷与涉嫌刑事犯罪的事实是同一法律事实，应先刑后民，如果是不同法律事实，应分别审理，互不影响。《全国法院民商事审判工作会议纪要》进一步明确了分别审理、民事诉讼不予受理、民事诉讼中止审理的情形。

本案中涉及的法律关系有借款合同法律关系、抵押合同法律关系，本案借款合同中权利义务关系清楚明确，不存在争议，本案争议的焦点在于抵押合同的意思表示是否真实。原告贾某、周某主张不真实，认为涉嫌犯罪应移送公安机关，被告刘某主张真实。那么本案应当继续审理还是移送公安机关呢？关键在于本案中民事争议和涉嫌犯罪的事实是否为同一法律事实。法律事实是法律关系得以发生、变更和消灭的直接原因。以是否以当事人的意志为转移为标准，可以将法律事实划分为法律事件和法律行为两大类。法律事件是法律规范规定的、与当事人的意志无关，能够引起法律关系产生、变更、消灭的客观事实。法律行为是人们实施的能够发生法律效力的行为，以意思表示为要素。本案中显然是一个法律行为，那么在评价其是否属于同一法律事实或者说同一法律行为时，需要重点审查的是意思表示的主体、内容、对象、形式是否一致。本案中的法律行为，从刑事角度讲，贾某、周某认为刘某利用其签字的空白的抵押合同，未经其同意擅自更改了抵押数额，即虚构事实隐瞒真相，其目的在于取得房屋的抵押权，优先受偿。从民事角度讲，原告认为被告提供的抵押合同等文件并非原告的真实意思表示，对原告不应产生拘束力，更不可能取得对房屋的优先受偿权。归根结底其实质都是原告对于抵押一事的意思表示是否真实、被告是否能取得优先权的问题，明显属于同一法律事实。所以本案应先刑后民，本案的最终裁判结果也印证了这一点。

笔者认为，如果本案不通过刑事手段，始终坚持民事审判，可能难以完全实现最终的实体正义。首先，本案中一个重要的事实是朱某已偿还了 280 万元借款中的 270 万元，但朱某失联，而且其将 270 万元还到了杜某的账户而非刘某的账户，即便还到刘某的账户，如果朱某不出庭，刘某不自认，也很难认定该 270 万元是偿还前述 280 万元借款。其次，现实中，当事人往往会因为法律意识不强等原因导致其作出的民商事行为存在一定的瑕疵或者不严谨，民事诉讼遵循盖然性证明标准和证据优势原则，所以民事诉讼中，往往签字即事实。

【案件启示】

刑法法益与民事权利并不冲突，刑事诉讼与民事诉讼都只是手段，殊途同归，最终目的都是保护利益。刑民交叉案件中同一法律事实一定程度上代表着民事纠纷掩盖了刑事犯罪。在民事诉讼中,如何将涉嫌刑事犯罪与日常民事行为的瑕疵或者当事人出于利己主义导致的民事法律行为不真实相区别?被考验的、应当思考的是所有的法律工作者。作为律师,在办理刑民交叉案件时应善于把握争议法律关系的本质,努力维护当事人的合法权益,争取让民事归于民诉,刑事归于刑诉。望当事人诚恳,望法律工作者审慎。

邹某诉甲银行某市分行、甲银行A支行借记卡纠纷案

——因银行账户涉刑被冻结而提起的民事诉讼，是否适用“先刑后民”原则

赵　晶*

【基本案情】

邹某在甲银行A支行开通了账号为×××的借记卡。该银行账号与甲银行A支行行长常某存在多笔流水交易。常某因伪造公章，涉嫌合同诈骗罪于2017年4月13日被抓获归案，上述账号与常某涉嫌诈骗刑事案件有关。同日，为防止邹某将资金转移，甲银行A支行对邹某名下的上述账户进行冻结。2017年5月27日，公安机关出具协助冻结财产通知书对上述账户依法进行冻结。截至庭审之日，公安机关对上述账户采取持续冻结措施。邹某诉至法院，要求甲银行某市分行、甲银行A支行解除对原告账户的限制措施，即解除对账户的冻结措施；甲银行某市分行、甲银行A支行向原告赔礼道歉。

【案件焦点】

(1)甲银行A支行对邹某借记卡内资金的冻结行为是否具有合法依据；

(2)在借记卡被冻结的状态下，邹某的相关诉讼请求能否得到支持；

(3)本案是否应适用“先刑后民”原则中止审理，等待刑事案件审结后恢复审理。

---

* 赵晶：北京市华城律师事务所律师，北京市律师协会刑民交叉专业委员会委员。

【法院裁判】

法院认为邹某在甲银行A支行开立账户，双方存在借记卡合同关系。《商业银行法》第29条规定："商业银行办理个人储蓄存款业务，应当遵循存款自愿、取款自由、存款有息、为存款人保密的原则。对个人储蓄存款，商业银行有权拒绝任何单位或者个人查询、冻结、扣划，但法律另有规定的除外。"按照现行相关法律规定，只有人民法院、人民检察院、公安机关等执法机关可以要求银行冻结账户。在公安机关冻结邹某的银行账户之前，甲银行A支行先行冻结邹某名下账户的行为，并无法律依据和合同依据。故该冻结行为为错误冻结，应当予以解除。目前甲银行A支行的冻结行为已经解除，但公安机关在上述账户上的冻结行为持续存在，只有在公安机关对上述账户的冻结行为解除后，上述账户才能恢复正常。

甲银行某市分行并不是邹某与甲银行之间的借记卡合同关系的相对方，亦无证据证明甲银行某市分行参与了具体的冻结行为，故甲银行某市分行并不是本案的适格被告，邹某对甲银行某市分行的相关诉讼请求予以驳回。

法院认为关于邹某要求甲银行A支行赔礼道歉的诉讼请求，当事人对自己提出的诉讼请求所依据的事实或反驳对方诉讼请求所依据的事实，应当提供证据加以证明，但法律另有规定的除外。在作出判决前，当事人未能提供证据或者证据不足以证明其事实主张的，由负有举证责任的当事人承担不利的后果。本案中，邹某主张因甲银行A支行对账户的冻结行为给其造成严重的精神压力和精神损害，但未提供证据证明，且法院认为该冻结行为并不会给权利人邹某带来人格上的损害，本案不宜适用赔礼道歉的救济措施，且在公安机关采取冻结措施后，甲银行A支行已经解除相应的冻结行为，故法院对邹某要求甲银行A支行赔礼道歉的诉讼请求不予支持。

法院认为本案审理的是甲银行A支行与邹某的借记卡纠纷一案，与常某涉嫌诈骗刑事案件并无关联，应继续审理。

【法律分析】

在刑民交叉案件审理过程中，关于正在审理的民商事案件是否应该中止，应从"必要性""关联性"两方面来分析。所谓必要性，即"民事案件审理是否须以另一案的审理结果为依据"；所谓关联性，即"刑事案件与民事案件是否存在关联"。通过证据分析，在权衡相关事实后作出是否中止审理的裁判。

（一）民事案件不以刑事案件的审理结果为依据，民事案件应当继续审理

民事案件的审理，不依赖于刑事案件的审理结果，则民事案件不应中止审理，应当继续审理。首先，根据《民事诉讼法》第153条第5项的规定，有下列情形之一的，中止诉讼：本案必须以另一案的审理结果为依据，而另一案尚未审结的；中止诉讼的原因消除后，恢复诉讼。其次，根据《全国法院民商事审判工作会议纪要》第130条的规定，人民法院在审理民商事案件时，如果民商事案件必须以相关刑事案件的审理结果为依据，而刑事案件尚未审结的，应当根据《民事诉讼法》第153条第5项的规定裁定中止诉讼。待刑事案件审结后，再恢复民商事案件的审理。如果民商事案件不是必须以相关的刑事案件的审理结果为依据，则民商事案件应当继续审理。①

本案中，邹某与甲银行某市分行、甲银行A支行借记卡纠纷可以结合查明的案件事实直接得出裁判结果，并不需要以刑事案件的裁判结果为依据。因此，民事案件不需要中止诉讼程序，应当继续审理。

（二）民事案件与刑事案件不存在“同一事实”上的关联，民事案件应当继续审理

民事案件与刑事案件不是“同一事实”或“同一法律关系”，不具有关联性，以刑民各自分开办理为原则。首先，根据最高人民法院《关于在审理经济纠纷案件中涉及经济犯罪嫌疑若干问题的规定》第10条的规定，人民法院在审理经济纠纷案件中，发现与本案有牵连，但与本案不是同一法律关系的经济犯罪嫌疑线索、材料，应将犯罪嫌疑线索、材料移送有关公安机关或检察机关查处，经济纠纷案件继续审理。其次，根据最高人民检察院、公安部《关于公安机关办理经济犯罪案件的若干规定》第22条的规定，涉嫌经济犯罪的案件与人民法院正在审理或者作出生效裁判文书以及仲裁机构作出裁决的民事案件有关联但不属同一法律事实的，公安机关可以立案侦查，但是不得以刑事立案为由要求人民法院移送案件、裁定驳回起诉、中止诉讼，判决驳回诉讼请求、中止执行或者撤销判决、裁定，或者要求人民法院撤销仲裁裁决。最后，根据最高人民法院审判委员会副部级专职委员刘贵祥2019年在全国法院民商事审判工作会议讲话时所述，所谓“同一事实”，是指同一主体实施的行为，属于同一法律关系，且民事案件争议的事实是构成刑事犯罪

---

① 《全国法院民商事审判工作会议纪要》中规定的是《民事诉讼法》第150条，但该法于2023年修正，相关规定参见2023年修正的《民事诉讼法》第153条。

的要件事实。民事案件与刑事案件不属于“同一事实”的,公安机关不得要求人民法院中止诉讼,经济纠纷案件应当继续审理。

本案中,邹某民事案件与常某涉嫌诈骗刑事案件属于“不同事实”,两者不存在事实上的关联,并且民事案件并不必须以常某涉嫌诈骗刑事案件的审理结果为依据。因此,本案应当继续审理。

【案件启示】

针对这个案件,笔者有以下心得:刑民交叉案件,既涉及刑事法律关系,又涉及民事法律关系,应当妥善处理好刑民交叉案件的程序衔接问题。在权利保护方面,刑事诉讼和民事诉讼只是适用法律不同,并不存在保护权利的优劣和先后,无论是刑民分开、先刑后民,还是先民后刑都不应当绝对化和扩大化。代理律师需协助法官审慎作出是否中止审理的决定,综合衡量“民事案件审理是否须以刑事案件的审理结果为依据”及“刑事案件与民事案件是否存在关联”两方面的要求,并且需考虑个案中存在的其他影响当事人利益的因素。在代理具体案件时,既要发挥刑事诉讼有利于查清案件事实的功能,也要保障当事人通过民事诉讼维护其权益的权利。作为代理律师,应当从保护当事人利益的立场阐述观点,按照实事求是的原则确定代理思路。

吴某某诉某股份制存管银行银行卡纠纷案

——刑民并行或先刑后民的法律适用规则

刘　军*

【基本案情】

2017 年 6 月，吴某某在某银行股份有限公司（以下简称某银行）官网中选中某平台，后点击注册获得某银行卡号为 6212××××500 银联标准借记卡。该卡具备银联标准账号的全部功能，可从事多种银行业务，如支取、跨行转账等业务功能。

2017 年 6 月 19 日至 2018 年 4 月 18 日，吴某某于某平台选择借款方，通过在某银行开户的账号 6212××××500 银联借记卡共发生 24 笔网络借贷资金存管业务，共计金额 3,195,601.00 元。其中，吴某某为出借人，24 位具有明确身份信息的企业或个人为借款方，某公司为平台服务方，某银行为存管单位。因后续借款方未如约还款，吴某某方知某银行并未按照国家法律法规要求以及网络借贷资金存管的约定，按照吴某某意思指令，将吴某某出借款项直接划入借款人的银行账户，而是根据平台服务方指令转至其他 5 个银行账户［6212××××116（先后从吴某某账户吸纳了 821,501 元），6212××××745（先后从吴某某账户吸纳了 1,055,000 元），6212××××600（先后从吴某某账户吸纳了 100 元），6212××××882（先后从吴某某账户吸纳了 1,279,000 元），6212××××765（先后从吴某某账户吸纳了 40,000 元）］中。从某银行向其他客户提供的流水可知，以上 5 个

* 刘军：北京市康达律师事务所律师，北京市律师协会刑民交叉法律事务专业委员会副秘书长。

资金账户户主是林某某、单某某等5个非借款人。

某银行上述背信运用受托财产行为直接导致吴某某出借款项被他人非法侵占，且因为出借资金没有进入借贷合同的借款人账户，吴某某也无法向合同借款人主张借款，因此蒙受了巨大经济损失。

吴某某因某银行未按约履行银行卡服务合同义务，导致其未如期收回借款本息，向法院提起诉讼，经过一审、二审程序，法院均裁定驳回。吴某某向某省高级人民法院申请再审，法院裁定提审本案。

【案件焦点】

本案民事诉讼是否与刑事案件处理结果有关。

【法院裁判】

一审法院认为，某公司涉嫌非法吸收公众存款罪已被公安机关立案侦查，且案涉损失金额以及导致损失的原因均与刑事案件处理结果有关，因此裁定驳回原告吴某某起诉。

二审法院经审理认为，因某公司涉嫌非法吸收公众存款案正在人民法院审理过程中，而案涉款项的划拨情况、吴某某的损失金额等本案基本事实的确定均与该刑事案件的审理结果有关，因此裁定驳回上诉，维持原裁定。

再审法院裁定本院提审。

【法律分析】

本案属于典型的刑民交叉案件，本文从程序和实体两方面作简要分析。

（一）本案程序方面

依据最高人民法院《关于在审理经济纠纷案件中涉及经济犯罪嫌疑若干问题的规定》第11条的规定，人民法院作为经济纠纷受理的案件，经审理认为不属于经济纠纷案件而有经济犯罪嫌疑的，应当裁定驳回起诉。

本案是否适用“先刑后民”存在争议。依据《全国法院民商事审判工作会议纪要》的相关规定，“先刑后民”要求所涉刑事案件和民事纠纷属于同一事实，但在本案吴某某提起的银行卡纠纷中，对方当事人为某银行，其并非前述刑事案件当事人。因本案所涉刑事案件和民事纠纷的主体不同，导致本案不属于同一事实。

此外，刑事案件的起因在于某某网和某公司在没有关于吸储资金的行政许可的前提下擅自向社会不特定对象进行资金的吸储或者变相向社会进行资金吸储，进而触犯我国关于非法吸收公众存款的规定，又由于其主要负责人以非法占有的目的将吸储的资金挪用，构成了主要负责人集资诈骗。

而本案涉及的民事纠纷，起因在于某银行作为存管银行，依据《网络借贷信息中介机构业务活动管理暂行办法》第35条第3款的规定，“资金存管机构承担实名开户和履行合同约定及借贷交易指令表面一致性的形式审核责任，但不承担融资项目及借贷交易信息真实性的实质审核责任”，说明某银行作为存管银行，有义务对出借人和借款人进行表面核查，但某银行违反该义务规定，导致吴某某遭受财产损失，进而引发本案的银行卡纠纷。

笔者认为，无论是从主体方面，还是从刑事犯罪与民事纠纷起因方面进行分析，本案涉及的刑事案件和民事纠纷不属于同一事实，不应当适用“先刑后民”原则，宜分别审理。一审、二审法院均裁定驳回的做法有待考量。

吴某某向某省高级人民法院申请再审，依据《民事诉讼法》“原判决、裁定适用法律确有错误的”的规定，人民法院应当再审。某省高级人民法院裁定提审本案。

（二）本案实体方面

依据《刑事诉讼法》第101条第1款的规定，“被害人由于被告人的犯罪行为而遭受物质损失的，在刑事诉讼过程中，有权提起附带民事诉讼”。最高人民法院《关于适用〈中华人民共和国刑事诉讼法〉的解释》第176条规定，“被告人非法占有、处置被害人财产的，应当依法予以追缴或者责令退赔。被害人提起附带民事诉讼的，人民法院不予受理”。

结合上述两个法条，笔者认为，附带民事诉讼的适用前提为被害人涉嫌损害型犯罪，而不适用于占有型犯罪，本案中某公司涉嫌集资诈骗罪，该罪属于占有型犯罪，被害人吴某某可以采取刑事追缴和退赔程序进行救济，但无权提起刑事附带民事诉讼。

【案件启示】

通过办理本案，笔者分享如下心得：

刑民交叉案件，刑事案件和民事纠纷的审理程序应当遵循哪一原则，关键在于审查二者是否基于同一事实。若基于同一事实，或民事案件的审理需以刑事案件的审理结果为前提，则应当适用先刑后民；若非基于同一事实，则应当分开审理。

依据最高人民法院《关于在审理经济纠纷案件中涉及经济犯罪嫌疑若干问题的规定》(2020 年修正)第 1 条的规定,同一自然人、法人或非法人组织因不同的法律事实,分别涉及经济纠纷和经济犯罪嫌疑的,经济纠纷案件和经济犯罪嫌疑案件应当分开审理。

再依据最高人民法院《全国法院民商事审判工作会议纪要》第 128 条的规定,“同一当事人因不同事实分别发生民商事纠纷和涉嫌刑事犯罪,民商事案件与刑事案件应当分别审理,主要有下列情形:(1)主合同的债务人涉嫌刑事犯罪或者刑事裁判认定其构成犯罪,债权人请求担保人承担民事责任的;(2)行为人以法人、非法人组织或者他人名义订立合同的行为涉嫌刑事犯罪或者刑事裁判认定其构成犯罪,合同相对人请求该法人、非法人组织或者他人承担民事责任的;(3)法人或者非法人组织的法定代表人、负责人或者其他工作人员的职务行为涉嫌刑事犯罪或者刑事裁判认定其构成犯罪,受害人请求该法人或者非法人组织承担民事责任的;(4)侵权行为人涉嫌刑事犯罪或者刑事裁判认定其构成犯罪,被保险人、受益人或者其他赔偿权利人请求保险人支付保险金的;(5)受害人请求涉嫌刑事犯罪的行为人之外的其他主体承担民事责任的。审判实践中出现的问题是,在上述情形下,有的人民法院仍然以民商事案件涉嫌刑事犯罪为由不予受理,已经受理的,裁定驳回起诉。对此,应予纠正。”

对于本案,经过上述法律分析,吴某某对某银行提起银行卡纠纷之诉,该诉讼与案件所涉的非法吸收公众存款罪、集资诈骗罪不属于同一事实,符合法律规定中因不同事实产生的民事纠纷和犯罪嫌疑的,应当分别审理。一审、二审法院均以该民事案件的审理需要以刑事案件的审理结果为前提,作出驳回起诉、驳回上诉的裁定。

某省高级人民法院裁定提审,本案提审对于刑民交叉案件的法律精准适用以及明确类案中受害人的保护方式具有重大而深远的意义。

梅某诉张某一、张某二等人借名买房确权纠纷案

——非同一事实的刑民并行原则处理分析

陈 军*

【基本案情】

梅某的大姐梅某某生前系某区地税局一名干部，张某一是梅某某的丈夫，张某二是张某一与梅某某的儿子。2005年梅某的大姐梅某某所在单位进行单位集资建房，经与其口头协商一致，梅某遂借用其大姐梅某某名义在某区地税局全额出资共计148,478.00元购买一套单位集资房（梅某持有部分交款的原始票据），该单位集资房位于某区地税局家属楼北楼东单元四楼四户，房屋面积131.03平方米，外加储蓄室一间，面积23.84平方米。

该房屋竣工交房时，梅某某和丈夫张某一及其亲属多人一起于2007年3月4日一起察看该房屋后，把该房屋钥匙交给了梅某及其丈夫，众亲属还一起聚餐庆贺。

2007年农历十一月二十八日，梅某的大姐梅某某因病不幸去世，且该房屋产权证件也因种种原因也一直没有办理（其他集资房户也没有办证）。由于梅某在下边县城工作，该房屋就一直空置闲着，更没有装修使用。

2016年6月9日，梅某因筹款为自己在广州工作的儿子在广州市买房，与张某二通过协商后达成《房屋产权处置协议》，进一步确定该房屋的来源及权属关系、办证事宜和委托邵某某（梅某的二姐夫）、梅某二（梅某的二姐）代管、代卖该

* 陈军：北京京坤律师事务所律师，北京市律师协会刑民交叉法律事务专业委员会委员。

房屋等情况，并交给邵某某和梅某二一套房屋钥匙，由于该房屋没有产权证，一直没有卖掉。2016 年至案发，该房屋的钥匙先后几次被莫名其妙地更换，经查问，张某二说是张某一所为，并主动将换掉的钥匙拿回交给梅某。

2020 年 5 月 3 日，梅某的丈夫与二姐夫邵某某到某区地税局家属院查看该房屋，看到楼道口里某区地税局张贴的可以办理该房屋的不动产证登记的通知。后梅某要求张某一、张某二及第三人原某某到区地税局协助办理产权证，但张某一、张某二认为该房屋是夫妻及其家庭共同财产，办证未果，酿成本案诉讼。

一审法院在审理过程中发现张某一、张某二没有经过梅某同意私自以自己名义，将上述房屋于 2016 年 4 月 21 日通过签订《房屋转让协议》，将该房屋卖给赵某涛（没付款，也没有交付）；于 2017 年 12 月 16 日通过签订《房屋买卖协议》，又将该房屋卖给钱某涛，也没有交付，但钱某涛强行进入该房屋，并突击装修。

一审法院认为张某一、张某二出售房屋、收取款项的行为有刑事犯罪的嫌疑，决定将本案移送到公安机关，向梅某送达民事裁定书，驳回梅某的起诉。但公安机关在接收到一审法院移送的卷宗后，于 2020 年 8 月 20 日又将卷宗退回，并回函要求一审法院查明该房屋的所有权人是归梅某所有还是张某一、张某二所有；梅某、赵某涛、钱某涛主张的房屋建筑面积都不一样，查明是否为同一套房屋。

另外，该案在一审法院诉讼期间中，钱某涛明知本案所涉房屋的所有权已经有纠纷，仍强行更换门锁占有该房屋，对该房屋进行突击装修。人民法院遂追加赵某涛、钱某涛作为本案的第三人参加诉讼。

【案件焦点】

（1）本案是否需要先中止审理而将张某二涉嫌刑事犯罪行为移送公安机关侦查；

（2）赵某涛、钱某涛未经梅某许可受让未经登记的房屋是否属于善意取得。

【法院裁判】

一审法院围绕本案的主要争议焦点审理后认为：

第一，梅某虽然在此前以同样的案由向该法院提起诉讼，但被裁定驳回的原因是认为张某二涉嫌犯罪而将案件移送至公安机关的。后公安机关审查后认为该房屋产权情况未查明而将案件退回，要求先明确该房屋产权，并确认争议的房屋是否为同一套房屋，因此梅某再次提起诉讼不属于重复起诉的情形。

第二,虽然梅某未能充分、有效地提供直接将房款交给大姐梅某某或者税务局的全部证据,因梅某不在某市区居住,向其姐姐借钱并委托其姐姐代办相关手续符合情理,梅某的姐妹梅某二、梅某五、姐夫邵某某均到庭证实诉争房屋系梅某借用大姐梅某某的名义集资,所购房款均系梅某缴纳,房子已交付给梅某的事实情况。虽然梅某二关于集资款交付方式的证言与实际交付方式有出入,但因梅某二年龄已近60岁,对于15年前的款项交付的细节问题有可能出现记忆偏差,但三位证人对梅某借名买房的事实均无异议,证人证言、房款收据和张某二与梅某签订的《房屋产权处置协议》所载明的内容能够相互印证,若房屋不是梅某购买,梅某持有交房款收据的部分复印件和原件及房屋钥匙不符合常理。而张某二所称基于亲情受胁迫签订房屋产权处置协议既未在法律规定的期限内行使撤销权,也未提交证据证明其抗辩主张。张某一称其缴纳了8万元购房款,但未提供任何证据证明。按照民事诉讼中的证据优势规则,梅某提交证据的证明力明显大于张某一、张某二提交证据的证明力,可以认定大姐梅某某与梅某之间就案涉房屋由梅某借用梅某某之名集资有口头协议约定及梅某缴纳购房款、房屋已交付给梅某的事实。

同时,关于诉争房屋是否系张某一与梅某某的夫妻共同财产,一审法院认为,梅某某仅仅有案涉房屋的名义权,纵使梅某某放弃集资,税务局不会对梅某某有任何补偿,梅某某作为税务局的员工有权处置自己的集资户头,无论是张某一还是张某二均未提供证据证明其对案涉房屋有任何出资行为,按照谁投资谁收益原则,梅某是案涉房屋的实际所有权人,诉争房屋并非张某一与梅某某的夫妻共同财产。张某二与梅某签订《房屋产权处置协议》中所载明的内容仅仅是对梅某借名集资行为的进一步确认,而非对案涉房屋的再次处置行为。第三人税务局抗辩在集资该套房屋时单位有规定禁止转让,因该规定仅限于其单位内部,梅某与大姐梅某某之间转让集资户头的行为未违反法律法规的禁止性规定,应为有效行为。故此该房屋所有权归梅某所有。

第三,最高人民法院《关于在审理经济纠纷案件中涉及经济犯罪嫌疑若干问题的规定》第10条规定,人民法院在审理经济纠纷案件中,发现与本案有牵连,但与本案不是同一法律关系的经济犯罪嫌疑线索、材料,应将犯罪嫌疑线索、材料移送有关公安机关或检察机关查处,经济纠纷案件继续审理。故此,合议庭认为,本案处理的是确权纠纷,张某二是否涉嫌犯罪不影响对梅某的诉讼请求的审理,本案应继续审理。

第四，钱某涛的购房款支付给案外人陈某某，张某二称陈某某是其前岳母，但称因其已离婚，所以无法举证证明该亲属关系的存在，之所以支付到案外人陈某某的户头上是因为张某二欠别人的钱，所以不敢转到张某二账户上，但张某二和钱某涛对此均未举证证明；且钱某涛支付的购房款数额远远低于案涉房屋当时的市场交易价值；另，不动产构成善意取得必须按照法律规定进行登记，钱某涛虽然支付了相应对价并占有了房屋，但本案诉争房屋既未登记在钱某涛名下也未登记在赵某涛名下。因此钱某涛、赵某涛受让案涉房屋的行为均不构成善意取得。

故此，2020 年 12 月 30 日，一审法院作出一审判决：该房屋归梅某所有；驳回梅某的其他诉讼请求。

一审判决后，张某一、张某二、赵某涛、钱某涛不服，均提出上诉。

【法律分析】

本案时间跨度长，涉及当事人多，调查取证难，案件事实和法律关系复杂，属于疑难复杂案件，更涉及刑民交叉案件。依所涉案件事实的重合程度，刑民交叉案件通常分为竞合型和牵连型两大类型。而本案就属于在某个或者某些构成要素出现了交叉的牵连型刑民交叉案件。本案存在三个法律关系：一是婚内财产共有、继承法律关系，二是借名买房确权法律关系，三是房屋买卖法律关系。但是，根据有关法律规定，人民法院在审理经济纠纷案件中，发现与本案有牵连，但与本案不是同一法律关系的经济犯罪嫌疑线索、材料，应将犯罪嫌疑线索、材料移送有关公安机关或检察机关查处，经济纠纷案件继续审理。从学理研究来看，牵连型刑民交叉案件，以“刑民并行”为原则，以“先刑后民”或“先民后刑”为例外。

在本案中，因该房屋至今没有办理不动产权登记，权属不清，梅某与张某一、张某二正是对该房屋发生所有权归属争议，同时基于公安机关的回函要求和《物权法》第 33 条“因物权的归属、内容发生争议的，利害关系人可以请求确认权利”之规定，[①]笔者认为，梅某第二次起诉确权不属实重复起诉，一审法院对梅某的确权请求进行审理并作出判决是符合法律规定的，这也是刑民交叉案件在实践中“先民后行”处理模式的具体体现。而一审法院第一次裁定驳回梅某的诉讼请求，移送公安机关先行刑事犯罪处理，不尽合理。

梅某与张某一、张某二之间是不动产所有权确权关系，张某一、张某二与赵某

① 本案审理时适用《物权法》，相关规定参见《民法典》第 234 条。

涛、钱某涛之间是房屋买卖关系，涉嫌刑事犯罪的案件事实与房屋买卖关系相关，与梅某第一次起诉所涉的不动产所有权确权关系之间不仅主体不同，权利义务关系不同，而且并非基于同一法律事实，且法院房屋确权的裁判还决定了刑事案件的性质，故此，笔者认为，本案作为民事案件应当继续审理，作出判决，不需要等待刑事侦查结果。因此法院受理梅某第二次起诉是符合法律规定的。

【案件启示】

办理这个案件，有以下启示：

第一，理顺法律关系，确定处理思路。

处理法律纠纷，最关键的问题是理顺法律关系。在涉及众多案件事实时，要紧紧抓住主要的、关键性的问题，找到问题的切入点，确定纠纷的处理思路。在本案中，就是要找出最基本的法律关系——不动产物权确权法律关系，这完全符合物权法律的有关规定。

第二，说服法官第二次立案，引导审理及判决。

由于本案涉嫌刑事犯罪，一审法院裁定驳回梅某的起诉，移送公安机关侦查。公安机关审查后，因该房屋至今没有进行不动产登记，产权不清，要求确定不动产权属关系。梅某要求一审法院重新立案，一审法院立案庭认为，梅某不服一审裁定，应当上诉或者申请再审解决，不能再次立案，否则属于重复起诉。代理人经过有理有据的争取，终于说服法官第二次立案，且不是重复起诉，并引导合议庭依法审理和判决。

第三，围绕法律关系收集证据，让证据说话。

由于本案疑难复杂，调查取证工作显得尤为重要。通过代理人的细致、精准的工作，不仅收集到书证、物证，还收集到视听资料、证人证言，更有知情人员自愿当庭作证。这些证据能够形成完整的证据链条，让这些证据开口说话，证实梅某借名买房的事实，该房屋所有权归梅某所有，一审法院完全了支持梅某的诉求。

某集团公司与某指挥学院买卖合同纠纷案

——合同诈骗罪的认定及先民后刑的处理

朱辽生*

【基本案情】

原告某(集团)有限责任公司(第二六某工厂,以下简称某集团公司)诉称:1996年12月27日,与某指挥学院双方签订《产品供需合同》,约定由原告供给被告水泥3000吨至5000吨,交货期为1997年1月至3月,单价按冬储价。原告如约共发给被告水泥4580吨,被告至今尚欠货款309,765.72元未付。1999年6月30日,原告向被告催要货款,被告拒绝给付。庭审中原告方口头辩称,合同签订人童某某系被告单位职工,原告签订的合同盖有"某学院营建办公室"公章,其行为是表见代理,"某学院营建办公室"也向原告汇过款,原告有理由相信是在和被告做生意,被告对此应负责任,即使有冒用公章的行为,根据《民法通则》第106条的规定,被告也不能免除过错责任。① 原告要求被告给付货款309,765.72元及利息88,485元并承担诉讼费用。

被告某指挥学院辩称:某学院已于1986年6月更名为某指挥学院。童某某盗用作废公章与原告签订合同的行为不符合表见代理的主客观要件,其理由是童某某与原告签订合同单位栏写的是某指挥学院,而落款盖章为"某学院营建办公室财务专用章"单位名称明显不一致;原告在明知合同上显示的单位名称不一致、财务专用章不能作为合同专用章使用的情况下与童某某签订合同,不构成表见代

* 朱辽生:北京一法律师事务所律师,北京市律师协会刑民交叉法律事务专业委员会委员。

① 本案审理时适用《民法通则》,相关规定参见《民法典》第1165条。

理。原告要求被告偿还货款的理由不能成立。童某某拒付并非法占有原告货款30余万元的行为涉嫌合同诈骗罪,请求法院依法驳回原告的诉讼请求。

一审法院查明,自1986年6月23日,某学院更名为某指挥学院。童某某系某指挥学院非编职工。1996年12月27日,童某某与原告签订了《产品供需合同》,供方有原告代理人的签字并加盖了“二六某工厂合同专用章”,需方有童某某在合同上的签字并加盖了“某学院建办公室财务专用章”。1997年1月至5月,原告发过水泥,同年5月20日、6月23日原告收到过“某学院营建办公室”支付的货款。

【案件焦点】

(1)童某某与原告签订《产品供需合同》的行为对某指挥学院是否构成表见代理;

(2)本案童某某的行为是否涉嫌经济犯罪应移送公安机关处理。

【法院裁判】

一审法院认为,原告与童某某签订的供需合同,订货单位栏填写的是“某指挥学院营建办公室”,供方由刘某某签字,并加盖了“二六某工厂合同专用章”,需方是童某某签字,并加盖了“某学院营建办公室财务专用章”。由此可见:(1)合同的订货单位栏填写的是某指挥学院,说明原告对某学院变更番号为某指挥学院是明知的;(2)合同填写的需方单位名称和需方加盖的章不一致,原告是知道的;(3)财务专用章不能用于签订合同,原告在合同上加盖的就是合同专用章,说明原告明知或应知合同签章的形式要求。原告在上述明知或应知的情况下仍与无权代理人签订买卖合同,主观上存在明显的过失。另外,原告没有证据证明原告与被告之间履行过该合同,对原告与童某某之间的合同行为,被告不应承担责任。对被告律师关于表见代理不能成立的意见予以采纳,依法判决驳回原告诉讼请求。

原告不服一审判决上诉至二审法院。二审法院认为:已查明的事实和被上诉人在二审中提供的关于“某学院营建办”账户开户及资金往来情况的新证据表明,被上诉人某指挥学院并未授权童某某与上诉人签订《产品供需合同》,也没有实际履行该合同。在该合同一方实际签订和履行人童某某尚未参加诉讼情况下,无法查清该合同的签订和履行情况,无法确认合同当事人的责任。二审法院主持调解,双方当事人不同意调解。二审法院依法裁定撤销一审法院判决,发回重审。

一审法院重审后认为,本案直接责任人童某某(系地方人员)涉嫌经济犯罪,已由公安机关对其立案侦查。依据最高人民法院《关于在审理经济纠纷案件中涉及经济犯罪嫌疑若干问题的规定》第11条的规定,依法裁定驳回原告的起诉。

上诉人不服一审法院裁定上诉,重审二审法院认为,根据已经查明的事实,本案直接责任人童某某(系非编职工)涉及经济犯罪嫌疑,已由公安机关立案侦查;一审法院认定事实清楚,适用法律正确,应予维持;依法终审裁定驳回上诉,维持原判。

【法律分析】

本案属于刑民交叉案件,涉及民法表见代理与刑法合同诈骗罪两类法律规范。

(一)表见代理

《民法典》第172条(原《合同法》第49条)规定:"行为人没有代理权、超越代理权或者代理权终止后,仍然实施代理行为,相对人有理由相信行为人有代理权的,代理行为有效。"本条是关于表见代理的规定。正确理解表见代理的构成要件,不仅要看"相对人有理由相信行为人有代理权",即行为人具有授权代理表象的客观要件,而且要看相对人与行为人在交易过程中的主观要件是否成立。我国《民法典》、原《合同法》在法律条文中对表见代理的主观要件未作出明确规定。司法实践和学理解释表见代理的主观要件,要求相对人主观上须为善意无过失,即相对人善意又没有对应当知道的情况具有失察的过失。① 相对人善意且无过失的判断标准是其不知道行为人没有相应的代理权,若相对人明知或应当知道行为人无代理权仍与其签订合同,则不构成表见代理。②

本案中,原告与童某某签订《产品供需合同》单位栏写的是"某指挥学院营建办公室",但落款盖的印章却是"某学院营房基建办公室财务专用章",抬头与落款的单位名称明显不一致。另外,通常财务专用章是用作现金、支票、收据等财务往来进行核验的印章,这种部门业务专用章不能代替合同专用章使用,不具有对外签订合同的效力。通过分析上述事实证据,可得出童某某不构成表见代理:一是童某某签订合同填写的单位名称与落款印章单位名称不一致,以及使用财务专用

① 参见唐德华主编:《合同法案例评析》,人民法院出版社2000年版,第272页。

② 参见最高人民法院经济审判庭编著:《合同法释解与适用》,新华出版社1999年版,第208页。

章签订合同的行为均有悖常识及经验，其行为客观表象不具有授权代理之意，不符合表见代理的客观要件。二是原告签订合同时对童某某在合同上填写的单位名称与所盖印章单位名称明显不一致，以及使用办公室财务专用章签订合同等不符合要求的情况，存在应当知道而失察的过失，不符合表见代理的主观要件。为此，一审法院认为，原告在明知或应知上述有关情况下，主观上存在明显的过失，童某某的行为对被告不构成表见代理，采纳了被告律师的意见，驳回了原告诉讼请求。此外，根据1998年最高人民法院《关于在审理经济纠纷案件中涉及经济犯罪嫌疑若干问题的规定》（以下简称《经济犯罪嫌疑若干规定》）第5条的规定，行为人盗用单位公章签订经济合同，骗取财物归个人占有、使用、处分的，单位对行为人该犯罪行为所造成的经济损失不承担民事责任。[①]

（二）合同诈骗罪

根据《刑法》第224条的规定，以非法占有为目的，在签订、履行合同过程中，骗取对方当事人财物，数额较大的，构成合同诈骗罪。该条规定第1项，以虚构的单位主体签订合同的，构成合同诈骗罪。根据1996年最高人民法院《关于审理诈骗案件具体应用法律的若干问题的解释》[②]的规定，行为人具有下列情形，应认定其行为属于以非法占有目的，利用经济合同进行诈骗：合同签订后，以支付部分货款开始履行合同为诱饵，骗取全部货物后，在合同规定的期限内或者双方约定的付款期限内，无正当理由拒不支付其余货款的。

合同诈骗罪往往与合同纠纷交织在一起，罪与非罪容易混淆。合同诈骗罪也是一种合同欺诈行为，两者的根本区别在于是否实际骗取了对方当事人数额较大的财物。合同诈骗形式虽变化多样但万变不离其宗，以非法占有为目是该犯罪构成的核心要件。

某军队开展生产经营期间童某某停薪留职，被单位安排在具有法人营业执照的“某建材店”做负责人，自负盈亏，承包经营。童某某完全可以用“某建材店”合法名义、合法公章与原告签订《产品供需合同》。但本案中童某某盗用作废公章，以虚构主体名义故意隐瞒事实真相与原告签订和履行合同，在先支付部分货款后拒付30余万元货款，童某某显然具有非法占有原告货款的目的。根据2001年最高人民检察院、公安部《关于经济犯罪案件追诉标准的规定》第69条的规定，以非

① 本案审理时适用1998年的规定。相关规定参见2020年修正的该规定第5条。

② 本案审理时适用该规定，现已失效。

法占有为目的，在签订履行合同过程中，个人诈骗公私财物，数额在5000元至2万元以上的，视为合同诈骗“数额较大”，应予追诉。① 童某某的行为主客观方面符合合同诈骗罪的构成要件，涉嫌合同诈骗罪。

【案件启示】

本案是笔者办理的一起刑民交叉案件和军地互涉案件。关于刑民交叉案件的概念目前尚无共识，从律师办案实务操作理解和把握的角度，笔者认为，是指行为人的行为涉及刑事和民事两种法律关系的交叉，需要根据法律构成要件区分案件民事或者刑事的性质，甄别是同一事实的竞合关系，还是非同一事实的牵连关系，结合案情事实和性质综合分析判断，分别采取刑民并行、先刑后民或者先民后刑等诉讼方式处理的案件。由于刑民交叉案件的复杂多样性，其不仅涉及实体定性还有程序选择，律师办理此类案件应当实体与程序并重进行综合分析考量。

第一，在实体上，要根据法律和司法解释的有关规定，分析案件事实证据，界定刑民交叉性质并把握案件构成要件实质。根据《经济犯罪嫌疑若干规定》第1条基本规则，甄别是否属于“同一法律事实”是区分经济纠纷或者涉嫌经济犯罪，即牵连型或者竞合型刑民交叉案件，以及如何处理的关键。本案属于竞合型案件涉嫌经济犯罪，实体上应当着重分析当事人行为的主客观方面是否符合犯罪构成要件。本案法院一审、二审时，根据《经济犯罪嫌疑若干规定》第5条、第11条，笔者提出童某某的行为涉嫌合同诈骗罪。笔者认为，本案客观方面，童某某盗用作废公章以虚构主体名义与原告签订合同、支付货款，在支付大部分货款后拒付30余万元货款的行为，形成了合同诈骗的完整客观证据链。在主观方面，童某某在签订和履行合同过程中故意隐瞒虚构主体事实的真相，在支付部分货款后拒付30余万元货款，并在诉讼中为原告提供相关证据企图将其所欠货款由被告承担等，充分反映了童某某主观上具有非法占有原告货款的目的。童某某的行为主客观方面符合合同诈骗的犯罪构成要件。最终一审法院重审、二审法院终审认为，本案直接责任人童某某涉嫌经济犯罪，分别裁定驳回了原告（上诉人）的起诉和上诉，将案件移送公安机关。

第二，在程序上，要根据法律和司法解释有关程序性规定，结合案件事实及具体情形、采取相应的诉讼方式及策略，推动诉讼目标实现。

---

① 本案审理时适用该规定，现已失效。

鉴于本案一审、二审时，两级法院对童某某的行为涉嫌合同诈骗罪未予考虑。为推动刑事立案，笔者认为童某某虽是非编职工不属于军队司法管辖人员，但其与原告签订合同时是依法登记注册企业“某建材店”的负责人，且合同签订地和履行地（货物交易存放地）均在营区范围内，此案属于军地互涉案件。1987年最高人民检察院、公安部、原总政治部（现军委联合参谋部）《关于军队和地方互涉案件侦查工作的补充规定》[①]第3条规定，军队在工商行政管理部门登记注册，实行企业化经营管理的公司所发生的案件，由军队保卫部门、军事检察院按照案件管辖范围的分工立案侦查。于是笔者向军队有关保卫部门反映了此案情况。经初查，童某某曾因盗用作废公章与原告签订合同非法经营被举报，某指挥学院有关部门为此给予童某某行政处分。结合本案童某某盗用作废公章以虚构合同主体、隐瞒事实真相的手段与原告签订及履行合同，拒付30余万元货款，数额巨大，军队有关保卫部门认为童某某的行为涉嫌构成合同诈骗罪，于是致函二审法院将案件有关材料作移送处理以便立案侦查。二审法院以签订合同当事人童某某未参加诉讼，无法查清该合同的签订和履行情况，无法确认合同当事人的责任为由，将案件发回重审。

对此笔者向二审法院提出书面意见：强调根据《经济犯罪嫌疑若干规定》和最高人民法院、最高人民检察院、公安部《关于在审理经济纠纷案件中发现经济犯罪必须及时移送的通知》有关规定要求，应当将本案移送有管辖权的军队保卫部门或者公安机关立案侦查，并指出法院依法行使审判权不应干扰和影响刑事侦查权。之后二审法院有所重视。本案从法院一审、二审、发回重审和上诉终审的每个阶段，笔者始终坚持根据法律和司法解释有关规定有理有据地提出具体意见，对法院最终将案件移送公安机关立案，应当先处理刑事案件再处理民事争议起到了促进作用。现实司法实践中，法院已审理的经济纠纷案件中除司法解释规定的涉众型案件外，很少有法院主动将涉及经济犯罪嫌疑的案件移送公安机关，究其原因：一方面刑民交叉案件涉及的两类法律关系交织在一起且较为复杂，让民事法官对案件是否涉嫌刑事犯罪直接作出判断有难度；另一方面目前法律和司法解释有关规定对于刑民交叉案件涉及的问题尚未形成系统的规则，有些环节缺乏可操作性。律师办理刑民交叉案件仍需不断探索，努力前行。

---

① 该规定现已失效。

第三章　财产处置

张某诉海洋洋交易中心合同纠纷案

——刑事案件中未获全额退赔的被害人是否可另行向其他非犯罪主体提起民事诉讼主张退赔不足的部分

许晓燕*

【基本案情】

大鱼公司是海洋洋交易中心(以下简称海洋洋)的综合类会员公司,与海洋洋签订了网络大宗商品交易服务合同,双方约定:大鱼公司与客户间的交易使用海洋洋交易系统,客户在海洋洋开立账户用于交易出入金,海洋洋收取交易金额万分之十二(双边)的手续费,并返还万分之八给大鱼公司,大鱼公司自负盈亏。大鱼公司实际控制人李某等人在海洋洋不知情的情况下,通过组织大鱼公司的业务员、讲师、主播冒充股民、炒股高手、投资顾问诱骗客户到海洋洋交易中心开户进行大宗商品交易。之后大鱼公司员工用虚假身份与客户对赌,由讲师、"明星号"在直播间指导客户进行大宗商品交易,其间通过指导客户设置止盈点数、指导客户操作交易、诱导客户"爆仓"等方式确保大鱼公司在对赌中获胜,故意致使客户亏损,达到非法占有客户资金的目的。2018 年,大鱼公司实际控制人李某等人因上述行为被判诈骗罪,相关赃款被扣押,海洋洋平台所收取的手续费也被作为赃款扣押,但上述扣押赃款不足以覆盖客户的全部损失,因此其中一名客户张某向法院提起民事诉讼,其诉讼请求为:(1)认定其在海洋洋交易系统的开户及交易无

* 许晓燕:北京市东方律师事务所律师,北京市律师协会刑民交叉法律事务专业委员会副秘书长。

效。(2)海洋洋返还全部交易金额,包括手续费等。海洋洋辩称:(1)自己作为平台方并未参与诈骗行为,赔偿责任人已由刑事判决明确为李某等人,如果返还全部交易金额,则原告可能双重受偿;(2)本案应以一事不再理为由驳回张某的起诉。

【案件焦点】

(1)在已有刑事判决明确李某等人退赔责任的情况下,法院审理本案是否违背一事不再理原则,本案中张某是否属于通过双重受偿获取不当得利;

(2)海洋洋是否应当承担责任,如果是,责任的性质和范围如何确定。

【法院裁判】

一审法院认为,针对争议焦点(1),张某、海洋洋之间的交易与刑事案件所涉交易系产生了同一损害后果的不同法律关系。由于救济的法益不同、责任刑事不同,刑事、民事案件对刑事被害人、民事权利人的救济方式也不同。虽然刑事判决明确对张某主张的损失进行追偿,该判决并不免除民事案件中其他责任主体应当承担的民事责任。因此本案不属于一事不再理。但是本案中张某确实存在双重受偿的可能,因此海洋洋赔偿时应当扣除追赃款部分。针对争议焦点(2),一审法院认为张某在海洋洋交易中心进行的交易并不是为了获得大宗商品,而是为了通过价格涨跌获得收益,交易对象为标准化合约,交易形式为集中交易,并采用了做市商机制和风险保证金制度,属于变相期货交易。由于海洋洋作为期货交易服务合同当事方不具备期货交易资质,不属于法定的期货交易场所,涉案交易属于违法期货交易。由于张某进行的是期货交易,作为做市商的海洋洋自然属于交易的参与方,应当返还(赔偿)张某亏损。据此,一审法院判决:(1)张某在海洋洋交易系统中的开户及全部交易属于非法期货交易而无效;(2)海洋洋返还(赔偿)张某在该项交易中的损失,扣除刑事判决书追赃获赔部分。

海洋洋针对该一审判决提出上诉,认为一审判决对海洋洋承担的义务性质认定不明,未明确究竟是承担返还还是赔偿责任。

二审法院支持了一审法院的判决,并在一审判决的基础上,针对海洋洋的上诉请求作出了补充论证。针对该案是否构成一事不再理,二审法院认为本案是张某与海洋洋中心基于无效的期货交易合同产生的民事纠纷。生效的刑事案件是给基于被告人李某犯诈骗罪产生的刑事责任,其确立的追缴退赔主体与本案的民事纠纷责任主体不同，两案是基于不同内容的法律关系产生同一损害结果。两案审理并行不悖，不构成一事不再理。对于海洋洋应当承担何种责任的问题，二审判决认为，大鱼公司与张某之间的交易采用的是做市商制，在该制度下，交易是在张某和做市商之间完成的。因此，虽然海洋洋与大鱼公司是不同的公司法人，但是大鱼公司是以海洋洋的名义对外招揽客户，张某的开户是由大鱼公司以海洋洋的名义完成的。在交易中，一个阶段是海洋洋负责确定交易品种合约、提供交易的场所、接收保证金、日常结算；另一个阶段是大鱼公司通过海洋洋交易系统与客户对赌。由于交易活动的完成必须要经过上述两个阶段，因此对于张某来说，海洋洋与大鱼公司是两个不可分的整体。张某与海洋洋、大鱼公司之间形成的是同一个法律关系，即期货交易合同关系。由于海洋洋不具备期货交易资质，这一法律关系属于非法期货交易，交易行为无效，海洋洋中心应当承担交易被认定无效后的返还义务。

【法律分析】

本案中法院判决的重要前提在于认定张某与海洋洋之间存在实质上的合同关系，对于这一问题，一审、二审法院的基本思路一致的，二审法院的论证较之一审法院更为充分。从一审判决来看，一审法院注意到了海洋洋是期货交易的参与方，并据此认定海洋洋应当承担民事责任，但并未厘清本案中张某的请求权基础，因此一审法院作出判决是认为海洋洋应当“返还（赔偿）”张某亏损，并未明确海洋洋承担的是返还还是赔偿责任，在作出判决时对合同关系是否成立回答得模棱两可。二审法院则通过以张某与大鱼公司之间交易所遵循的做市商制度为切入点，认定张某与大鱼公司、海洋洋之间存在实质上的合同关系。从民商事交易的基本形态看，海洋洋作为期货交易中的做市商，被认为属于合同相对方，并据此认定海洋洋应当承担的是交易被认定无效后的返还责任而非赔偿责任。本案一审、二审法院对于合同关系的认定不拘泥于形式，而是基于民商事活动的通常情况认定张某与海洋洋存在实质上的合同关系，具有一定的合理性。

但是从判决结果来看，海洋洋承担了较多的民事责任，从海洋洋交易中心的运营模式来看，海洋洋公司的所有收益源于客户与会员公司的手续费，海洋洋公司所收取的手续费已经在刑事案件中作为赃款全部被扣押、发还，本案法院支持张某的诉讼请求意味着海洋洋需要承担超出自己在交易中所得收益的部分。当然，海洋洋作为合同相对方并非不能承担超过其所获手续费的赔偿责任，但是应当明确张某的请求权基础。从二审判决来看,海洋洋承担的是交易被认定无效后的返还责任,也就是违约责任,《民法典》第584条规定"损失赔偿额应当相当于因违约所造成的损失",而作为交易中心的做市商,海洋洋的违约行为能对张某造成的损失至多是手续费的损失,其赔偿额应当以手续费为限。法院判决海洋洋承担大鱼公司刑事退赔后的补充责任,笔者认为可能是考虑到张某的损失无法通过刑事判决得到追偿,有违公平原则,因此即便海洋洋退还了全部手续费,故而以交易无效为依据要求海洋洋承担"返还"责任。事实上,根据海洋洋和大鱼公司的协议,作为交易的做市商,海洋洋无从获取大鱼公司所获取的交易款项,海洋洋承担超出手续费之外的"返还"责任同样会存在一定疑问。如果张某希望从海洋洋处得到超出手续费的款项,其请求权基础应当是海洋洋作为交易平台未能及时保障交易安全,海洋洋交易平台存在过错,导致张某财产权遭受损失产生的侵权责任,如果该请求权得到法院的支持,则海洋洋应当承担的民事责任就不再以其所获手续费为限,而是根据海洋洋的过错程度和张某所遭受的损失确定赔偿数额,但是本案中张某并未提出这一诉讼请求,法院也没有依据该逻辑做出判决。事实上,如果张某主张海洋洋应当承担侵权责任,便应当由张某承担海洋洋存在侵权行为、存在过错的举证责任。一审、二审法院在张某没有提出海洋洋侵权这一诉讼请求的情况下作出了超出海洋洋所获手续费之外的判决,应当进行更加详细充分的说理。

【案件启示】

针对这个案件,笔者有以下启示:

在本案中,存在一个典型的刑民交叉问题,即刑事判决对民事案件审理应当具有何种影响。就本案而言,可以总结此类情况下法院审理的一些原则。第一,应当关注刑事判决对民事案件审理的影响。本案法官在审理过程中充分考虑到了相关刑事判决中李某等人退赔的情况,并在作出判决时予以考量。事实上,只要知晓确实存在与本案有牵连关系的生效刑事判决或者正在进行的刑事审判,办案法官在大多数情况下都会在裁判时考虑涉案刑事判决。第二,应当充分认识到刑事和民事审理在法益保护、责任认定等问题上的不同。对于某一案件是否违背一事不再理,应当结合行为主体、责任主体和法律关系等因素综合判断。以该案件为例,在刑法上,诈骗案件的被告人只有李某等人,海洋洋不涉嫌刑事犯罪,故而不会考虑其刑事责任,最多是将其收取的与本案相关的手续费予以扣押。但在民事上，海洋洋作为实质上的合同相对方，从合同的角度看，海洋洋在合同被认定无效后应当承担相应返还责任。从平台责任的角度看，海洋洋作为平台方，如果存在过错，那么在承担返还责任的同时还应当承担与其过错相应的侵权责任。既然李某等人的刑事案件与本案的行为主体、责任主体和所涉及的法律关系均不相同，本案自然不构成对一事不再理原则的违反。第三，应当做好刑事、民事审理之间的协调工作。在本案中，一个较为突出的问题是张某的民事请求是否会导致其双重受偿，答案是肯定的，而本案法院在作出判决时也充分考虑了这一点。不论从民事还是刑事的角度，权利人（被害人）所获得的赔偿、补偿、退赔等都应当以自身损失为限，因此，依据同一损害分别进行的刑事、民事审理应当考虑到双重受偿的可能性，实践中，承担这一协调工作的应当是后作出判决的法院，而律师在办案时应当充分发掘并向法院示明这一情况。

另外值得一提的是，本案作为一个典型的刑民交叉案件，引出了“刑事案件的案外人如何承担民事责任”这一问题。《最高人民法院公报》的“刑民交叉案例要旨”中有一典型案例为“李某东诉上海汉宇房地产顾问有限公司居间合同纠纷案”，其中提道：“犯罪分子被判处刑罚，并被责令退赔犯罪所得的，其他有过错人应当在犯罪分子刑事退赔不足部分承担补充赔偿责任。”①

而在该公报的另一典型案件“李某、龚某诉五月花公司人身伤害赔偿纠纷案”中也提道，“刑事犯罪对顾客人身、财产的侵害一旦发生，只能从经营者是否尽到合理的谨慎注意义务来判断其是否违约；当经营者无过错时，应当考虑适用公平责任原则对被害人予以适当救济”②。虽然上述案件中的案情和所涉及的法律关系与本案有所不同，但综合来看，其底层逻辑与本案存在关联之处，从中可以总结出最高人民法院在刑事案件案外人承担民事责任这一问题上的倾向，即如果该案外人对损害发生有过错，那么其应当承担犯罪分子刑事退赔不足部分的补充责任；如果该案外人对损害的发生没有过错，那么应当根据公平责任确定是否应当给予被害人适当救济。

---

① 李某东诉上海汉宇房地产顾问有限公司居间合同纠纷案，载《最高人民法院公报》2015 年第 2 期。

② 李某、龚某诉五月花公司人身伤害赔偿纠纷案，载《最高人民法院公报》2002 年第 2 期。

欧某诈骗案

——赃款在网络直播平台消费应适用善意取得制度

游　涛　李　元*

【基本案情】

被告人欧某于2020年3月25日因涉嫌诈骗罪被逮捕。湖北省利川市人民检察院以被告人欧某犯诈骗罪，向湖北省利川市人民法院提起公诉。

被告人欧某对指控的事实无异议，未提出辩解意见。其辩护人对指控的罪名及被告人签署认罪认罚具结书的行为无异议，提出被告人欧某在YY平台给主播打赏消费，其中的111万元是欧某在已达充值限额不能继续充值的情况下，YY平台主播邵某红和方某分别接受欧某私下银行转款40万元、71万元后在YY平台后台帮忙完成充值，系YY平台以恶意方式取得欧某巨额款项，又以廉价平庸的视频直播表演诱导欧某花费巨款打赏，不符合正常的市场交易对价，应予判决向YY平台追缴；追缴所得资金退赔被害人损失的不足部分，欧某家属愿意替欧某退赔，以弥补被害人的经济损失。

湖北省利川市人民法院经审理查明：被告人欧某以非法占有为目的，于2018年10月6日至2020年2月15日，以在"美团网"办理宣传业务，或在疫情期间代购口罩为由，先后骗取被害人关某、秦某某共计164.035万元。被告人欧某先后四次共给主播邵某红转款40万元，先后六次共给YY主播方某转款71万元。前述转款共计111万元，均已由方某、邵某红通过YY直播平台后台充值到欧某的

---

* 游涛：北京星来科技有限公司总编辑。
李元：北京高文律师事务所律师。

YY 账户中，并已全部打赏给多名主播。其余绝大部分赃款，均已由欧某自己在 YY 直播平台中充值并打赏给多名主播。审理中，被告人欧某的家属代为向被害人关某退赔了所有经济损失 13.6 万元，向被害人秦某某退赔了部分经济损失 45 万元，关某和秦某某对被告人欧某均表示谅解，并出具了谅解书。

【案件焦点】

赃款在网络直播平台消费中的“直播打赏”是否适用善意取得制度。

【法院裁判】

湖北省利川市人民法院认为，被告人欧某以非法占有为目的，骗取他人财物，数额特别巨大，其行为构成诈骗罪。被告人欧某到案后，如实供述了自己的犯罪事实，退还被害人部分损失，并取得被害人谅解，可以从轻处罚。欧某在疫情防控期间，假借销售用于疫情防控物品的名义骗取公私财物，可以酌情从重处罚；其在取保候审期间再犯罪，可以酌情从重处罚。对被告人欧某的违法所得，依法应当追缴并返还给被害人。关于辩护人提出被告人欧某在 YY 平台中给 YY 平台主播打赏消费的 111 万元系欧某在已达充值限额不能继续充值的情况下，YY 平台主播邵某红、方某分别接受欧某私下转款 40 万元、71 万元后在 YY 平台帮忙完成的充值，应当判决向 YY 平台追缴。经查，将欧某在 YY 平台的充值认定为最高人民法院《关于刑事裁判涉财产部分执行的若干规定》第 11 条第 1 款的规定的四种情形，在本案中应直接予以追缴的证据不足，辩护人提出的该辩护意见，不予采纳。依照《刑法》第 266 条、第 52 条、第 53 条、第 64 条、第 67 条第 3 款，最高人民法院、最高人民检察院《关于办理诈骗刑事案件具体应用法律若干问题的解释》第 1 条第 1 款，最高人民法院《关于适用财产刑若干问题的规定》第 2 条第 1 款，《刑事诉讼法》第 201 条的规定，判决被告人欧某犯诈骗罪，判处有期徒刑 12 年，并处罚金人民币 5 万元；继续追缴被告人欧某的违法所得人民币 105.435 万元，返还给被害人秦某某。

一审宣判后，被告人欧某提出上诉，湖北省恩施土家族苗族自治州中级人民法院于 2021 年 3 月 23 日作出刑事裁定书，驳回上诉维持原判。[①] 现一审判决已经生效。

---

① 参见湖北省恩施土家族苗族自治州中级人民法院刑事裁定书，(2021)鄂 28 刑终 79 号。

【法律分析】

本案的部分赃款被用户在网络直播平台充值后打赏给主播，这部分打赏款如何处理，存在不同意见：

第一种意见认为，赃款不适用善意取得制度，只要能查明赃款的流向，就应该一追到底，并优先保护刑事被害人的权利，因此，应该向网络直播服务提供者（包括主播）追缴赃款。

第二种意见认为，赃款适用善意取得制度，符合民法中善意取得情形的，不应向善意第三人追缴赃款，只能向被告人追缴或责令被告人退赔赃款。赃款在网络直播平台中的“直播打赏”属于赠与，不符合善意取得，应向主播追缴。

第三种意见认为，赃款适用善意取得制度，赃款在网络直播平台的“直播打赏”是否属于赠与，需要根据事实进行判断，在公诉机关没有证据证明“直播打赏”存在最高人民法院《关于刑事裁判涉财产部分执行的若干规定》第 11 条第 1 款规定的四种情形时，依据善意取得制度，不应向网络直播平台和主播追缴。

以上三种意见，笔者更倾向第三种。

（一）赃款适用善意取得制度，是我国刑事司法早已确定的制度

早在 1965 年，最高人民法院、最高人民检察院、公安部、财政部四部门联合制定的《关于没收和处理赃款赃物若干问题的暂行规定》（已失效）中就明确：“在办案中已经查明被犯罪分子卖掉的赃物，应当酌情追缴……对买主确实不知是赃物，而又找到了失主的，应该由罪犯按买价将原物赎回，退还原主，或者按价赔偿损失；如果罪犯确实无力回赎或赔偿损失，可以根据买主与失主双方具体情况进行调解，妥善处理。”这里确立了有限的善意取得制度。只要购买人确实不知是赃物的，承认其交易有效。

1994 年最高人民法院《关于在审理经济合同纠纷案件中发现一方当事人利用签订经济合同进行诈骗的，人民法院可否直接追缴被骗钱物问题的复函》（已失效），1996 年最高人民法院《关于审理诈骗案件具体应用法律的若干问题的解释》（已失效），1998 年最高人民法院《关于在审理经济纠纷案件中涉及经济犯罪嫌疑若干问题的规定》（已被修改）和最高人民法院、最高人民检察院、公安部、原国家工商行政管理局（现由国家市场监督管理总局行使职权）联合发布《关于依法查处盗窃、抢劫机动车案件的规定》，2011 年最高人民法院、最高人民检察院《关于办理诈骗刑事案件具体应用法律若干问题的解释》等，均明确赃款或赃物适用善意取得制度。

在 2014 年最高人民法院《关于刑事裁判涉财产部分执行的若干规定》第 11 条第 2 款,更是明确否定了对赃款赃物一追到底的思路。该条款规定:“第三人善意取得涉案财物的,执行程序中不予追缴。”解释起草负责人刘贵祥和闫燕在该规定的“理解与适用”中重点解释:“赃款系种类物,赃款的追缴适用善意取得制度,凡被犯罪人非法处分的赃款,善意第三人都能取得所有权,司法机关不得追缴。”

本案中,假如对欧某在网络直播平台的打赏赃款不适用善意取得制度,若主播又将赃款 1 万元用于在饭店消费,如果餐厅又发工资、购买其他食材、交税,通过电子支付,这 1 万元的流转情况会很清晰,依照一追到底的思路层层寻觅,这显然是不可能的,这些主体也要使用这些资金,如此追究下去,很可能当法院裁判确定了某些责任主体时,这些主体早已使用完相应资金了。

实际上,赃款作为种类物,一旦流转到第三人账户,与第三人账户内的钱款,特别是与大额钱款混同,并又参与财产分配或流通后,便难以认定赃款作为原物依然存在,此时向第三人追缴便已失去依据。

(二)赃款在网络直播平台的所有消费活动(包括“直播打赏”)应适用善意取得制度

网络直播作为一种新兴互联网商业模式,其运作有其自身特点,但究其内核,可在一定意义上将其运营模式类比为“顾客—商场—入驻卖家”之间的关系。

如 YY 一样的网络直播平台,是基于互联网,以视频、音频、图文等形式向公众持续发布实时信息,依托网络直播资质、技术服务条件和后台管理人员搭建网络直播平台,系互联网直播服务的提供者。网络直播平台有别于公益网络平台,其成立初衷就是获取一定商业利益。用户先向网络直播平台购买虚拟货币,然后使用虚拟货币在平台上消费,或购买虚拟礼物打赏给主播,或给自己购买其他特权等。主播根据网络直播平台规则要求注册成为主播,开播提供直播服务。网络直播平台则依据协议和主播收到的打赏数额来分配资金给主播,主播因此获得打赏数额一定比例的收入。

“赃款打赏”是“网络直播打赏”中的一种情形。所谓“赃款打赏”,就是使用赃款购买虚拟货币,然后再将虚拟货币或者使用虚拟货币购买礼物打赏给在平台提供娱乐表演、才艺展示、聊天互动等服务的主播。基于上述分析,笔者认为有以下几点。

（1）网络直播平台提供服务，获得收益，即使收益源于赃款，也属于善意取得，应当受到法律保护。

用户为自己账户充值，购买虚拟货币，其目的是希望通过消费虚拟货币，获得其他不付费用户无法获得的服务；网络直播平台则保证有相应的服务资源供其挑选、享受。网络直播平台向用户出售虚拟货币，并提供服务，善意有偿，相关合同便合法有效。

主播开播只是网络直播平台提供的服务种类之一。用户在网络直播平台可以玩“捕鱼”“转盘”“挖矿”等不同的娱乐游戏，可以“打赏”主播，还可以开通“贵族”（进场特效等）、购买“头像框”、加入“粉丝团”、“抽奖”、“守护”等。这些服务类型，有的与主播有关，有的与主播无关；有些涉及主播收益，有些不涉及主播收益。包括“打赏”在内的所有这些需要购买虚拟货币才能消费，其他未充值用户则不能享有。它是出资消费用户享有的特殊权利，或是一种娱乐，或是一种自我包装，或是一种情感表达特权，或是一种与主播、其他用户互动的特殊方式，用户在消费过程中也因此获得精神上的享受。

在充值和消费过程中，网络直播平台与用户，一个提供服务获得收益，另一个支付价款获得享受，二者属于网络服务合同关系。这在司法实务中已经达成普遍共识，可以通过查询中国裁判文书网予以印证。例如，针对审判实践中有当事人认为用户与直播平台之间属于赠与关系的主张，安徽省芜湖市中级人民法院在判决书中指出：“用户在网络直播平台充值行为的意思表示明确，即购买虚拟货币‘钻石’，其没有将自己的充值财产无偿给予网络直播平台的意思表示，也没有将自己在网络直播平台充值购买的‘钻石’无偿给予网络直播平台的意思表示。而网络直播平台也没有接受赠与的意思表示及行为。因此，用户与网络直播平台之间，属于有偿的网络服务合同关系，并不符合赠与关系。”①因此，网络直播服务提供者通过搭建网络直播平台，持续发布实时信息，获取对价，以上行为符合市场秩序和交易规则，合法合理。

当然，网络直播平台也有相应的网络安全管理义务。这些义务，主要表现为防止违法犯罪信息发布，保障平台系统安全和数据安全，保障个人信息安全等。但网络直播平台没有识别打赏款来源性质的义务。其实，无论技术还是人力，网络直播平台在客观上都难以就充值款是否属于赃款作出实质性的审查和判断，除

① 安徽省芜湖市中级人民法院民事判决书，（2020）皖02民终2598号。

非赋予其相当于侦查机关的调查权力，但这显然不符合实际。况且货币系种类物，而非特定物，相对人一般以持有状态来分辨归属情况。法律不强人所难，法律也不可能要求网络直播平台有识别打赏款是否属于赃款的义务。

因此一般而言，在网络直播平台提供了相应服务，并尽职履行了网络安全管理义务后，其获取的收益，即使系赃款，在不明知的情况下，属于善意取得，应受到法律的保护。

（2）用户与主播之间的法律关系，需要根据实际情况来区分认定，并以此为基础来决定对主播所得钱款是否应当追缴。

主播也是网络直播平台用户，其根据与网络直播平台签署协议，使用平台技术条件和用户资源，通过在直播间内向公众提供娱乐表演、才艺展示、聊天互动等服务获得人气，从粉丝（用户）处获得通过虚拟财产所兑换的虚拟礼物，并依据获取打赏数额的多少和协议约定的比例，从直播平台获取相应的收入。作为表演者，主播通过表演活动获取报酬亦符合《著作权法》关于表演者权的规定。

目前在司法实践中，围绕用户打赏主播所产生的法律关系，主要有以下两种观点：

一种观点认为，平台没有规定用户享受直播服务必须打赏，用户对主播打赏，纯属自愿，具有单务性，且无对价，属于赠与，除非有证据证明主播接受“打赏”前后须履行具体、明确的合同义务。①

另一种观点认为，用户对自己认可的直播服务自行判断打赏的金额，属于一种非强制性的对价支付模式，在打赏结束后，视为对价已支付，合同即履行完毕，属于消费性质的网络服务合同。例如，最高人民法院司法案例研究院于2020年12月30日发布的典型案例“丈夫在抖音上打赏35万元，妻子能要求女主播返还吗?”就认为：“网络直播服务亦相应具有一定特性，即具有开放性、即时性。直播面向不特定对象，用户可随进随出，对主播的直播服务感到满意即可自愿打赏，但并不能当然以此来否定网络直播服务的对价性。隋某在抖音直播平台为用户提供直播等服务，孙某在接受主播的服务后，获得精神层次上的愉悦，将抖音币打赏给隋某，亦是一种消费行为，双方之间实际上存在对价给付，即时成立网络服务合同关系，同时亦即时履行。”

① 参见广州互联网法院民事判决书，（2018）粤0192民初3号。

笔者同意后一种观点，用户与主播之间属于网络服务合同法律关系。理由如下：

在网络直播过程中，主播可以随时与用户交流互动，这种交流互动均系独立于网络直播平台之外的意思表示，根据双方交流内容，随时可能构成不同的法律关系。用户与主播之间具有独立的并非依存于用户与平台关系的法律关系。

通常情况下，“打赏”是一种实实在在的网络消费活动，是用户享受了直播服务之后的消费支出，消费对象就是主播。用户充值购买虚拟货币的目的就是消费，将用户打赏视为一种赠与，与用户购买虚拟货币的初衷相违背。而主播开播的目的是要通过娱乐表演、才艺展示、聊天互动等服务和时间的付出获取劳动报酬，很多主播都是在直播平台长年累月地工作，有很多主播每日的开播时间都远超8小时，很多甚至将此作为主要生活来源。将主播这种劳动和时间付出所换取的报酬仅仅视为无对价、单务性的赠与，显然也与主播们开播的目的和劳动付出相冲突。

大量主播开播提供服务正是网络直播平台获取收益最主要的资源，也是用户最主要的消费项目。如果将用户打赏视为赠与，那么这种赠与必然不包含对网络直播平台的赠与，如果包含，就会将用户与网络直播平台之间的法律关系变成网络服务合同与赠与合同并存的双重法律关系，对用户的主观意志进行双重评价，这显然有违自然人的意志表达规律。既然受赠主体是主播一人，主播便具有支配打赏款的排他性权利，网络直播平台便无权处分打赏款。但实际上，主播因打赏所得收益，都是通过网络直播平台分配的。主播最初收到的所谓“打赏”，只不过是虚拟财产，这种虚拟财产是网络直播平台分配给主播收益时依据的凭证。[①] 用户在充值之时就已经将钱款全部交付给了直播平台且即使无打赏等消费也无权再取现，财产所有权已经完成转移。主播所得的收益，实际上是在用户参与下，网络直播平台根据与主播之间的协议，将网络直播平台已经获得的收益，对主播进行的二次财产分配。主播的财产所得，来源于网络直播平台的分配，而不是来源于用户的打赏，用户的打赏只不过是这种分配的一个参与因素。这种财产所得形式，显然与赠与大相径庭。

通常情况下，如果没有主播的直播服务，就不会有用户打赏主播的行为。否

① 如果不将虚拟财产作为一种债权凭证对待，那么这种打赏物实际上毫无价值，这也是一些裁判人员认为对于这种打赏没有法律评价必要而否定赠与关系的原因。

定打赏的交易对价性，不仅不符合各方的真实意思表示，也不符合各方行为所体现的交易特点，既不利于保护各方之间的公平交易关系，也不利于维护交易安全。用户打赏主播，首先应该视为一种消费性质的网络服务合同法律关系。对于这类合法的消费性质的直播打赏，在主播不明知赃款性质的，应该依法认定为善意取得，保护主播劳动所得的合法财产权益。

但是，这并不意味着所有的直播打赏都是网络服务合同法律关系。比如，主播通过诈骗、性交易、欺骗等违法犯罪活动而让用户打赏的；主播发布的内容违背公序良俗的；主播为了帮助用户洗钱或者结清未用完的虚拟货币而让用户直接打赏的；主播与用户约定好赠与打赏的等，都不能排除赠与或其他无效法律行为的存在。此类赠与或无效的打赏行为，依法不属于善意取得，对于打赏的赃款，应当向主播予以追缴。

（三）善意取得的认定还应考虑的因素

应当合理性判断直播打赏对价。

根据《民法典》第 311 条的规定，善意取得的构成条件之一是“以合理的价格转让”。一些观点认为，打赏款有的一次成千上万元，而一些主播的表演仅是说说话或唱唱歌，这种情形下的打赏，难以认定为合理的对价。这种观点是否正确，值得商榷。

第一，参照国家统计局公布的《居民消费支出分类（2013）》“五、居民消费支出”的分类表中，文化和娱乐服务是“指与文化和娱乐有关的服务支出，包括：观看电影、话剧、歌舞剧、音乐演出等支出”的规定，通过手机观看网络直播服务以及充值、打赏使用虚拟社区币服务可纳入文化和娱乐服务消费类别，本身并未超出我国居民常见消费支出范围。

第二，打赏对价的合理性标准，相关监管部门没有出台具体的政策要求。这类娱乐性质的服务和打赏，其价值主要取决于用户自己的心理感受，而不取决于第三人的感受。一般情况下，只要是双方自愿，就不能随意否定对价的合法性和合理性。这就如电影演员的出演价格，到底多少合理难以有一个具体的标准，只要合同约定和履行合法，一般应该肯定其合理性。这些应当由市场规定，属于当事人的自由意志。当然，如果今后相关部门出台了有关直播打赏的对价规范，就应该依照规范判断。

第三，在判断对价合理性时，还应该考虑：用户的每一次充值或打赏都是一次单独的消费，不能将所有的消费累计来考量，应独立考量每一次消费是否合理。

正如每次的网络购物都将在消费者与销售者之间形成一次买卖合同法律关系，即便同一消费者连续多年多次在同一销售者处购买同一种商品，也无法律依据和事实理由将该消费者连续多年多次购买的金额累计计算并视为一次意思表示，视为一次购买行为，视为一次买卖合同法律关系。

例如，上海市普陀区人民法院在裁判中所指出的，“被告赵某雄在‘火山小视频’平台充值的金额从 1 元至 2 万元不等，具有小额、高频的特点，并非一次性充值 778,780 元(600 多次充值)，同时，本案所涉五个账号中仅有一个系用赵某雄的身份证号号码登记注册，在通常情形下，网络平台无法判断五个账号实属同一用户所有，故赵某雄的充值、打赏行为并不足以导致作为合同相对方的网络平台对其充值资金来源的合法性和正当性产生合理怀疑”①。

当然，必要时，可以参考同类娱乐服务的市场价格来评价合理性，而不能简单地以裁判者自己的价值标准来评判交易价值合理性，更不能以部分高额打赏来否定所有打赏的合理性。当判断难以做出时，不宜让善意第三人替犯罪分子承担返还财产的责任。否则就有可能出现犯罪分子在非法占有了赃款后，既大肆挥霍得到了享受，又不用承担退还赃款的法律责任，还能在减刑假释考量时不用受到没有退缴或退赔赃款的限制。若果真如此，就是让犯罪分子因为犯罪和挥霍而获益，而让第三人替其承担退还赃款的法律责任。这显然是不公正的，有违基本法律原理。

(四)在刑事案件中，是否符合应予追缴情形的举证责任属于控方

2014 年最高人民法院《关于刑事裁判涉财产部分执行的若干规定》第 11 条第 1 款规定：“被执行人将刑事裁判认定为赃款赃物的涉案财物用于清偿债务、转让或者设置其他权利负担，具有下列情形之一的，人民法院应予追缴：(一)第三人明知是涉案财物而接受的；(二)第三人无偿或者以明显低于市场的价格取得涉案财物的；(三)第三人通过非法债务清偿或者违法犯罪活动取得涉案财物的；(四)第三人通过其他恶意方式取得涉案财物的。”

赃款去向以及流转原因是法院审判应当查明的事实，这一事实决定着判决内容中追缴或退赔裁判的正确性，应当由控方举证证明。对非犯罪人占有财产的追缴，影响到对第三人财产权益的处分。但由于第三人参加诉讼的程序性权利经常

① 上海市普陀区人民法院民事判决书，(2019)沪 0107 民初 6417 号。

会缺失，[①]而且第三人并不是财产的追偿者而是责任负担者，并且是替刑事被告人承担退还赃款责任，因此相对于财产追索者被害人和追诉机关而言，第三人相当于民事案件中的被告。无论从实体权利还是从诉讼权利的角度考虑，涉及追缴第三人财产的举证责任都应该由控方承担，举证不能或不能证明存在上述四种应予追缴情形的，应当裁判由被告人自己承担被追缴或退赔赃款的责任。当然，如果能够证明第三人并非善意取得，就应当向赃款所得者追缴。

本案正是控方没有举证证明欧某给主播打赏的行为，符合2014年最高人民法院《关于刑事裁判涉财产部分执行的若干规定》第11条第1款规定的四种情形，而肯定了YY直播平台和主播对打赏赃款的善意取得，否定了辩护人的意见，并根据《刑法》第64条的规定，判决向被告人欧某追缴赃款。

综上所述，本案判处“追缴被告人欧某违法所得人民币105.435万元，返还给被害人秦某某”是正确的。

【案件启示】

虽然本案裁判结果支持了赃款打赏适用善意取得这一辩护前提，但是作为辩护人，在诉讼过程中绝不能仅依据控方证据进行法律分析和辩护，而应积极主动地行使调查取证权利，做好以下几点：

一是收集和固定平台合规管理体系建设的证据。例如，平台是否建立了合规管理体系、是否制定了完善的合规管理制度、是否有专门的合规管理部门或者专业人员、是否将合规作为管理目标考核、是否将合规作为培训教育内容，等等。

二是确认平台是否建立了针对赃款流入的技术防控系统。例如，是否有针对黑灰产、洗钱、诈骗、赌博等违法犯罪行为的风控系统，风控拦截结果是否有效，风控能力能否不断升级以适应违法犯罪的不断发展变化，风控数据中是否存在大量有利于辩方的证据材料；等等。

三是确认平台是否建立了针对赃款流入的人工审核系统。例如，有无针对违法犯罪行为的日常审核机制、人工审核的比例是否在不断提高、效果是否在不断显现、与风控系统的配合是否畅通、合规部门是否针对赃款流入问题对审核人员

① 2021年3月实施的最高人民法院《关于适用〈中华人民共和国刑事诉讼法〉的解释》对第三人对被追缴财产提出异议参与诉讼的权利给予了一定的程序性保障。

开展教育培训，等等。

四是确认平台是否建立起了有关违法犯罪的举报机制，是否及时向公安机关提供线索并配合提供相关证据材料。

五是确认平台是否对管理层和关键岗位开展了合规调查，明确合规风险点和整改措施，是否跟踪了整改有效性，特别是相关管理人员是否针对赃款流入问题开展了相关工作。

上述证据材料呈现的正向内容，往往非常有利于辩方辩护，可以起到否定“明知”，证明平台履行了安全管理义务等效果，应该为辩护律师所重视。

龙某、王某、孟某非法吸收公众存款案

——非法吸收公众存款案件退赔对定罪量刑的实质影响

荆君望*

【基本案情】

被告人龙某、王某、孟某于2012年至2016年间,伙同王某文、郭某娜等人(已判决),在北京市朝阳区东三环南路×号单中心,以北京某科技发展有限公司名义,以投资壹瓶枣产业基地等项目为由,与投资人签订借款协议,并向投资人承诺在一定期限内返本付息,以此向不特定社会公众非法吸收资金。其中,被告人龙某非法吸收资金报案金额300余万元、被告人王某非法吸收资金报案金额70余万元、被告人孟某非法吸收资金报案金额50余万元。

后被告人龙某、王某、孟某被查获归案。到案后被告人龙某退赔共计85万元,被告人王某退赔18万元在案。被告人龙某、王某自愿认罪认罚,已签署《认罪认罚具结书》。

经审理查明:2010年至2017年,北京某科技发展有限公司以投资项目为由,与集资参与人签订借款协议,并承诺在一定期限内返本付息,公开集资。

被告人龙某参与为公司吸收资金300余万元,造成损失100余万元,龙某于2019年12月4日被查获,追缴85万元。被告人王某参与为公司吸收资金70余万元,造成损失70余万元,王某于2019年9月20日被查获,退缴18万元。被告

* 荆君望:北京一轩律师事务所律师,北京市律师协会刑民交叉法律专业委员会副主任。

人孟某参与为公司吸收资金50余万元，造成损失50余万元，孟某于2019年8月13日被查获，退缴12万元。孟某有投资。

【案件焦点】

(1)被告人如实供述罪行、认罪认罚、退缴违法所得，是否可减轻处罚和适用缓刑；

(2)龙某是否构成自首。

【法院裁判】

法院认为，被告人龙某、王某、孟某公开向社会公众吸收资金，扰乱金融秩序，数额巨大，其行为均已构成非法吸收公众存款罪，依法应予惩处。北京市朝阳区人民检察院指控龙某、王某、孟某犯非法吸收公众存款罪的案件事实清楚，证据确实、充分，指控罪名成立。龙某、王某、孟某系从犯，如实供述所犯罪行，认罪认罚，退缴违法所得，法院对其减轻处罚并适用缓刑，在案款项返还集资参与人。龙某的辩护人所提龙某有自首情节的辩护意见，经查，龙某在公安机关的供述及公安机关出具的工作记录证实，龙某在到案前并不明知警察因其涉嫌犯罪对其进行传唤，不构成自首，法院对此辩护意见不予采纳。其他辩护意见，法院酌情予以采纳。综上，根据龙某、王某、孟某犯罪的事实、犯罪的性质、情节和对于社会的危害程度以及各自在共同犯罪中的罪责，法院依照《刑法》第176条第1款，《刑事诉讼法》第15条及最高人民法院《关于审理非法集资刑事案件具体应用法律若干问题的解释》第1条、第2条等相关法律规定，判决如下：(1)被告人龙某犯非法吸收公众存款罪，判处拘役6个月，缓刑6个月，罚金人民币2万元(缓刑考验期限，从判决确定之日起计算。罚金于本判决发生法律效力后一个月内缴纳)。(2)被告人王某犯非法吸收公众存款罪，判处拘役6个月，缓刑6个月，罚金人民币2万元(缓刑考验期限，从判决确定之日起计算。罚金于本判决发生法律效力后一个月内缴纳)。(3)被告人孟某犯非法吸收公众存款罪，判处拘役6个月，缓刑6个月，罚金人民币2万元(缓刑考验期限，从判决确定之日起计算。罚金于本判决发生法律效力后一个月内缴纳)。(4)在案人民币115万元，返还集资参与人。

【法律分析】

（一）关于被告人如实供述罪行、认罪认罚、退缴违法所得，是否可减轻处罚和适用缓刑的问题

2018年《刑事诉讼法》修改增加了第15条规定：犯罪嫌疑人、被告人自愿如实供述自己的罪行，承认指控的犯罪事实，愿意接受处罚的，可以依法从宽处理。

确立认罪认罚从宽的原则和制度，有利于合理配置司法资源，实现简案快审和难案精审，提高重大案件的审判质量，同时还有助于促进犯罪者的认罪悔罪与教育改造，实现预防再犯的刑罚目的。在本案中，被告人龙某、王某已签署《认罪认罚具结书》，依据法律规定，可以从宽处理，法院判处缓刑于法有据。

由于认罪认罚从宽原则是刑事诉讼法规定的原则，有其独立的价值，但因为是新增的原则，在司法实践中往往产生争议。认罪认罚案件中，检察院要求退赔并交罚金后，向人民法院提出适用缓刑，人民法院应当判决适用缓刑。但是下列情形不适用缓刑：（1）所犯之罪法定刑在3年以上，依法宣告刑应当在3年以上有期徒刑的，如诈骗数额巨大，即使有自首情节，也不适用缓刑；（2）被告是累犯或者犯罪集团的首要分子的。本案中，被告人龙某、王某、孟某均系从犯，因此法院适用缓刑并无不当。

（二）何种情况下可认定为有自首情节

《刑法》第67条规定，犯罪以后自动投案，如实供述自己的罪行的，是自首。自首是指犯罪后自动投案，向公安、司法机关或其他有关机关如实供述自己罪行的行为。对于自首的犯罪分子，可以从轻或者减轻处罚。其中，犯罪较轻的可以免除处罚。被采取强制措施的犯罪嫌疑人、被告人和正在服刑的罪犯，如实供述司法机关还未掌握的本人其他罪行的，以自首论。犯罪嫌疑人虽不具有前两款规定的自首情节，但是如实供述自己罪行的，可以从轻处罚；因其如实供述自己罪行，避免特别严重后果发生的，可以减轻处罚。

本案中，龙某在被公安机关传唤后，并不知晓警察是因其犯非法吸收公众存款罪而传唤。而且根据公安机关出具的工作记录，对龙某讯问前，公安机关已经掌握了其犯罪事实与犯罪证据，因此，龙某在讯问笔录中的供述不能构成自首情节。

【案件启示】

在司法实践中，常出现非法吸收公众存款与民间借贷混淆不清的情形。事实上,法律禁止非法吸收公众存款,但并不禁止公民、组织、企业的融资行为。法律所禁止的是行为人将借用的资金用于放贷等资本、货币经营,而非法吸收公众存款罪所要保护的正是金融机构的特许经营权。

判定融资行为是否属于非法吸收公众存款行为所要考量的首要因素即该种行为是否将借用资金用于放贷、赌博等非法营利活动。若行为人仅将借入的资金用于生活消费等非营利活动或生产经营等合法营利活动,则该种行为不具有构成非法吸收公众存款行为的可能性,其仅属于合法的民间借贷;除此之外还需综合考虑该种行为是否具备公开性、利诱性、社会性等特征,以此认定融资行为是否有可能会被认定为非法吸收公众存款的行为。

某工业园管理委员会合同纠纷与执行异议案

——刑事判决与民事判决发生冲突该如何处理涉案财产

李文华*

【基本案情】

某工业园管理委员会于2017年9月21日向某人民法院提起以杨某担任法定代表人的某市某科技开发有限公司为被告的合同纠纷诉讼,法院判决被告签订《投资合同书》时交付的100万元保证金转为违约金赔付给原告。

另外,河源中院作出刑事判决明确确认,向杨某追缴赃款1830.6万元(其中包括杨某缴纳给某工业园管理委员会的100万元保证金,予以追缴,返还给被害单位东源县某建筑安装工程有限公司)返还给各被害人。判决生效后,河源中院将刑事财产刑移送执行。

进入执行程序后,河源中院于2018年8月15日作出执行裁定,裁定扣划被执行人杨某缴纳给某工业园管理委员会的100万元保证金。

某工业园管理委员会以案外人的身份向河源中院提出执行异议。后在2019年向广东高院申请复议。

【案件焦点】

(1)河源中院按照《民事诉讼法》第225条审查本案异议是否合法;①

---

* 李文华:北京鼎佑律师事务所主任,北京市律师协会刑民交叉法律事务委员会副秘书长。

① 本案审理时适用2017年《民事诉讼法》,相关规定参见2023年《民事诉讼法》第236条。

（2）复议申请人的民事债务是否优先于刑事追缴财产刑的执行。

【法院裁判】

2018 年 12 月 19 日河源中院作出执行裁定，驳回异议人某工业园管理委员会的申请。

2019 年 6 月 20 日广东高院作出裁定驳回复议申请人某工业园管理委员会的复议请求，维持河源中院执行裁定。

【法律分析】

某工业园管理委员会提出异议的理由如下：（1）本案适用法律错误，应属于执行标的异议（排除执行异议），应当根据《民事诉讼法》（2017 年版）第 227 条①的规定进行审查。案外人、当事人不服此裁定只能提起诉讼或按审判监督程序办理。（2）本案执行标的 100 万元已经依照生效判决发生转移（由某市某科技开发有限公司所有的财产所有权转移为由复议申请人所有的财产所有权），不再属于某市某科技有限公司的财产，更不属于被执行人杨某的个人财产。

（一）本案适用法律是否错误

本案执行标的 100 万元已经被河源中院刑事判决明确确认，为向杨某追缴的赃款。② 最高人民法院《关于刑事裁判涉财产部分执行的若干规定》第 14 条第 1 款规定："执行过程中，当事人、利害关系人认为执行行为违反法律规定，或者案外人对执行标的主张足以阻止执行的实体权利，向执行法院提出书面异议的，执行法院应当依照民事诉讼法第二百二十五条的规定处理。"根据该司法解释的规定，本案对刑事财产刑的执行标的提出执行异议的审查方式与民事执行中提出执行异议的程序不同，应按照《民事诉讼法》第 225 条（2017 年版）的规定审查处理，当事人对执行异议裁定不服应当按照《民事诉讼法》第 225 条（2017 年版）的规定向上一级人民法院申请复议，不能按照《民事诉讼法》第 227 条（2017 年版）的规定提起执行异议之诉。因此，本案异议人认为适用法律错误的理由不能成立。

---

① 2023 年修正的《民事诉讼法》第 238 条。

② 参见广东省河源市中级人民法院刑事判决书，（2017）粤 16 刑初 19 号。

(二)异议人某工业园管理委员会以民事判决确定并执行完毕来抗辩执行是否成立

最高人民法院《关于刑事裁判涉财产部分执行的若干规定》第13条第1款规定:“被执行人在执行中同时承担刑事责任、民事责任,其财产不足以支付的,按照下列顺序执行:(一)人身损害赔偿中的医疗费用;(二)退赔被害人的损失;(三)其他民事债务;(四)罚金;(五)没收财产。”因此,退赔被害人的损失优先于其他民事债务的执行。本案执行标的100万元已经被河源中院刑事判决明确确认,为向杨某追缴的赃款。[①] 该100万元为刑事判决所确定的特定标的。而广东省龙川县人民法院民事判决确认的被告赔付给原告的100万元违约金为民事债务。[②] 按照上述规定退赔被害人损失应当优先于其他民事债务。因此,异议人某工业园管理委员会以民事判决确定并执行完毕来抗辩刑事执行不能成立。

【案件启示】

笔者认为本案还可另辟救济途径,主要从以下两个方面着手:

(一)从善意取得制度考虑

根据最高人民法院《关于刑事裁判涉财产部分执行的若干规定》第11条第1款的规定:被执行人将刑事裁判认定为赃款赃物的涉案财物用于清偿债务、转让或者设置其他权利负担,具有下列情形之一的,人民法院应予追缴:(1)第三人明知是涉案财物而接受的;(2)第三人无偿或者以明显低于市场的价格取得涉案财物的;(3)第三人通过非法债务清偿或者违法犯罪活动取得涉案财物的;(4)第三人通过其他恶意方式取得涉案财物的。第三人善意取得涉案财物的,执行程序中不予追缴。作为原所有人的被害人对该涉案财物主张权利的,人民法院应当告知其通过诉讼程序处理。

本案中,异议人某工业园管理委员会所得执行标的100万元并未存在最高人民法院《关于刑事裁判涉财产部分执行的若干规定》第11条第1款规定的人民法院应予追缴的情况,符合第2款善意取得的规定。

(二)从主体方面考虑

民事案件被告系杨某担任法定代表人的某市某科技开发有限公司,而河源中

① 参见广东省河源市中级人民法院刑事判决书,(2017)粤16刑初19号。

② 参见广东省龙川县人民法院民事判决书,(2017)粤1622民初1223号。

院刑事判决确认的系向杨某追缴赃款1830.6万元(其中包括被告人杨某缴纳给某工业园管理委员会的100万元保证金,予以追缴,返还给被害单位东源县某建筑安装工程有限公司)。根据最高人民法院《关于刑事裁判涉财产部分执行的若干规定》第15条的规定,执行过程中,案外人或被害人认为刑事裁判中对涉案财物是否属于赃款赃物认定错误或者应予认定而未认定,向执行法院提出书面异议,可以通过裁定补正的,执行机构应当将异议材料移送刑事审判部门处理;无法通过裁定补正的,应当告知异议人通过审判监督程序处理。

在本案中,异议人某工业园管理委员会所得执行标的100万元,系某市某科技开发有限公司赔付的违约金,与杨某系两个不同的主体,河源中院刑事判决将某市某科技开发有限公司的财产认定为赃款不符合法律规定,异议人可按照最高人民法院《关于刑事裁判涉财产部分执行的若干规定》第15条规定寻求救济途径。

北京甲担保有限公司追偿权纠纷案

——主合同涉及刑事犯罪，对从合同效力的影响及抵押权的善意取得

陈　枫*

【基本案情】

（一）张某成等人犯骗取贷款罪与非法吸收公众存款罪的事实

北京乙音像有限公司（以下简称乙公司）与招商银行股份有限公司北京分行（以下简称招行北分）于2013年9月签订借款合同，乙公司以履行与北京丁商贸有限公司（以下简称丁公司）音像制品采购合同为名，向招行北分申请贷款1000万元，北京甲担保有限公司（以下简称甲公司）、马某亮（乙公司法定代表人）、张某成（乙公司股东）分别向招行北分出具了最高额不可撤销担保书，招行北分于同年9月27日向乙公司发放贷款1000万元。2013年8月甲公司分别与张某成控制的丙公司员工孙某明、杨某一签订《抵押反担保合同》，二员工均以其名下的房屋抵押，并办理了抵押登记。丙公司、马某亮及张某成也于2013年8月分别与甲公司签订《保证反担保合同》，为甲公司提供保证反担保，乙公司与甲公司签订《质押反担保合同》，将其著作权质押给甲公司作为反担保。

乙公司收到招行北分发放的贷款1000万元后，于2013年9月29日将该款项转入丁公司账户，丁公司于当日又将该款项分两笔转入戊资产管理有限公司（以下简称戊公司）账户；另外，丁、戊公司的账户均为丙公司控制、关联的银行账户。

* 陈枫：北京中晓律师事务所律师，北京市律师协会刑民交叉专业委员会委员。

贷款到期后，乙公司无力偿还，甲公司代为偿还贷款本息合计10,318,877.86元。

一审刑事判决认定：丙公司集团通过控制、管理的企业以欺骗手段取得银行贷款，情节严重，张某成作为丙公司集团及相关企业的经营、管理、控制人，系对丙公司集团及相关企业实施骗取贷款行为直接负责的主管人员，已构成骗取贷款罪，且应与其所犯非法吸收公众存款罪并罚。据此，判决被告人张某成犯非法吸收公众存款罪，判处有期徒刑7年，并处罚金；犯骗取贷款罪，判处有期徒刑2年，并处罚金，决定执行有期徒刑8年10个月，并处罚金；其他被告人3年至7年不等刑期，并处罚金。

（二）代偿权纠纷

甲公司代偿后向人民法院提起代偿权诉讼，请求（1）乙公司支付代偿款10,318,877.86元；（2）丙公司、马某亮、张某成对上述债务承担连带保证责任；（3）孙某明、杨某一抵押的房产依法拍卖、变卖或者折价，所得价款优先受偿；（4）乙公司质押的版权依法拍卖、变卖或者折价，所得价款优先受偿。

法院经审理查明，甲公司提交的《借款合同》与房管局备案的《借款合同》存在如下主要差异：（1）二者贷款期限不同；（2）二者贷款利率不同。甲公司提交的《委托担保合同》与房管局备案的合同除上述贷款期限和贷款利率差异外，前者“主合同”为《授信协议》，后者“主合同”为《借款合同》。甲公司提交的《最高额不可撤销担保书》与房管局备案的版本除上述“主合同”差异外，二者贷款期限也不相同。甲公司持有的与员工孙某明、杨某一签订的《抵押反担保合同》与房管局登记备案的合同存在如下主要差异：（1）前者主合同为《授信协议》，后者主合同为《借款合同》；（2）二者履行期限不同；（3）签约主体不同；（4）二者签约时间不同。

甲公司庭审表示其签订《抵押反担保合同》时未曾到案涉二套抵押房产处现场勘查，庭审中亦未提交委托他人实地勘查的证据。

甲公司主张根据《物权法》①之规定其已善意取得孙某明、杨某一案涉抵押房产的抵押权。

【案件焦点】

（1）主合同涉及刑事犯罪对从合同效力的影响；

（2）抵押权人能否善意取得抵押物。

① 本案处理时适用《物权法》，善意取得制度参见《民法典》第二编第四分编。

【法院裁判】

追偿权纠纷人民法院生效判决:(1)被告乙公司偿还原告代偿款10,318,877.86元,并支付违约金;(2)原告有权以被告乙公司提供质押著作权折价,或以拍卖、变卖质押财产所得的价款优先受偿;(3)被告丙公司、被告马某亮、张某成对本判决第(1)项所确认债务承担连带清偿责任;(4)驳回原告甲公司的其他诉讼请求。

【法律分析】

(一)主债务合同涉嫌刑事犯罪对从合同效力的影响

(1)刑事判决认定乙公司对招行北分的案涉借款构成骗取贷款罪,据此,人民法院认定涉案《借款合同》无效,即主债务合同无效。

(2)主债务合同无效,从合同是否必然无效。主合同《借款合同》无效,作为《借款合同》的《委托担保合同》及作为担保合同的《质押反担保合同》、《保证反担保合同》、《抵押反担保合同》是否必然无效?

就本案而言,乙公司、丙公司、马某亮、张某成均未对其签订合同并提供反担保的意思表示是否真实,以及担保的利率标准、贷款期限等提出异议,人民法院考虑到乙公司亦实际收到贷款1000万元,甲公司实际代偿的事实,人民法院对甲公司主张的乙公司借款,以及丙公司、马某亮、张某成提供反担保的事实予以确认。

甲公司对乙公司追偿,并要求丙公司、马某亮、张某成承担反担保责任的诉讼请求,有事实及法律依据,人民法院予以支持,故本案的《保证反担保合同》和《质押反担保合同》有效。

就甲公司与孙某明、杨某一签订的《抵押反担保合同》而言,甲公司提交的孙某明、杨某一的《抵押反担保合同》《借款合同》《最高额不可撤销担保书》与房管局登记备案的合同均存在明显差异。甲公司庭审中陈述其仅委托乙公司具体落实抵押房产,并没有对孙某明、杨某一名下房产进行实质评估。

法院认为,二人在签订《抵押反担保合同》及其相关材料过程中,程序混乱,合同为空白的可能性很大。孙某明、杨某一在签订上述合同及材料时,对于具体担保主合同内容、履行期限、具体标准未有明确了解的可能性也较大。而上述条款系提供担保的核心条款。甲公司未提交证据证明孙某明、杨某一知晓并认可贷款事实,未能与二人就上述核心条款达成一致意见,故人民法院认为,案涉《抵押反担保合同》不成立。

综上所述，虽然主债务合同无效，但作为从合同的担保合同并非必然无效，特别是担保物权的设立与存续，仍然应当结合担保合同双方当事人各自的过错情况作出认定。

（二）甲公司能否依据善意取得行使抵押权

判断善意是否成立的关键应当是抵押权人在抵押登记设立之前，是否履行了必要的审查义务。而此处的必要审查义务，又因抵押合同双方当事人的身份、从业背景和目的而有所区别。

甲公司作为专业从事担保业务的金融机构，应当推定其在识别防范风险方面具备高度的专业知识与业务能力。对于杨某一、孙某明二人向甲公司所提供的反担保，甲公司于主观、客观方面均放任作为主债务人的乙公司自行寻找抵押人与抵押房产，并被动接受乙公司所提交的抵押房产信息，没有核实抵押人的缔约意愿与抵押房产的价值、权属与居住现状。此外，杨某一、孙某明二人既非乙公司股东，亦非实际控制人，对于二人为何愿为乙公司巨额债务向甲公司提供抵押担保，甲公司确应负有相对较重的审查注意义务。在甲公司与乙公司存在利益冲突的背景下，甲公司在与杨某一、孙某明二人订立抵押反担保合同时，主观上存在的放任态度，客观上对审查注意义务的不作为，构成重大过错，进而使法院认定甲公司不属于善意相对人，故法院认为甲公司不能依据善意取得杨某一、孙某明二人的抵押权。

【案件启示】

针对本案，笔者有以下启示：

第一，作为合同签订方，官方备案合同与自持合同应一致，主合同、从合同中涉及关键核心条款的表述应一致。

本案经庭审发现甲公司所举证的《借款合同》及其附件与房管局备案《借款合同》在贷款期限、贷款利率、担保期间、签订日期等主要条款存在差异，认定甲公司持有的《抵押反担保合同》的主合同为《授信协议》，杨某一、孙某明二人签订的《抵押反担保合同》的主合同为《借款合同》，导致抵押反担保合同各自所担保的主合同不同，这也是法院判决双方就《抵押反担保合同》主要条款没有达成一致、合同不成立的主要事实根据，并因此驳回甲公司对二名员工承担的抵押反担保责任的请求。

第二，作为抵押权人在签订抵押合同时应尽到必要的注意义务。

作为抵押权人，在签订合同和实现抵押权时应尽较大注意义务，法院之所以判决甲公司无法基于善意取得抵押权，主要是基于甲公司没有实际勘查房屋，没有核实抵押人的缔约意愿与抵押房产的价值、权属与居住现状，于主观、客观方面均放任对抵押人与抵押房产的审查义务，并被动接受抵押人所提交的抵押房产信息，具有重大过错，不符合善意取得的要件，故无权对抵押的房产行使抵押权。

第三，律师重点审查登记备案合同与自持合同，主、从合同的重大条款之间是否一致，从合同本身寻找突破口，依法维护了当事人的合法权益。

经查阅刑事判决，乙公司的法定代表人马某亮及实际控制人张某成等人就该1000 万元贷款涉嫌骗取贷款罪，集资款部分涉嫌非法吸收公众存款罪，均被追究刑事责任。另外，本案二名抵押反担保人既不是乙公司的股东，也不是实际控制人，其对1000 万元贷款没有任何收益，杨某一对签署协议内容不知情的可能性较大。为查明事实，经律师申请，法庭调取了房管局备案的《借款合同》《授信协议》《委托担保合同》《最高额不可撤销担保书》《反担保合同》等文件。律师将其与原告所提交的文本比对，发现二者在借款期限、担保期间、贷款利率、合同签订日期等问题上均不一致。这些差异，进一步印证了杨某一对该抵押反担保合同的主要条款及目的不知情的事实。据此，笔者提出了案涉《抵押反担保合同》因主要条款没有达成合意不成立，杨某一等人不应承担反担保责任的代理意见，法院最终采纳了笔者的代理意见，驳回甲公司要求杨某一承担反担保责任的诉讼请求，最大化地保障了杨某一的合法权益。